U0524799

人工智能

赋能爆炸性客流预测
—— 来自山岳型旅游风景区的证据

殷 茗　姜继娇　魏倩茹　芦菲娅　著

中国社会科学出版社

图书在版编目（CIP）数据

人工智能赋能爆炸性客流预测：来自山岳型旅游风景区的证据 / 殷茗等著. -- 北京：中国社会科学出版社，2025.5. -- ISBN 978-7-5227-4753-8

Ⅰ．F590.63-39

中国国家版本馆 CIP 数据核字第 2025NX5899 号

出 版 人	赵剑英
责任编辑	涂世斌
责任校对	李　硕
责任印制	李寡寡

出　　版	中国社会科学出版社
社　　址	北京鼓楼西大街甲 158 号
邮　　编	100720
网　　址	http://www.csspw.cn
发 行 部	010-84083685
门 市 部	010-84029450
经　　销	新华书店及其他书店
印刷装订	北京市十月印刷有限公司
版　　次	2025 年 5 月第 1 版
印　　次	2025 年 5 月第 1 次印刷
开　　本	710×1000　1/16
印　　张	17.75
插　　页	2
字　　数	275 千字
定　　价	89.00 元

凡购买中国社会科学出版社图书，如有质量问题请与本社营销中心联系调换
电话：010-84083683
版权所有　侵权必究

目　　录

引　言 ·· (1)

第一章　客流预测相关理论与技术 ································· (15)
　　第一节　客流预测相关性分析方法 ································· (15)
　　第二节　客流预测变量降维方法 ···································· (18)
　　第三节　客流预测模型 ··· (19)
　　本章小结 ·· (27)

第二章　山岳型旅游风景区客流分布及预测变量 ············· (28)
　　第一节　山岳型旅游风景区客流分布 ····························· (28)
　　第二节　山岳型风景区客流预测变量 ····························· (30)
　　第三节　基于格兰杰因果检验的特征选择 ······················ (44)
　　第四节　基于PCA的特征融合 ····································· (48)
　　本章小结 ·· (49)

第三章　基于关联规则的山岳型旅游风景区爆炸性客流关联
**　　　　特征研究** ·· (51)
　　第一节　关联规则挖掘方法 ·· (51)
　　第二节　实验过程与结果 ··· (57)
　　本章小结 ·· (75)

第四章　山岳型旅游风景区单日客流预测 …………………………（76）

  第一节　预测变量选择 ………………………………………………（76）

  第二节　模型评价指标 ………………………………………………（77）

  第三节　基于 ARIMA 模型的山岳型风景区客流预测 ……………（78）

  第四节　基于 SVR 模型的山岳型风景区客流预测 ………………（86）

  第五节　基于随机森林回归模型的山岳型风景区客流预测 ………（90）

  第六节　基于长短期记忆网络模型的山岳型风景区客流预测 ……（93）

  第七节　单一模型预测性能结果比较 ……………………………（104）

  第八节　基于特征选择和 PCA 的组合模型对比结果 ……………（107）

  本章小结 ……………………………………………………………（110）

第五章　基于多特征组合的山岳型旅游风景区单日客流预测 ……（111）

  第一节　问题提出 …………………………………………………（111）

  第二节　基于多特征组合的单日客流预测方法 …………………（112）

  第三节　实验过程与结果 …………………………………………（116）

  本章小结 ……………………………………………………………（137）

第六章　基于降维搜索指数的山岳型旅游风景区爆炸性客流预测 …………………………………………………………………（138）

  第一节　问题提出 …………………………………………………（138）

  第二节　模型准备 …………………………………………………（139）

  第三节　基于降维搜索指数的爆炸性客流预测方法 ……………（154）

  本章小结 ……………………………………………………………（175）

第七章　基于日期特征量化的山岳型旅游风景区爆炸性客流预测 …………………………………………………………………（176）

  第一节　问题提出 …………………………………………………（176）

  第二节　基于日期特征量化的爆炸性客流预测方法 ……………（177）

  第三节　实验过程与结果 …………………………………………（185）

  本章小结 ……………………………………………………………（195）

第八章　基于 mRMR-LSTM 的山岳型旅游风景区滚动多步爆炸性客流预测 (196)

第一节　问题提出 (196)

第二节　基于 mRMR-LSTM 滚动多步爆炸性客流预测方法 (197)

第三节　实验过程与结果 (202)

本章小结 (215)

第九章　基于去噪神经网络的山岳型旅游风景区爆炸性客流预测 (216)

第一节　问题提出 (216)

第二节　基于去噪神经网络的爆炸性客流预测方法 (217)

第三节　实验过程与结果 (223)

第四节　模型比较和验证 (245)

本章小结 (247)

第十章　基于残差强化的山岳型旅游风景区爆炸性客流预测 (249)

第一节　问题提出 (249)

第二节　基于残差强化的爆炸性客流预测方法 (250)

第三节　实验过程与结果 (251)

本章小结 (256)

第十一章　山岳型旅游风景区爆炸性客流预测的管理策略 (258)

第一节　开发智能预测平台，为景区预测提供实时决策依据 (258)

第二节　景区建立灵活有效的预约与限流制度，平衡客流稳定状态 (260)

第三节　制定天气变化管理策略，保障景区安全 (260)

第四节　制定节假日与周末管理策略，确保游客优质体验 (262)

第五节　制定基础设施管理策略，提高景区服务质量 (263)

第六节　联合多方资源，共同打造优质旅游目的地 (263)

本章小结 …………………………………………………………（264）

结　语 ……………………………………………………………（265）

参考文献 …………………………………………………………（272）

引　言

一　山岳型旅游风景区爆炸性客流预测的必要性

随着我国经济的快速及高质量发展，旅游业得到了飞跃式的发展扩大。1978年我国接待的入境游客量仅为71.6万人次，旅游外汇收入为2.63亿美元，而在2019年游客量达到了里程碑式的14531万人次，整个旅游产业收入突破了6万亿元大关，其中国际旅游占了14%，旅游产业收入对第三产业增加值的贡献率为12.41%。虽然2020—2022年受新冠疫情影响旅游客流量大幅下降，但2023年以来，旅游市场复苏按下了加速键。据中国旅游研究院预测，2023年我国国内旅游人次预计将达到约45.5亿人次，较2022年同比增长约80%，能够恢复至2019年水平的76%左右。这些数据表明旅游行业仍然具有蓬勃生命力，是我国经济发展的重要动力[1]。

山地丘陵是我国国土资源中最丰富的景观现象，占国土总面积的三分之二，其中"东岳泰山之雄，西岳华山之险，中岳嵩山之峻，北岳恒山之幽，南岳衡山之秀"早已享誉全球。我国的山岳型旅游风景区数量位居所有风景区的第一位[2]。山岳型旅游风景区有其独有的特点，例如，复杂的地形地貌、广阔的空间范围、多变的天气等，这些特点给风景区日常管理服务带来物资、人员和交通等多方面的调度挑战。

---

[1] 徐海、翟立强、张硕鹏：《中国旅游业发展的现状、问题及建议》，《对外经贸》2020年第6期。

[2] 董安福：《山西省石膏山风景名胜区规划设计研究》，硕士学位论文，西安建筑科技大学，2011年，第27页。

短期爆炸性客流成为制约山岳型旅游风景区进一步提升的重要影响因素之一。受地形地貌与天气条件的影响，我国几乎所有的风景区都划分了旅游旺季和淡季。一般来说，山岳型旅游风景区旺季的客流量远多于淡季的客流量（如华山、黄山、九寨沟），导致旅游区服务人员在旺季和淡季时的管理和服务工作量的差异非常大。旅游风景区处于旺季时，客流量会大幅增长，容易造成风景区及周边地带的交通拥堵、酒店餐饮服务以及风景区人员物资调配应接不暇、生态环境遭到人为破坏等问题，最终将极大影响游客的旅游体验和服务满意度，同时，由于山岳型风景区空间范围面积较大、地形地貌复杂险峻，若风景区的安保措施设置不完备，极易诱发游客摔伤和踩踏等安全事故，从而给游客和风景区管理者带来致命威胁；当风景区处于旅游淡季时，上述情况反转，虽然旅游资源得不到充分利用[①]，却给生态恢复带来了宝贵的时间和机遇。

短期爆炸性客流预测可为景区提前规划和应对提供决策依据。如何利用新技术预测山岳型旅游风景区的短期爆炸性客流，已经成为智慧旅游研究的重要问题。国内外预测方法包括计量经济学、时间序列方法以及人工智能等技术手段。近年来，人工智能提供了有效缩短特征工程的时间以实现准确的旅游需求预测的方法，深度学习等新技术在旅游业有了越来越多的应用。大多数研究对长期宏观的旅游客流研究较多，对短期客流研究甚少。另外，互联网浪潮使得旅游行业的很多信息汇总和交易都通过网络处理，他们在网络上留下了诸多痕迹，这些电子痕迹包括了海量的旅游数据，例如，旅行前规划、信息搜索和预订数据，旅行后体验分享和推荐数据，及照片上传和其他社交媒体互动活动数据，这些大型的、非结构化的、复杂的电子痕迹构成旅游大数据，为旅游客流预测提供了重要线索。这些新技术和数据为解决短期爆炸性客流预测问题提供了重要基础。

本书在历史客流的基础上融入多维预测变量，包括搜索引擎数据、天气、综合舒适度、异常事件、节假日等，利用人工智能预测技术，如

---

① 麻学锋、孙根年、马丽君：《张家界市客流量年内变化与旅游气候舒适度相关分析》，《资源科学》2010年第4期。

特征工程、关联规则挖掘、随机森林、长短期记忆网络等，研究山岳型旅游风景区短期爆炸性客流预测方法，可为对山岳型旅游景区爆炸性客流管理实践及国家旅游安全提供重要决策依据。

二 山岳型旅游风景区爆炸性客流预测的研究意义

客流预测在旅游学研究中处于重要地位，尤其随着不断升温的旅游热度，如何对山岳型旅游风景区短期客流进行预测变得特别关键。客流预测的目标是建立一个科学、稳健、自动化、智能化、高精度和易操作的预测模型①。风景区工作人员可以根据长期客流量预测的规律来从宏观层面对风景区进行管理和指导，但是他们无法直接获取管理决策方面的微观指导意见，这就需要对短期客流量预测进行深入研究，以便为风景区常规运营和迅速应对提供帮助。

展开来说，本书的研究意义如下：

（1）本书可为客流预测研究提供新的增量研究成果。以前关于流量预测的研究大多关注年、季、月度客流量预测的中长期预测问题，却在周、日客流量的短期预测问题上较少关注。鉴于长期和短期客流量表现出不同的变化模式，例如，在历史客流分布及特征分析、影响因素分析、预测方式和模型选择等研究中的侧重点有很大区别，因此短期客流量预测研究相对于长期客流量预测研究会产生新的增量研究成果。

（2）本书可为山岳型旅游风景区常规运营服务提供重要的决策依据。风景区在日常管理服务中面临各种决策，如何完善其决策就是管理中的重点，利用历史数据对风景区的未来变化趋势进行中长期的预测，就可以得到一定的规律，从而给区域性的旅游业经济文化发展提供可行的分析建议。但是，中长期的预测很难为风景区管理提供快速的决策依据，因为其往往是对未来大趋势的预测，很难应对短期变化。而考虑周六和周日这样短期性的客流量预测，能提前给旅游者在高峰期时的出行方式和住宿提供参考意见，对风景区管理者来说，可以提前进行科学调度和

---

① 马银超：《山岳型风景区短期客流量预测组合模型研究——以黄山风景区为例》，博士学位论文，合肥工业大学，2017年，第16页。

协调人员、物资以及交通，以便及时供应旅游资源满足旺季需求，减少到达前客流爆发期的资源浪费，并可以对旅游线路、客流分流等方面进行规划，对可能出现的紧急情况提前制定应急预案。

（3）本书可为山岳型旅游风景区智慧化建设给予指导建议。智慧化风景区中充斥着大量的新兴技术，例如，以大数据为资源、以云计算为存储技术和以物联网进行数据交换平台等，这些技术已经在无形中走进并逐渐深刻影响着人们的生产生活。智慧型城市建设中智慧旅游已经成为其重要的一部分，尤其是在新一代互联网的不断发展下，智慧旅游将成为趋势。风景区的管理者在智慧旅游的倡导下能够提高管理和服务能力，对其服务标准不断完善，从而使得游客享受美好的旅游生活。风景区旅游资源将得到更为科学有效的整合，生态环境也将逐步改善。政府也将拥有更好的指导整个旅游业发展的统筹优化能力，助力旅游业蓬勃发展。由此可见山岳型旅游风景区的智慧化建设至关重要，在此过程中，短期客流量预测研究扮演着重要的角色。

三 国内外旅游客流预测技术研究综述

随着社会、经济、政治和技术变革带来国际旅游业的迅速发展，旅游业已从发达国家扩散到新兴的工业化国家。准确有效的客流预测对于决策者试图利用旅游市场发展或平衡其当地生态和社会承受能力的目的地而言至关重要。鉴于客流预测对动态和复杂的旅游市场的重要性，过去的十年国内外旅游需求和预测的研究论文有600多篇。这些研究集中在模型构建和性能评估上，也提出了新颖的混合模型或多种方法的组合。

在传统的预测技术类型中，旅游客流预测方法主要有四类[1]，包括探索方法（如时间序列分析、历史类比、因果方法、投影场景和形态分析）、推测性方法（如德尔菲法、专家小组共识、集体讨论和专家意见）、规范性/解释性方法（如主观概率预测、贝叶斯统计、模式识别和预期情景）和综合方法（如多方法模型、投入产出分析、动态系统模型和交叉

---

[1] Van D., Jozef W. M., "Tourism Forecasting and the Policymaker: Criteria of Usefulness", *Tourism Management*, Vol. 5, No. 1, 1984, pp. 24–39.

影响分析）。Song 和 Li 等①定义了三类预测模型，以计量型的经济模型和空间模型组成的因果模型、时间序列模型和各种定性方法。近年的理论研究中可归纳出四类旅游预测方法，前三类是定量方法，分别是时间序列模型、计量经济学模型和基于人工智能（Artificial Intelligence，AI）的模型，第四类是判断方法，可用于定性预测。

时间序列模型基于历史数据来预测未来旅游市场需求。这类模型试图识别时间序列数据之间的趋势、斜率和周期（即使用连续时间段内的测量序列）。与基于观察随机样本的方法不同，时间序列预测模型基于连续值，这些值代表以固定间隔进行连续测量（例如，月度、季度或年度测量）。一旦建立了模式，时间序列模型就会为即将到来的时间序列生成未来值的预测。时间序列模型可进一步分为基本和高级时间序列模型②。自回归（Auto Regressive，AR）和朴素是两种最常用的时间序列模型，同时时间序列的其他基本模型有单指数平滑、历史平均模型和移动平均（Moving Average，MA）模型。由于时间序列模型易于实现，并且能够合理地捕捉历史数据，因此在过去的十年里，时间序列模型被频繁地用于旅游需求预测研究。高级时间序列模型与基本模型的不同之处在于，它们集成了额外的时间序列特征，如趋势和季节性。在各种类型的高级指数平滑模型中，经常使用趋势分析和 Box – Jenkins 类型的方法③，如差分整合移动平均自回归（Auto Regressive Integrated Moving Average，ARIMA），它是时间序列分析问题中的经典模型，同时也广泛应用于旅游需求的预测。基于当前和滞后观测量（AR 分量）、当前和滞后随机冲击（MA 分量）、整合度（I 分量）和季节性调整（S 分量）的考虑，差分整合移动平均自回归模型在模拟旅游需求中非常灵活。

计量经济学模型有助于探索经济变量与旅游市场之间的因果关系。时间序列模型可以揭示过往数据序列中最能影响未来的趋势，而计量经

---

① Song H., Li G., "Tourism Demand Modelling and Forecasting—A Review of Recent Research", *Tourism Management*, Vol. 29, No. 2, 2008, pp. 203 – 220.

② Peng B., Song H., Crouch G. I., "A Meta – Analysis of International Tourism Demand Forecasting and Implications for Practice", *Tourism Management*, Vol. 45, 2014, pp. 181 – 193.

③ Box G. E. P., *Time Series Analysis, Forecasting and Control*, Holden – Day, 1976, p. 31.

济学模型着重于分析各解释变量对未来市场需求的影响程度，或建立明确的因果关系框架。计量经济预测模型从"指定潜在因果关系"（由需求理论支持）开始，然后从有效变量中剔除缺陷。在执行此功能中，计量经济学在旅游需求预测研究和实践中发挥了独特的作用。最基本的计量经济学预测模型是单一静态回归（Static Regression，SR），这种简单模型的用途是确定引起当前值的各种因素的影响。为了避免伪回归问题，通常要求回归中包含的各项变量是平稳的，早期许多对旅游需求的分析研究所用的方法就属于这一类①。近年来，SR 模型有时被用作旅游需求预测评估的基准模型。为了解释旅游需求及其各种影响因素之间的跨期关系，现代计量经济学方法如分布滞后模型（Distributed La model，DL model）、自回归分布式滞后模型（Autoregressive Distributed Lag model，ADL model）和误差修正模型（Error Correction model，EC model）已被引入该领域。特别是，DL 模型不仅考虑了当前的值，还考虑了决定当前旅游需求的影响因素的历史值。对比 DL 模型来说，ADL 模型除了评估滞后因素的影响外，还综合评估了滞后需求变量的影响，因此更为通用和先进。尽管如此，DL 模型依旧被用作预测评价和比较的基准模型之一。在此基础上，EC 模型进一步考虑了旅游需求及其影响因素之间的长期关系，及确定旅游需求的短期误差修正机制。ADL 模型和 EC 模型在旅游需求分析中都有重要作用，并在建模或预测旅游需求方面表现出色。

  人工智能，特别是深度学习技术，提供了可以有效缩短特征工程的时间并实现更准确的旅游客流预测的方法。人工智能用于客流预测的方法有人工神经网络、支持向量机、模糊时间序列、粗糙集方法和灰色理论等。其中，人工神经网络因其独有的自适应学习能力和非线性影响因素识别能力，在经济、社会、旅游等众多预测研究中被广泛应用。自从 Pattie 和 Snyder② 首次应用神经网络方法预测旅游需求并取得成功后，更多种类的神经网络开始用于客流预测研究。这些研究大多将人工神经网

---

① Laber G., "Determinants of International Travel between Canada and the United States", *Geographical Analysis*, Vol. 1, No. 4, 1969, pp. 329–336.

② Pattie D. C., Snyder J., "Using a Neural Network to Forecast Visitor Behavior", *Annals of Tourism Research*, Vol. 23, No. 1, 1996, pp. 151–164.

络与多元回归和时间序列模型的性能进行比较，证实了神经网络方法在旅游需求预测方面效果更佳，这些发现使得神经网络方法在旅游客流预测中得到学者们更多关注。随着人工神经网络技术的发展，研究发现深度学习在预测较为复杂的时间序列数据方面比前馈神经网络更为合适，特别是递归神经网络（Recurrent Neural Network，RNN）架构。传统神经网络中的神经元从输入层接收信息，通过隐藏层将接收到的信息映射到输出层，在此过程中，网络结构的限制使得不同时期历史观测数据之间没有关联，无法高效利用已有数据集并及时捕获时序数据的动态行为。基于 RNN 发展而来的长短期记忆（Long-Short Term Memory，LSTM）网络具备长时记忆的能力，可以高效地分析和处理时序数据。这个特性使 LSTM 成为旅游客流预测的可靠方法。

　　随着新技术的发展，深度学习技术在旅游业和城市轨道交通的客流预测研究中，有着越来越广泛的应用。例如，Liu 和 Chen[1] 提出了一种无监督 SAE 和有监督深度网络 DNN 的混合深度网络以预测厦门市不同站点的客流。Liu 等[2]基于 LSTM 网络构建深度学习架构，以预测地铁的进/出旅客流量。Bi 等[3]将历史游客数据，搜索引擎数据和天气数据用于 LSTM 网络的建模，预测我国两个著名的旅游胜地——九寨沟和黄山地区的日客流量。Kulshrestha 等[4]利用双向 LSTM 和贝叶斯优化（Bayesian Optimization，BO），通过利用旅游价格和收入水平作为解释变量来预测五个来源国到新加坡的季度游客到达量（需求），并取得良好的解释和预测精度。

　　以上研究说明深度学习技术作为人工智能领域的新技术在客流预测的实际应用越来越多。鉴于各类新技术在时间序列预测中的优越性，本

---

[1] Liu L., Chen R. C., "A Novel Passenger Flow Prediction Model Using Deep Learning Methods", *Transportation Research Part C: Emerging Technologies*, Vol. 84, 2017, pp. 74-91.

[2] Liu Y., Liu Z., Jia R., "DeepPF: A Deep Learning Based Architecture for Metro Passenger Flow Prediction", *Transportation Research Part C: Emerging Technologies*, Vol. 101, 2019, pp. 18-34.

[3] Bi J. W., Liu Y., Li H., "Daily Tourism Volume Forecasting for Tourist Attractions", *Annals of Tourism Research*, Vol. 83, 2020.

[4] Kulshrestha A., Krishnaswamy V., Sharma M., et al., "Bayesian BILSTM Approach for Tourism Demand Forecasting", *Annals of Tourism Research*, Vol. 83, 2020.

书选择利用各类新技术解决山岳型旅游风景区日爆炸性客流预测问题。

四 本书的学术价值和创新点

山岳型旅游风景区旺季客流量表现出多样化、波动性较大的非线性爆炸特征，传统的时间序列、计量经济学和判断方法在解决风景区爆炸性客流预测问题时存在局限性。相对于前人研究，本书揭示了山岳型旅游风景区客流分布规律，能够推导并获得最有效和最小维的客流特征向量集，提出了多个山岳型旅游风景区单日客流量预测模型，并从降维搜索指数、日期特征量化、滚动多步、数据去噪、残差强化等视角提出了多个山岳型旅游风景区爆炸性预测组合模型对爆炸性客流进行预测，强调人工智能技术在非线性客流预测的应用，并提出管理策略。本研究可完善客流预测理论，促进新技术辅助预测风景区爆炸性客流，实现人工智能技术和旅游客流预测的交叉融合，弥补现有研究的不足，丰富旅游客流预测领域的理论成果。

本书运用人工智能技术构建山岳型旅游风景区爆炸性客流预测模型。打破传统时间序列预测等方法的约束，结合山岳型旅游风景区客流分布规律，及其爆炸性客流非线性强的特点，运用人工智能模型，如 SVR (Support Vector Regression)、RF (Random Forest)、LSTM (Long – Short Term Memory)、GBR (Gradient Boosting Regression) 等，推导客流量相关复杂数据的潜在规律，基于单一模型和组合模型，从降维搜索指数、日期特征量化、滚动多步、数据去噪、残差强化等视角对山岳型旅游风景区爆炸性客流预测问题进行建模，最终获得可靠的预测模型方案，为技术驱动下国家旅游安全做贡献。

五 本书的研究方法

本书在已有旅游客流预测成果的基础上，将新技术引入山岳型旅游风景区爆炸性客流预测研究，采用了多种爆炸性客流预测研究方法。

（1）客流分布及特征的研究方法。采用关键行为事件和事件纵向分析相结合方法研究山岳型旅游风景区的客流分布。通过文献研究和归纳法初选预测变量，采用斯皮尔曼相关系数和格兰杰因果检验进行相关性分析，在此基础上，对优选后特征进行主成分分析（Principal Component Analysis，PCA）融合，采用 Apriori 算法挖掘特征对爆炸性客流的影响，从而获得关键特征集。

（2）单日客流量预测的研究方法。以客流量和特征变量为数据基础，分别使用 ARIMA、SVR、RF 和 LSTM 模型，进行山岳型旅游景区单日客流预测，同时参考前述特征选择结果衍生出更多特征，并依据格兰杰因果关系设计了八种特征组合，采用 LSTM 模型，提出一个多特征组合的山岳型旅游风景区单日客流预测方法。

（3）爆炸性客流预测的研究方法。从降维搜索指数、日期特征量化、多步预测结合深度学习技术、奇异频谱分析混合神经网络及随机森林混合神经网络多种技术层面提出了山岳型旅游风景区爆炸性客流预测方法，结合采用了 PCA、随机森林、LSTM、mRMR、SSA（Singular Spectrum Analysis）等方法，通过实验对所提出方法与传统方法进行对比分析，以验证其有效性。

六　本书的主要观点

爆发性客流预测已成为旅游管理的关键，人工智能等新技术提供了打破特征工程障碍并实现更准确客流预测的方法。本书从客流分布与特征、单日预测和爆炸性预测三个方面，研究解决山岳型旅游风景区爆炸性客流预测问题。主要观点如下：

（1）揭示了山岳型旅游风景区客流分布规律及特征向量集。山岳型旅游风景区客流量呈现出"峰林结构"，且具有明显的周期性和季节性规律。本研究提出了将历史客流量、网络搜索指数、天气、节假日和事件作为客流量的预测变量。其中，百度指数与客流量有很强的因果关系，其次是节假日、事件、温湿指数、风效指数和舒适度，穿衣指数与客流量之间没有明显的关系。通过多特征组合发现，"温湿指数＋风效指数＋百度指数＋节假日"在 LSTM 模型上具有更好的预测精度。

（2）提出了多个山岳型旅游风景区单日客流量预测模型并实现有效预测。本研究分别运用计量经济学经典模型 ARIMA、机器学习模型 SVR 和 RFR 及深度学习 LSTM，进行单日客流量预测，以四川四姑娘山为实例，研究发现LSTM的预测性能优于ARIMA、SVR和RFR，且LSTM在预测旅游高峰时期的单日客流量具有较大的优越性。同时，加入了PCA的组合模型，在模型训练时间和学习能力上都有很大程度提升，在PCA-LSTM和LSTM模型的单日客流量的预测对比中，PCA-LSTM模型的性能更加稳定和优越，并且在风景区客流量中高峰时期与低谷时期的预测能力很好。

（3）利用特征工程、长短期记忆网络等人工智能新技术，提出了多个山岳型旅游风景区爆炸性预测组合模型，并实现自然和高效的预测。本研究从降维搜索指数、日期特征量化、滚动多步、数据去噪、残差强化等视角提出了多个山岳型旅游风景区爆炸性预测组合模型，包括基于降维搜索指数的预测方法、基于日期特征量化的预测方法、基于mRMR和LSTM的滚动多步预测方法、基于去噪神经网络的预测方法、基于残差强化的预测方法。上述方法均以四川四姑娘山为实例，对所提出的组合模型进行了有效性验证，可以实现自然且高效的预测结果。

七　本书的内容纲要

本书以"山岳型旅游风景区"为研究对象，旨在针对山岳型旅游风景区旺季客流量呈现非线性爆炸且难以预测的现实需求，揭示山岳型旅游风景区客流分布及预测变量，结合人工智能等新技术，解决山岳型旅游风景区爆炸性客流预测问题，提出了多个爆炸性客流预测方法，并以四川四姑娘山旅游风景区为实例验证了方法的有效性，提出了相应的管理策略，为山岳型旅游风景区进行客流管理实践提供决策依据。

单日客流预测是爆炸性客流预测的基础。因此，本书重点解决三个问题：山岳型旅游风景区客流分布及关键特征是什么？如何选择适当的预测模型有效地预测山岳型旅游风景区单日客流量？如何利用特征工程、长短期记忆网络等人工智能新技术自然和高效地预测山岳型旅游风景区爆炸性客流量？为了解决上述问题，本研究遵循"客流分布与特征—单日客流预测—爆炸性客流预测"的研究框架，深入分析并论证，采用人工智能新技术，探索山岳型旅游风景区爆炸性客流预测问题，可为旅游客流量预测研究提供新思路。

研究内容包括引言和结论共十三部分，如图 0-1 所示，所包括的主要内容如下：

1. 引言

引言阐述了山岳型旅游风景区爆炸性客流预测的研究背景，提出了山岳型旅游风景区旺季客流量呈现非线性爆炸且难以预测的现实需求，突出爆炸性客流预测对风景区及国家旅游管理的价值和意义，通过系统评述国内外研究现状，梳理现有研究存在的问题，突出学术价值和特色，完整描述研究过程和结果。

2. 第一章 客流预测相关理论与技术

作为理论和技术基础，第一章从相关性分析方法、降维方法和预测模型三个维度，系统梳理了爆炸性客流预测相关的理论和技术。相关性分析方法包括斯皮尔曼相关系数、Copula 相关系数和格兰杰因果检验，是客流预测特征选择的方法；降维方法包括广义动态因子分析和主成分分析；预测模型包括支持向量机、决策树、梯度提升回归、随机森林、循环神经网络和长短期记忆网络。上述理论和方法可为山岳型旅游风景区爆炸性客流预测研究提供科学且夯实的理论和技术基础。

3. 第二章 山岳型旅游风景区客流分布及预测变量

为了明确山岳型旅游风景区客流分布及相关变量（→问题1），第二章研究山岳型旅游风景区的客流分布规律及预测变量。山岳型旅游风景区客流量呈现出"峰林结构"，且有周期性和季节性规律。以四姑娘山为例，展示了 2015—2019 年的每日客流量，并对其旺季客流状况及原因进行了阐述。本研究提出了历史客流量、网络搜索指数、天气、节假日和事件是客流的预测变量。采用格兰杰因果检验进行特征选择，发现特征变量与客流量的相关性，并进行 PCA（Principal Component Analysis）特征融合。

4. 第三章 基于关联规则的山岳型旅游风景区爆炸性客流关联特征研究

为了挖掘爆炸性客流预测的关联特征（→问题1），第三章从单日客流视角分析不同预测变量对山岳型旅游风景区爆炸性客流的影响。本研究选取了日客流预测的四个预测变量（天气、节假日及周末、网络搜索

```
问题1：山岳型旅游风           引言
景区客流分布及关键特
征是什么？                    ❶基础：客流预测相关理论与技术

问题2：如何选择适当的         ❷山岳型旅游风景区客流分布及预测变量        ⎫
预测模型有效地预测山岳                                                  ⎬ 解决问题1
型旅游风景区单日客流量？      ❸基于关联规则的山岳型旅游风景区爆炸性客流关联特征研究  ⎭

问题3：如何利用特征工         ❹山岳型旅游风景区单日客流预测              ⎫
程、长短期记忆网络等人                                                  ⎬ 解决问题2
工智能新技术自然和高效        ❺基于多特征组合的山岳型旅游风景区单日客流预测  ⎭
地预测山岳型旅游风景区
爆炸性客流量？                ❻基于降维搜索指数的山岳型旅游风景区爆炸性客流预测

人工智能赋能爆炸性客          ❼基于日期特征量化的山岳型旅游风景区爆炸性客流预测
流预测——来自山岳型
旅游风景区的证据              ❽基于mRMR-LSTM的山岳型旅游风景区滚动多步爆炸性客流预测  ⎫
                                                                       ⎬ 解决问题3
                              ❾基于去噪神经网络的山岳型旅游风景区爆炸性客流预测        ⎭

                              ❿基于残差强化的山岳型旅游风景区爆炸性客流测量

                              ⓫山岳型旅游风景区爆炸性客流预测的管理策略

                              结语
```

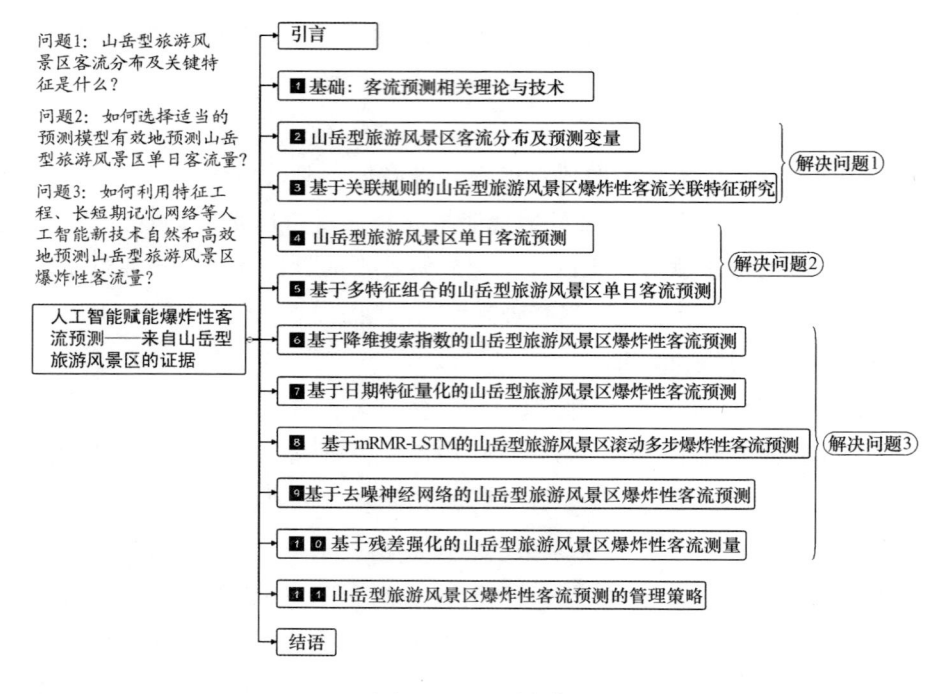

图 0-1　主要内容

指数和事件）进行研究，采用关联规则挖掘技术去挖掘这些预测变量与客流量之间的关系，即预测变量对爆炸性客流出现的影响。本研究确定了不同预测变量对爆炸性客流的贡献度，为后续的客流预测模型提供了重要的特征排序参考，有助于减少数据噪声，提升预测结果的精确度与准确度。

5. 第四章　山岳型旅游风景区单日客流预测

为了预测山岳型旅游风景区的单日客流（→问题2），第四章以客流和特征分析为数据基础，分别使用计量经济学 ARIMA（Auto Regressive Integrated Moving Average）模型、机器学习 SVR（Support Vector Regression）和 RF（Random Forest）模型及深度网络学习 LSTM（Long Short-Term Memory）模型，对山岳型景区进行单日客流预测。根据各模型间性能对比得出最佳单一模型，并将 PCA 过程与 SVR 模型、RF 模型和 LSTM 模型组合，探索组合模型相对于单一模型在单日客流预测的性能提升。

6. 第五章　基于多特征组合的山岳型旅游风景区单日客流预测

为了推导最有效的客流预测特征集（→问题 2），第五章提出了一个多维特征组合的单日客流预测模型。根据天气、节假日及周末等影响因素衍生出更多特征，依据格兰杰因果关系结果设计了八种特征组合，使用了基于特征组合与 LSTM 的方法来预测山岳型景区的单日客流，并将其与其他传统的机器学习方法进行比较，验证了单特征与景区客流量的格兰杰因果关系及多特征组合与游客到达的协整关系。

7. 第六章　基于降维搜索指数的山岳型旅游风景区爆炸性客流预测

为了自然和高效地预测爆炸性客流（→问题 3），第六章利用历史客流量和网络搜索指数，聚焦于网络关联特征的短期爆炸性客流预测模型。本研究针对山岳型景区旺季爆炸性客流的非线性特征，选取对爆炸性客流最有利的变量，先使用 GBR（Gradient Boosting Regression）、RF 和 LSTM 三类单一模型展开探索性预测，后组合提升预测效果。对山岳型景区搜索指数进行降维处理，并分析降维前后的预测效果变化。

8. 第七章　基于日期特征量化的山岳型旅游风景区爆炸性客流预测

为了自然和高效地预测爆炸性客流（→问题 3），第七章提出一种日期特征量化的组合模型，将日期对客流量的影响量化为一个新的特征值，充分考虑日期与客流量之间的相关性。对日期变量进行量化处理，形成以天为单位的量化特征，将量化的日期特征添加到 LSTM 原特征集合中，训练 LSTM 模型以得到在游客数量爆发性的峰值处拟合效果较好的预测模型，从而精确地预测游客数量的爆发值。

9. 第八章　基于 mRMR – LSTM 的山岳型旅游风景区滚动多步爆炸性客流预测

为了自然和高效地预测爆炸性客流（→问题 3），第八章提出了一种基于 mRMR 特征选择和 LSTM 深度学习网络的滚动多步客流预测模型。本研究收集与日客流量相关的多元数据，识别关键特征，以其训练深度神经网络，最终进行日客流量多步向前滚动预测，并输出多日客流量预测结果。由于 LSTM 模型输入的顺序到达，该方法相对于单日客流量预测具有自适应学习的特点，便于应用在不同景区的旅游信息数据中。

10. 第九章　基于去噪神经网络的山岳型旅游风景区爆炸性客流预测

为了自然和高效地预测爆炸性客流（→问题3），第九章提出了一种混合奇异频谱分析和LSTM的去噪神经网络客流预测模型。为降低百度搜索指数中噪声数据的影响，使用了奇异频谱分析对百度搜索指数噪声数据进行主要成分重构并提取有用信息，以提升LSTM进行季节性时间序列预测的性能。该方法相比传统方法在非线性和小样本容量问题上具有更高的准确性，有助于提升客流量预测结果精度。

11. 第十章　基于残差强化的山岳型旅游风景区爆炸性客流预测

为了自然和高效地预测爆炸性客流（→问题3），第十章提出了一种混合长短期记忆网络和随机森林的残差强化客流预测模型。本研究采用长短期记忆网络拟合日客流量数据，用随机森林进行残差拟合强化，从均方根误差、R平方和短期爆炸性客流三个方面，对比了组合模型和两个单一模型的性能，结果表明组合模型在多项评价指标上均超过单一模型，从而证明了组合模型在爆炸性客流预测中的优势。

12. 第十一章　山岳型旅游风景区爆炸性客流预测的管理策略

结合山岳型旅游风景区爆炸性客流规律，提出管理策略。召开专家会议，对策略进行了研讨和评估，不断修正和完善。以四姑娘山为实例研究策略的适应性和可行性。

13. 结语

作为收尾，结论概括和提炼了全文的观点和结论，阐述了这些工作对学术界的科学贡献，及其对国家旅游爆炸性客流管理的应用价值和贡献。同时，进一步分析本研究仍然存在的不足之处和缺陷，展望未来研究发展方向。

第 一 章

客流预测相关理论与技术

本章将深入探讨客流预测的相关理论基础,对于斯皮尔曼相关系数和格兰杰因果检验等相关性分析方法,主成分分析法等特征降维融合方法,以及支持向量机、决策树、循环神经网络等预测模型的理论基础进行全面阐述。这些理论和技术将为我们后续的客流量预测方法的构建提供坚实的理论支撑。

第一节 客流预测相关性分析方法

一 斯皮尔曼相关系数

两列变量之间相关性大小主要通过两种相关系数来衡量:斯皮尔曼(Spearman)相关系数以及皮尔逊(Pearson)相关系数[1]。一般当数据满足正态分布及具有线性特征时,Pearson 相关系数最为适用,虽然也可以用 Spearman 相关系数,但其使用效率不如 Pearson 相关系数高,当数据的特征不满足以上三个中的任意一个时,便只能用 Spearman 相关系数[2]。两列变量排列后再利用 Pearson 相关系数计算后就成为了 Spearman 相关系数,而在实际计算中,假设初始数据 $\{x_i\}$ 和 $\{y_i\}$ 其顺序排列方式为从大

---

[1] Haldun A., "User's Guide to Correlation Coefficients", *Turkish Journal of Emergency Medicine*, Vol. 18, No. 3, 2018, p. 91.

[2] Zhang W. Y., Wei Z. W., Wang B. H., et al., "Measuring Mixing Patterns in Complex Networks by Spearman Rank Correlation Coefficient", *Physica A Statistical Mechanics & Its Applications*, Vol. 451, 2016, pp. 440–450.

到小，记 $\{x'_i\}$ 和 $\{y'_i\}$ 为原 $\{x_i\}$、$\{y_i\}$ 排列后数据所在的位置，则 $\{x'_i\}$ 和 $\{y'\}$ 称为变量 $\{x_i\}$ 和 $\{y_i\}$ 的秩次，$\{d_i\} = \{x'_i\} - \{y'_i\}$ 为 $\{x_i\}$ 和 $\{y_i\}$ 的秩次之差。

如果没有相同的秩次，则相关系数 ρ_s 可由式（1-1）计算：

$$\rho_s = 1 - \frac{6 \sum d_i^2}{n(n^2 - 1)} \tag{1-1}$$

可由式（1-2）计算由同秩次引起的秩次之间的皮尔逊相关系数：

$$\rho_s = \frac{\sum_i (x_i - \bar{x})(y_i - \bar{y})}{\sqrt{\sum_i (x_i - \bar{x})^2 \sum_i (y_i - \bar{y})^2}} \tag{1-2}$$

二 Copula 相关系数

Copula 的概念是 1959 年由 Sklar 提出，用来研究多维分布函数和低维边缘之间关系的问题①。Copula 除了用于概率度量空间以外，还能用于确定变量间关系。Copula 函数连接联合分布函数与边缘分布函数，在给定任何类型的边际分布的情况下，其可以对依赖结构进行建模。很多变量间关系无法用传统的线性相关系数去度量，在这种情况下可以用 Copula 函数研究变量之间相关关系。

Copula 函数包含了很多分布族，在这当中，t Copula 对变量的相关性比较敏感，本章选取 t Copula（Multivariate Student's t Copula，MVTC）对非线性数据的相关性进行分析。

n 维 t Copula 函数的分布函数表达式为：

$$C(u_1, u_2, \ldots, u_n; \rho, k) = t_{p,k}[t_k^{-1}(u_1), t_k^{-1}(u_2), \ldots, t_k^{-1}(u_n)] \tag{1-3}$$

---

① 罗俊鹏：《Copula 理论及其在金融分析中的应用研究》，博士学位论文，天津大学，2005 年，第 19 页。

$$C(u_1,u_2,\ldots,u_n;\rho,k) = |\rho|^{-\frac{1}{2}} \frac{\tau\left(\frac{k+n}{2}\right)\left[\tau\frac{k}{2}\right]^{n-1}\left(1+\frac{1}{k}\zeta'\rho^{-1}\zeta\right)^{-\frac{k+n}{2}}}{\left[\tau\left(\frac{k+1}{2}\right)\right]^n \prod_{i=1}^{n}\left(1+\frac{\zeta_i^2}{k}\right)^{-\frac{k+1}{2}}}$$

(1-4)

$$\zeta' = (t_k^{-1}(u_1), t_k^{-1}(u_2), \ldots, t_k^{-1}(u_n)) \tag{1-5}$$

相关性度量指标中，Kendall 秩会出现生成正相关和负相关的情况；Spearman 秩描述相关性程度最强、表现最好。

三　格兰杰因果检验

已知 I_t 为时间点 t 中所有信息的集合，该集合包含了 x 和 y 两个时间序列。设 $\bar{x}$ 为 x 的当前值和历史值的集合，表示为 $\bar{x} = \{x_t, x_{t-1}, \cdots, x_{t-k}, \cdots\}$，同时对 y 类似定义。最小二乘估计法的预测误差的方差用 $\sigma^2(\cdot)$ 表示。基于上述假定条件，Granger① 定义了 x 和 y 之间因果性：

（1）格兰杰因果性（Granger Causality）：x 是 y 的（简单）格兰杰原因，满足式（1-3）成立的条件是 y 的最优线性预测函数：

$$\sigma^2(y_{t+1} \mid I_t) < \sigma^2(y_{t+1} \mid I_t - \bar{x}_t) \tag{1-6}$$

即如果引入了 x 的当前值和历史值之后，y_{t+1} 的预测误差方差降低，则预测效果变得更好。

（2）同期格兰杰因果性（Instantaneous Granger Causality）：x 是 y 的同期格兰杰原因，满足式（1-4）成立的条件是 y 的最优线性预测函数：

$$\sigma^2(y_{t+1} \mid \{I_t, x_{t+1}\}) < \sigma^2(y_{t+1} \mid I_t) \tag{1-7}$$

即如果除了引入 x 的当前值和历史值之外，再引入 x 的未来值 x_{t+1}，y_{t+1} 的预测误差方差降低，则预测效果变得更好。

（3）反馈：若格兰杰原因在 x 与 y 中相互发生，那么则认为 x 与 y 之间可以归属于反馈关系。一般在简单的有因有果的序列关系中大量充斥着反馈，这其实并不包含同期的因果关系，原因在于若想要获得同期因果关系

---

① Granger C. W. J., "Investigating Causal Relations by Econometric Models and Cross – Spectral Methods", *Econometrica*: *Journal of the Econometric Society*, Vol. 37, No. 3, 1969, pp. 424 – 438.

发展的方向，前提就是必须知道其他额外的信息以及忽略掉的假设。

第二节 客流预测变量降维方法

一 广义动态因子分析

Forni 等[①]通过扩展模型的动态因素提出 GDFM 用于处理多维数据。该方法旨在解决瞬时数据和滞后数据之间的互相关问题，通过收敛到因子模型的公共部分，将包括时间序列数和观察的数量等发散到无穷大，进而能提供公共部分的准确估算数据。

该模型可以表示为：

$$X_t = \chi_t + \xi_t = B(L)f_t + \xi_t \quad (1-8)$$

$$C_{i,t} = b_{i1}(L^5)f_{1t} + b_{i2}(L^5)f_{2t} + b_{i3}(L^5)f_{3t} + b_{i4}(L^5)f_{4t} \quad (1-9)$$

$$GDFM_t = \sum_{i=1}^{n}(C_{i,t})/n \quad (1-10)$$

使得为变量的合集 $\{x_{i,t} = 1,\cdots,n, t = 1,\cdots,T\}$，每个变量可以建模为其通用组件的总和 x_i 和一个特殊的组件 ξ_i，通用组件包含着一个变量 $f_i = (f_{1t}, f_{2t}, \cdots, f_{qt})$。L 是滞后算子，$B(L) = b_{ij}(L)$，$i = 1,2,\cdots,n, j = 1,2,\cdots,q$ 是随时间变化的因素负荷的集合，并且表示常见动态因素的数量。Forni 等认为建议 q 是由每个分量的方差贡献确定的。如果前 $i-1$ 个分量的方差贡献率发散并且分量 i 开始收敛，则将 q 设置为 $i-1$，根据方差贡献率用于确定 q 的值。在 GDFM 中，通用组成部分是解释旅游需求的有用信息，可用于汇总相关指数。

二 主成分分析

作为最常用的降维方法，主成分分析法（Principal Component Analysis，PCA）[②]通过线性投影，将相关性较强的数据变量进行转换，重组为

[①] Forni M., Hallin M., Lippi M., et al., "The Generalized Dynamic – Factor Model：Identification and Estimation", *Review of Economics and Statistics*, Vol. 82, No. 4, 2000, pp. 540 – 554.

[②] Abdi H., Williams L. J., "Principal Component Analysis", *Wiley Interdisciplinary Reviews：Computational Statistics*, Vol. 2, No. 4, 2010, pp. 433 – 459.

多个线性不相关的向量。通过对数据主成分的分析，不仅可以减少高维度数据空间的使用，还能使原始数据信息的保留实现最大化。

设有 m 条 n 维向量，PCA 的常规步骤如下：

步骤 1：将原始数据按列组成 n 行 m 列矩阵 X；

步骤 2：计算矩阵 X 中每个特征属性（n 维）的平均向量 M（平均值）；

步骤 3：将 X 的每一行数据进行零均值化，即减去 M；

步骤 4：按照公式 $C = \frac{1}{m} X X^T$ 求出协方差矩阵；

步骤 5：求出协方差矩阵的特征值及对应的特征向量；

步骤 6：特征向量的行向量通过取特征值并依照从大到小的方式排成列向量，再将其前 $k(k < n)$ 行拿出来组成基向量 P；

步骤 7：通过 $Y = PX$ 计算降维到 k 维后的样本特征。

PCA 算法是为了求得数据协方差矩阵对应的特征值及其特征向量，通过特征向量就可以知道 PCA 数据投影方向，在经过数据低维空间中投影转换后，保证样本数据尽可能地表征原始数据。将协方差矩阵乘以 $(n-1)$ 后成为了散布矩阵，n 为所求样本的数量，而散布矩阵又可以代替，散布矩阵和协方差矩阵的共同点在于其矩阵的主对角线是各个维度上各个随机变量的方差，两者都是对称矩阵。

第三节　客流预测模型

一　支持向量机

为了引入可以进行多元回归分析的支持向量回归（Support Vector Regression，SVR）算法，首先需要介绍其源头的相关原理，支持向量机算法是 1997 年提出的一种分类方法[1]，可以同时处理线性和非线性情况，在许多问题中都能表现出比较好的性能。

---

[1] Drucker H., Burges C. J., Kaufman L., et al., "Support Vector Regression Machines", *Advances in Neural Information Processing Systems*, Vol. 9, 1997, pp. 155 – 161.

首先要分类的特征向量的数据集为：

$$X = \{\bar{x}_1, \bar{x}_2, \cdots \bar{x}_n\}, 其中 \bar{x}_i \in \mathbb{R}^m \quad (1-11)$$

为简单起见，将其视为二分类问题，并将类标签设置为 -1 和 1：

$$Y = \{y_1, y_2, \cdots y_n\}, 其中 y_i \in \{-1, 1\} \quad (1-12)$$

目标是找到最佳的分割超平面，其方程为：

$$\bar{\omega}^T \times \bar{x} + b = 0, 其中 \bar{\omega} = (\omega_1, \omega_2, \cdots \omega_m)^T \quad (1-13)$$

这样，分类器就可以写成：

$$\tilde{y} = f(\tilde{x}) = \text{sign}(\bar{\omega}^T \times \bar{x} + b) \quad (1-14)$$

两个类被边界的空白区域隔开，在边界处会存在一些样本，这些所谓的样本在实际情况下就是支持向量，为了更好地用数学表达式来描述其通用性，通常采用归一化的方式将需要的数据进行处理，使得支持向量可以位于两个等式表示的超平面上：

$$\begin{cases} \bar{\omega}^T \times \bar{x} + b = -1 \\ \bar{\omega}^T \times \bar{x} + b = 1 \end{cases} \quad (1-15)$$

图 1-1 是两个支持向量的示例，其中实线是分割超平面。

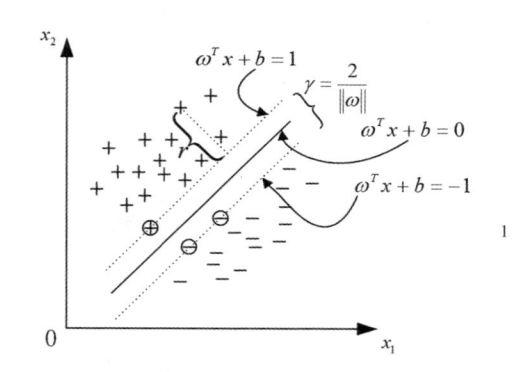

图 1-1 分割超平面（实线）和支持向量超平面（虚线）

目标是最大化这两个边界超平面之间的距离，以减少错误分类可能性。如图 1-1 所示，当两个支持向量点的距离越接近时，分类错误率便越高，反之分类错误率就越低。

分割超平面的边界是平行的两条线段，在一条线段上任取一点作另一条平行线的垂线，这一点与垂足之间的线段长度就是边界的距离。因此，考虑这些边界点作为支持向量，如 $\bar{x}_1$ 和 $\bar{x}_2$，有：

$$\bar{x}_2 - \bar{x}_1 = t\bar{\omega} \tag{1-16}$$

现在，考虑边界超平面方程，可以得到：

$$\bar{\omega}^T \times \bar{x}_2 + b = \bar{\omega}^T \times (\bar{x}_1 + t\bar{\omega}) = 1 \Rightarrow (\bar{\omega}^T \times \bar{x}_1 + b) + t\|\bar{\omega}\|^2 = 1 \tag{1-17}$$

最后部分的第一项等于 -1，所以可以得到 t 的表达式为：

$$t = \frac{2}{\|\bar{\omega}\|^2} \tag{1-18}$$

$\bar{x}_1$ 和 $\bar{x}_2$ 之间的距离是线段 t 的长度，因此可以得到：

$$\gamma(\bar{x}_1, \bar{x}_2) = t\|\omega\| = \frac{2}{\|\omega\|} \tag{1-19}$$

现在，考虑数据集的所有点，可以强加以下约束：

$$y_i(\bar{\omega}^T \times \bar{x}_i + b) \geq 1 \ \forall (\bar{x}_i, y_i) \tag{1-20}$$

该约束通过使用 -1 和 1 作为约束类标签的范围保证。因此其等式在其他点上反馈值超过上限，而支持向量不会存在这样的问题。虽然模型不考虑此问题是具有较高的鲁棒性，但也由于越界的向量会造成一个特别大的限制。因此，下面将使用一个技巧来避免这种限制，同时保持相同的性能。

为了训练支持向量机以最大化距离，可以最小化目标函数（满足约束）：

$$\begin{cases} \min \dfrac{\|\bar{\omega}\|}{2} \\ \text{使得 } y_i(\bar{\omega}^T \times \bar{x}_i + b) \geq 1 \ \forall (\bar{x}_i, y_i) \end{cases} \tag{1-21}$$

进一步简化得到以下二次规划问题（从范数中消去平方根）：

$$\begin{cases} \min \dfrac{\bar{\omega}^T \bar{\omega}}{2} \\ \text{使得 } y_i(\bar{\omega}^T \times \bar{x}_i + b) \geq 1 \ \forall (\bar{x}_i, y_i) \end{cases} \tag{1-22}$$

这个问题等同于铰链损失函数的最小化：

$$L = \max(0, 1 - y_i(\bar{\omega}^T \times \bar{x}_i + b)) \tag{1-23}$$

实际上，目标不仅是找到最佳分割超平面，而且当样本 x_i 被正确分类，但与超平面的距离小于 1 时最大化支持向量（极限分隔符）之间的距离，此时 $L > 0$ 并且算法被强制更新参数 ω。而如果 $L = 0$ 则保持被动（所有与分割超平面的距离大于 1 的正确分类样本满足的条件）。在某种程度上，SVM 是非常经济的模型，因为它们利用了数据集的几何属性。由于支持向量是彼此最接近的不同点（就类而言），因此无须关心所有其他样本。当找到最佳超平面时（只有支持向量有助于调整）$L = 0$，并且不需要其他校正。

二 决策树

决策树方法是机器学习中一种用来分类或回归与预测的技术。基于贪心算法，决策树以一种自上而下分层的递归思想完善建立完整的决策树模型，使之可以不断对训练集进行分类，这个过程即决策树的生长。其分支不断分类、不断生长，若部分分支生长下去不再具有意义时，就可以停止下来，不再生长；若所有分支的生长都不再有意义，那么整棵决策树便会停止生长，至此一棵完整的决策树便建立了。若生成的决策树在描述和解释训练样本时过于精细，那么这棵树将失去一般的代表性，再用其来预测一个新的数据集就显得不合适。因此得通过将成长中的决策树进行剪枝的方法来处理，这样的常用方法有预剪枝法和后剪枝法，所谓预剪枝法就是在决策树成长过程中利用先前的限制条件对决策树的成长进行控制，而等到决策树成长完再对其根据条件进行分支修正剪枝的方法称为后剪枝法。两种方法根据场合不同灵活适用。

三 梯度提升回归

梯度提升回归（Gradient Boosting Regression，GBR）是一种基于多次迭代纠错思想的技术。GBR 模型将所熟知的各种一般性算法进行不断地预测迭代[1]，每个学习算法都是在前一个学习算法的错误中学习，甚至说

---

[1] Sherstinsky A., "Fundamentals of Recurrent Neural Network (RNN) and Long Short - Term Memory (LSTM) Network", *Physica D: Nonlinear Phenomena*, Vol. 404, 2020, 132306.

可以把它看成一种多种模型不断调优的组合模型。算法的单个预测准确率不高，但是通过多次错误性学习，在学习算法数量较多的时候，通常会获得不差于其他模型的预测效果。

图 1-2 展示的是 GBR 进行多模型预测的学习原理图。根据预测误差值对多个模型所占权值进行调整，最终由多个模型的预测数据共同组成最后的预测结果。该模型存在样本权值和算法权值两类。样本权值主要是标记功能，当在前一个算法中该样本被错误分类，其权值就会增加，反之减少。算法权值指的是多个算法在最终预测结果中的占比。正确率高的算法权值高。初始情况下，样本权值和算法权值都是等概率分布，每一次迭代都会发生权值变化，最终达到最好的预测结果。在客流预测中，使用梯度提升回归模型可以综合其他多个简单模型的优点来提高预测的准确度。

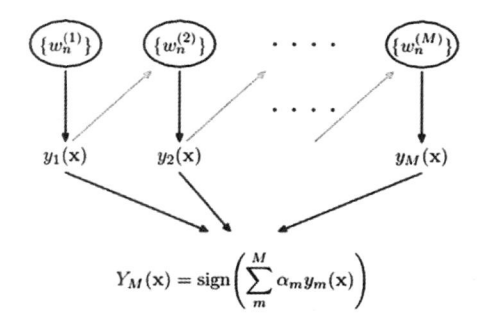

$$Y_M(\mathbf{x}) = \text{sign}\left(\sum_m^M \alpha_m y_m(\mathbf{x})\right)$$

图 1-2　GBR 原理示例

四　随机森林

随机森林（Random Forest，RF）由 Breiman 于 2001 年首次提出[①]，是分类树和回归树的集合，这是对预测变量使用二进制拆分来确定结果预测的简单模型。决策树在实践中易于使用，为预测结果提供了一种直观的方法，该方法将与结果相关的预测变量的"高"值与"低"值分开。在随机森林环境中，使用随机选择的训练数据集和预测变量的随机子集

---

① Breiman L.，"Random Forests"，*Machine Learning*，Vol. 45，No. 1，2001，pp. 5-32.

构建许多分类树和回归树,以对结果进行建模。来自每棵树的结果被汇总以给出每个观察的预测。与其他模型相比,随机森林在分类设置中始终提供最高的预测准确性[1]。目前已被逐渐运用于分类和回归问题,也应用于旅游客流量预测。使用随机森林进行预测建模的主要好处是能够处理具有大量预测变量的数据集。但是,实践中通常应将获得结果预测所需的预测变量数量最小化,以提高效率。在预测建模中,通常要确定应该包含在简化的模型中的最重要的预测变量。

由于随机森林模型中树与树之间的相关性会影响预测的结果,因而需要关注树的样本间的相关性。一般来讲,相关性越大的样本预测的错误率越大,可以通过特征值的相关性分析剔除无用特征。但如果过度减少特征的个数,树的分类能力又会有所降低。因此,在使用随机森林模型前需要对特征个数进行优化。

五 循环神经网络

循环神经网络(Recurrent Neural Network,RNN)是一种可对时间序列数据进行建模的神经网络,其典型特征是,与传统神经网络模型每层内节点无法连接相比,其层层、层内之间可以双向传递信息,从而高效地存储使用信息,以至于其采用更为复杂的算法可对网络规则进行更新。RNN常用于处理时间信息序列的任务中[2]。RNN的当前一个神经元的输出与前面神经元的输出相关,即网络在计算当前神经元的时候会采用之前记忆的历史数据,因此隐藏层的输出包括两个部分:一个部分作为输入层的输出,另一个部分包含着历史时刻的隐藏层输出。那么RNN的优点就凸显在面对较长的序列数据时,理论上完全有能力将其处理成网络可用的数据,但在实际使用中,这种方式会大量消耗训练时间,增加模型的负荷。因此,当前时刻的状态往往假设成只跟之前状态有关,不仅

---

[1] Fernández – Delgado M., Cernadas E., Barro S., et al.,"Do We Need Hundreds of Classifiers to Solve Real World Classification Problems?", *Journal of Machine Learning Research*, Vol. 15, 2014, pp. 3133 – 3181.

[2] Sherstinsky A.,"Fundamentals of Recurrent Neural Network (RNN) and Long Short – Term Memory (LSTM) Network", *Physica D: Nonlinear Phenomena*, Vol. 404, 2020.

可以降低复杂度，还可以节约时间。

RNN 包含输入单元（标记为 x_t）、输出单元（标记为 y_t）和完成大部分任务的隐藏单元。通常情况下，信息从 RNN 的输出单元引导返回至层内节点可以自连或互连的隐藏单元，因此，RNN 的基本结构通过数学表示为：

$$h_t = f_w(h_{t-1}, x_t) \quad (1-24)$$

其中，h_t 表示当前目标状态，h_{t-1} 表示上一目标状态，x_t 表示当前输入向量，f_w 表示权重参数的一种映射函数，由于输入向量、上一目标状态影响着当前目标值的输出结果，从而可以计算各节点上的网络参数。

RNN 隐藏层每一次的输出结果都是下一次隐藏层的输入，因此，RNN 可以被视为同一网络的多次循环使用。在图 1-3 中，x_t 是 t 时刻的输入序列，s_t 是 t 时刻历史信息的隐藏状态，也可以认为是 RNN 网络对于历史信息的记忆，其数学公式为：

$$s_t = f(Ux_t + W_{s_{t-1}}) \quad (1-25)$$

其中，f 表示激活函数，U 表示带权重的输入矩阵，W 表示矩阵的权重。

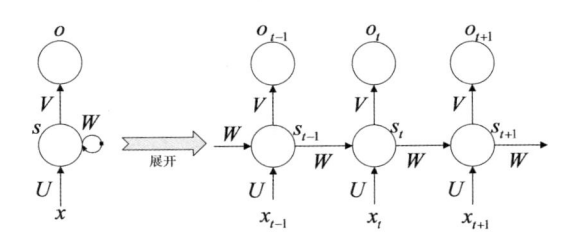

图 1-3　循环神经网络展开

依据公式可发现每个当前状态 s_t 都是由上一状态 s_{t-1} 经过计算后得到的，随着状态不断叠加，矩阵会经过多轮权重 W 相乘计算，如果权重 W 小于 1，那么随着计算迭代次数不断增加，反向传播算法中误差会不断减小，然后会形成梯度弥失现象，同理，若是权重 W 大于 1，那么随着计算迭代次数的不断增加，误差将不断变大，会形成梯度爆炸现象。因此，普通的 RNN 网络难以记忆较早的历史时刻，对其状态数量往往存在限制。

六 长短期记忆网络

传统神经网络是一个深度前反馈神经网络。循环神经网络的目的是学习输入数据长期的依赖性,但它还是很难进行学习和长期保存各类信息。为了解决循环神经网络模型的缺陷,长短期记忆网络(Long – Short Term Memory,LSTM)增大了其网络存储空间,采用特殊隐式单元。该模型通过门控神经元等新思路,适合于预测分析基于各种存在延迟的时间序列数据等,当应用在旅游客流量预测时,通常可以获得较好的效果[①]。

循环神经网络是多层感知的发展,它擅长解决顺序数据。其递归层展开为一个完整的网络。x 为客流量输入,h 是提供网络存储能力的隐藏状态。t 代表时间步长。显著特征在于具有当前信息的隐藏层的输出作为输入的一部分被转移到下一时间步的隐藏层。这种循环可以保留先前的信息,以保持数据之间的依赖性,从而增强从顺序数据中学习和提取信息的能力。与循环神经网络相比,LSTM 中隐藏层的内部结构更加复杂[②]。区别在于 LSTM 块是由存储单元状态、忘记门、输入门和输出门构成。关键要素、存储单元状态贯穿整个链,借助三个门有选择地向单元状态添加或删除信息,如图 1 – 4 所示。

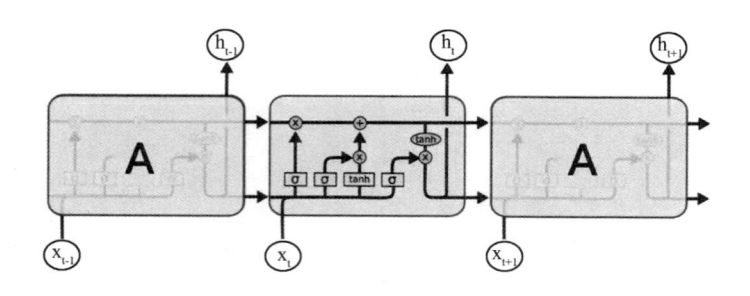

图 1 – 4 LSTM 原理示例

---

① Li Y., Cao H., "Prediction for Tourism Flow Based on LSTM Neural Network", *Procedia Computer Science*, Vol. 129, 2018, pp. 277 – 283.

② Han S., Qiao Y. H., Yan J., et al., "Mid – to – Long Term Wind and Photovoltaic Power Generation Prediction Based on Copula Function and Long Short – Term Memory Network", *Applied Energy*, Vol. 239, 2019, pp. 181 – 191.

本章小结

本章介绍了客流预测相关的理论和技术。相关性分析方法包括了斯皮尔曼相关系数、Copula 相关系数和格兰杰因果检验，特征降维方法包括广义动态因子分析和主成分分析法，预测模型包括了支持向量机、决策树、梯度提升回归、随机森林、循环神经网络和长短期记忆网络，可为本书后文提出的客流预测方法研究提供科学、坚实的基础。

第 二 章

山岳型旅游风景区客流分布及预测变量

山岳型风景区具有特殊的地貌特征,并且受自然条件的影响严重,其客流量与天气密切相关。季节、事件会对该风景区的客流量产生一定程度的影响。同时,搜索引擎数据也是预测客流的重要线索。本章以四川四姑娘山作为重点研究载体,从短期客流视角分析山岳型旅游风景区的客流分布及预测变量。

第一节 山岳型旅游风景区客流分布

图2-1为四姑娘山风景区2015年9月25日至2019年11月25日的日客流量。从图2-1客流量变化折线中可以看出,在四年多时间范围内风景区客流量呈现出"峰林结构"①,且具有周期性和季节性特征。四姑娘山属青藏高原山脉,平均海拔在3200米以上,最高峰高达6250米,山势崎岖陡峭,部分区域终年积雪。根据四姑娘山官方网站的介绍,11月1日至次年的3月31日为风景区的旅游淡季,其他时间均为旅游旺季,图2-1可以印证这一点。每年11月起,四姑娘山逐渐步入冬季,出于安全和舒适度考虑,登山爱好者逐渐减少,日客流量低迷。次年3月之后,气温逐步回升,山间部分冰雪消融,适合登山游玩,而且经历4月和5月

---

① 孙根年、周瑞娜:《骊山景区年内客流量峰林结构及成因分析》,《人文地理》2011年第3期。

图 2-1 四姑娘山每日客流量

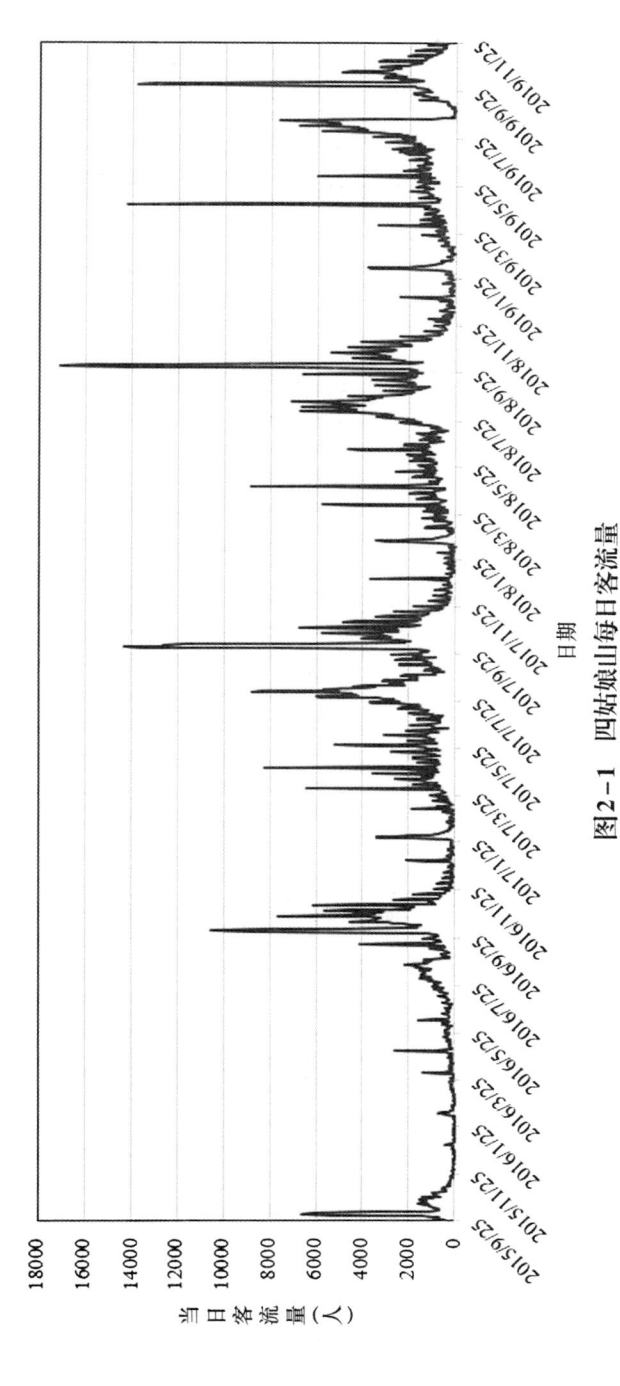

数据来源：四姑娘山官网（https://www.sgns.cn/info/number）。

的"清明节"和"五一国际劳动节"等节假日，旅游客流量有了较为大幅度的增长。从7月末开始，风景区的气候适宜，景色优美，又正值暑假，学生和教师等广大群体带来了客流的又一个小高峰。到了"十一"黄金周，客流迎来了爆炸式的增长，每年的客流均迎来了最高峰，选择2018年的月客流量数据进行具体分析，如表2-1所示。

表2-1　　　　　四姑娘山2018年月客流分析　　　　　单位：人

时间	1月	2月	3月	4月	5月	6月
最大客流量	1074	3459	1454	8845	2624	544
最小客流量	59	20	113	404	599	4648
平均客流量	245	724	555	1661	1186	1636
时间	7月	8月	9月	10月	11月	12月
最大客流量	3459	7095	6585	17071	4100	2417
最小客流量	389	1787	1169	1476	306	108
平均客流量	1454	4202	2431	4812	1160	468

从表2-1可以看出，2018年月平均客流量最少的一天仅20人，出现在2月，最大客流量出现在10月，为17071人，有着巨大悬殊。因此山岳型风景区客流量的非线性特征极为明显，不及时进行决策和管理，很可能会造成一系列的突发事件和安全事件。

第二节　山岳型风景区客流预测变量

短期内会有很多因素影响旅游需求。山岳型旅游风景区短期客流的变化更为明显，这是因为其受到的外部影响因素更多、更直接。那么这些因素包括以下几种：节假日、亲朋好友的推荐、风景区综合评分、综合舒适度等。那么当风景区的实际情况出现变化时，还可能会受到天气、历史客流量等综合影响。我们在研究中主要利用了目前较为成熟的文献做出分析，提出了山岳型旅游风景区短期客流量所受到的五类因素影响，包括历史客流量、百度搜索指数、天气、节假日、事件。

一 历史客流量

时间序列指标往往存在明显的平滑效应或自回归效应，使得在时间序列的预测任务中，历史数据是大部分研究人员进行建模预测的关键特征[1]。旅游客流量同样是一种时间序列数据，历史客流量也是研究人员进行旅游客流量预测的重要特征[2]。用以预测旅游短期客流量的历史数据包括前几天或前几周的客流量、上周同期客流量以及去年同期客流量。由于相邻时间的客流量受到相似的客观影响因素，前几天或前几周的客流量可以反映出未来客流量的变化趋势，因此相邻时间的客流量之间具有较高的相关性，特别是前一天的客流量对预测具有重要的参考价值，上周同期客流量和去年同期客流量主要用于日客流量预测，因为它们与目标日的相关性较高，能够有效提高客流量预测的准确性[1]。

四姑娘山风景区的客流量数据分为四等分，即 2015 年 9 月 25 日—2016 年 9 月 24 日、2016 年 9 月 25 日—2017 年 9 月 24 日、2017 年 9 月 25 日—2018 年 9 月 24 日和 2018 年 9 月 25 日—2019 年 9 月 24 日，对这四年的日客流变化趋势用折线图叠加绘制，如图 2-2 所示。

可以看到，四姑娘山"十一"黄金周客流量的数据逐年递增，2015 年"十一"日客流量最多日仅约为 6500 人，到了 2019 年，有 17000 多人，翻了一番还多。其他时段内，四年内既有相似时段内的线性趋势转折点，也有不同时段内的线性趋势转折点，例如，每年的"元旦"都在 12 月 30 日至 1 月 3 日期间，偏移不大，因此出现客流小高峰的时段也相对重合，而春节的时段均不一样，因此春节出现客流高峰的时段明显不一致。若不考虑特定节假日的影响，几乎可以用前一年的客流量预测下一年的客流量，但是如果考虑特定节假日的因素，用这种预测方法必定

---

[1] 马银超：《山岳型风景区短期客流量预测组合模型研究——以黄山风景区为例》，博士学位论文，合肥工业大学，2017 年，第 44 页。

[2] Chu F. L., "Forecasting Tourism Demand with ARMA - Based Methods", *Tourism Management*, Vol. 30, No. 5, 2009, pp. 740 - 751.

图 2-2 四姑娘山同期日客流量

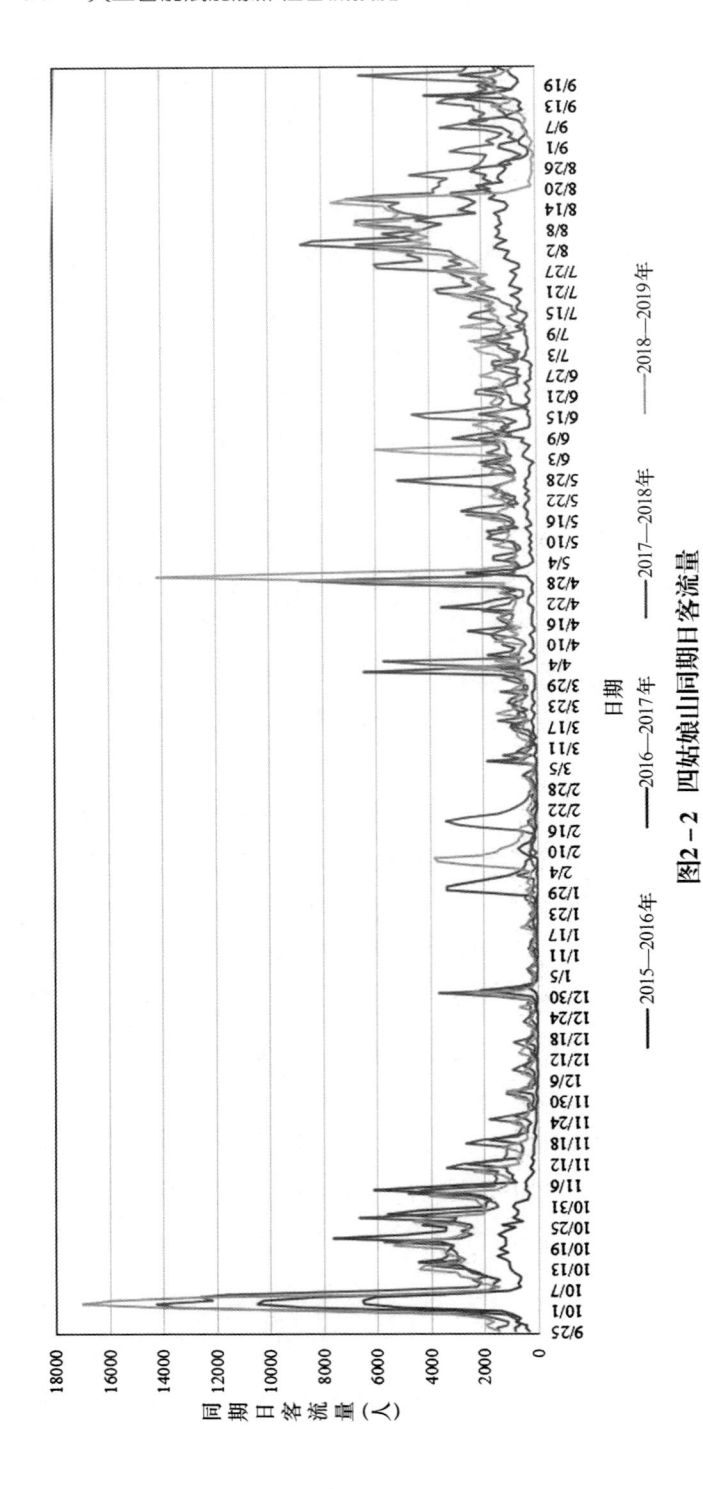

注：在横轴的国庆节期间，最低的波峰代表2015—2016年，再往上的波峰代表2016—2017年，再往上的波峰代表2017—2018年，最高的波峰代表2018—2019年。

产生较大的预测误差。因此，为了量化探讨研究数据中历史客流量对当前客流量的影响，分别选取前一日客流、前两日客流、前三日客流、前一周客流、前一月客流和前一年客流与当日客流利用斯皮尔曼方法进行相关性的检验。

表2-2利用Spearman相关系数说明了四姑娘山风景区当日客流量与历史客流量的相关度，发现不论提前多久的日客流数据，它们与当日客流量之间的Spearman相关系数都较高，均大于0.5，特别是前一日客流和前两日客流，Spearman相关系数甚至达到了0.9087和0.8324，呈现出极强相关度。这些数据有力说明了历史客流量对未来客流量变化趋势的重要影响，由此可见，历史客流量可以成为预测未来客流量的一类关键特征。

表2-2　　　　当日客流量与不同期历史客流量的相关度

	Spearman 相关系数	相关度
前一日	0.9087	极强相关
前两日	0.8324	极强相关
前三日	0.7882	强相关
前一周	0.7674	强相关
前一月	0.4650	中等相关
前一年	0.5885	中等相关

二　搜索引擎数据

搜索引擎数据为解决旅游客流预测问题提供了重要线索。以前的研究表明，大规模的搜索引擎数据与现实社会行为之间存在一定关联。Jeremy等[1]首次在研究中将这种相关性应用于流行病预测，他们使用Google搜索查询指数作为数据源来预测流感的传播。之后，搜索引擎数据的应

---

[1]　Jeremy G., "Detecting Influenza Epidemics Using Search Engine Query Data". *Nature*, Vol. 457, No. 7232, 2009, pp. 1012-1014.

用范围从传染病研究扩展到经济学和社会行为研究，例如，预测失业率，电影院入场率，股票市场动向等。

信息搜索是旅行者决策过程的重要组成部分。随着互联网的发展，游客可以随时随地在网络中获取旅游信息。搜索引擎数据正逐渐成为旅游信息的主要来源之一，对于分析游客的决策过程和未来行为具有重要意义。因此，人们越来越重视搜索引擎数据在旅游预测中的应用。常用的搜索引擎数据是 Google 趋势和百度指数。一方面，研究表明，使用 Google 趋势可以显著提高游客预测的准确性，例如，Lau 和 Koo[1]将风景区信息的在线 Google 趋势数据替代网络受欢迎程度，研究搜索引擎数据对建立风景区电子口碑的影响；Kim 和 Shin[2]通过 Google 趋势数据建立了可靠的短期预测模型以识别出航空需求的短期波动；Pan 等[3]研究了 Google 趋势数据对于预测酒店客房需求的可用性。另一方面，百度是我国最常用的搜索引擎，研究表明，使用百度指数可以显著增强我国旅游客流量预测的准确性，例如，Yang 等[4]利用百度指数，预测了海南省游客的数量；Sun 和 Wei 等[5]通过百度指数和 Google 趋势数据准确地预测了北京游客的到达人数。研究结果均表明，Google 趋势和百度指数都可以显著提升预测效果。此外，百度在我国的市场份额较大，因此百度指数的表现要远远好于 Google 趋势。基于此，本章将搜索引擎数据中的百度指数也作为山岳型风景区日客流量的重要预测变量。

不同游客的主观偏好有所差异，出游前利用搜索引擎查找旅游信息的侧重点也不同。其中，目的地天气情况、旅游攻略、目的地景点介绍、

---

[1] Lau P. L., Koo T. T. R., "Online Popularity of Destinations in Australia: An Application of Polya Urn Process to Search Engine Data", *Journal of Hospitality and Tourism Management*, Vol. 42, 2020, pp. 277–285.

[2] Kim S., Shin D. H., "Forecasting Short-Term Air Passenger Demand Using Big Data from Search Engine Queries", *Automation in Construction*, Vol. 70, No. 10, 2016, pp. 98–108.

[3] Pan B., Wu C. D., Song H., "Forecasting Hotel Room Demand Using Search Engine Data", *Journal of Hospitality & Tourism Technology*, Vol. 3, No. 3, 2012, pp. 196–210.

[4] Yang X., Pan B., Evans J. A., et al., "Forecasting Chinese Tourist Volume with Search Engine Data", *Tourism Management*, Vol. 46, No. 2, 2015, pp. 386–397.

[5] Sun S., Wei Y., Tsui K. L., et al., "Forecasting Tourist Arrivals with Machine Learning and Internet Search Index", *Tourism Management*, Vol. 70, 2019, pp. 1–10.

住宿、景点附近交通、餐饮特产等是游客关注较多的信息，因此，游客搜索的中心关键词大多包括"目的地名称""天气情况""景点介绍""门票信息""旅游活动""住宿""目的地景点"等。

采用范围取词法选取百度指数关键词，结合上文所提到的游客在进行信息搜寻时的中心关键词，初步筛选出关键词库，具体步骤如下：

步骤1：确定初始列表搜索关键词 $\{kw_t^{(n)}\}_{n=1}^N$。我国游客一般需要在旅行的各个方面做出许多不同的决定，例如，目的地、餐馆、交通和景点等。旅行者可能对寻找与食物、旅店、交通、天气和地方娱乐有关的关键词感兴趣[1]。Yang 等[2]选择了酒店、天气和食物等20个基本搜索关键词作为模型输入，用于预测海南省游客的月度访问量；Li 等[3]选用旅游、小吃和购物等45个关键词来预测北京的客流。参考上述研究，将风景、住宿、餐饮、游览、购物和交通6个方面定义为出行前的主要因素，进行关键词的归纳

步骤2：将关键词 $kw_t^{(n)}(n=1,2,\cdots,N)$ 逐个输入到百度指数官方网站中，以获取 $kw_t^{(n)}$ 在 T 天的历史搜索量，记为 $kw_t^{(n)}(t=1,2,\cdots,T)$。

步骤3：游客在有出游打算前，通常会提前在网络上检索旅游信息，而不是当天出行当天检索，因此，我们统一对百度指数的搜索量提前一天移动处理，并采用斯皮尔曼方法，分别计算各关键词 $kw_t^{(n)}$ 与游客量 y_t 的 Spearman 相关系数。

步骤4：确定最终搜索关键词 $\{kw_t^{(n)}\}_{n=1}^S$。经过百度搜索查询发现，一些初步确定的关键词在网络上的收录信息非常少，导致百度指数非常低甚至为0，对日客流量的预测几乎没有帮助，因此将其删除。根据相关系数，其他关键词的相关性可以划分为不同程度，其中在 [0.8, 1.0] 之间为极强相关，[0.6, 0.8] 之间为强相关，[0.4, 0.6] 之间为中等

---

[1] Jeng J., Fesenmaier D. R., "Conceptualizing the Travel Decision – Making Hierarchy: A Review of Recent Developments", *Tourism Analysis*, Vol. 7, No. 1, 2002, pp. 15 – 32.

[2] Yang X., Pan B., Evans J. A., et al., "Forecasting Chinese Tourist Volume with Search Engine Data", *Tourism Management*, Vol. 46, No. 2, 2015, pp. 386 – 397.

[3] Li X., Pan B., Law R., et al., "Forecasting Tourism Demand with Composite Search Index", *Tourism Management*, Vol. 59, 2017, pp. 57 – 66.

相关，[0.2，0.4]之间为弱相关，0.2以下为极弱相关的分类标准进行分类，从降低日客流量预测误差的角度出发，选取相关系数为中等程度及以上的关键词作为最终关键词。

根据上述关键词的收集步骤，最终确定16个百度指数关键词，分别为"茶店子客运站""茶店子客运站时刻表""双桥沟""四姑娘山""四姑娘山海拔""四姑娘山景区""四姑娘山旅游""四姑娘山旅游攻略""四姑娘山门票""四姑娘山天气""四姑娘山图片""四姑娘山住宿""长坪沟""海螺沟""成都到四姑娘山"和"四姑娘山在哪里"。每个关键词搜索量与日客流量之间的相关结果如表2-3所示。

表2-3　　　百度指数关键词搜索量与当日客流量的相关度

序号	关键词	Spearman 相关系数	相关度
1	茶店子客运站	0.4352	中等相关
2	茶店子客运站时刻表	0.4143	中等相关
3	双桥沟	0.8536	极强相关
4	四姑娘山	0.7364	强相关
5	四姑娘山海拔	0.7247	强相关
6	四姑娘山景区	0.5973	中等相关
7	四姑娘山旅游	0.5440	中等相关
8	四姑娘山旅游攻略	0.5182	中等相关
9	四姑娘山门票	0.7466	强相关
10	四姑娘山天气	0.8524	极强相关
11	四姑娘山图片	0.5380	中等相关
12	四姑娘山住宿	0.6793	强相关
13	长坪沟	0.8178	极强相关
14	海螺沟	0.5674	中等相关
15	成都到四姑娘山	0.5576	中等相关
16	四姑娘山在哪里	0.7021	强相关

所选的16个关键词与当日客流量的Spearman相关系数均大于0.4，特别是"双桥沟""长坪沟"和"四姑娘山天气"这3个关键词的搜索量与当日客流量的相关度为极强相关，表现为强相关的关键词有"四姑娘山""四姑娘山海拔""四姑娘山门票""四姑娘山住宿"和"四姑娘

山在哪里"。表2-4列出了筛选后的16个百度指数关键词搜索量与日客流量的描述性统计结果。在1523条样本中，有8个关键词的最小搜索量为0，拥有最大搜索量的关键词是"四姑娘山"，为12390，第二大搜索量的关键词为"海螺沟"，为8946，且它们拥有关键词当中最大的方差，分别为786936.210和613894.188。说明对于四姑娘山风景区的淡旺季，游客在搜索引擎上搜索的相关关键词的数量会有巨大的差异，若不考虑这些差异，将会对日客流量的预测造成不利影响。

表2-4　　百度指数关键词搜索量和历史客流量的描述性统计

关键词	样本量（条）	最小值（条）	最大值（条）	平均值（条）	方差
茶店子客运站	1523	206	1529	454.16	15874.513
茶店子客运站时刻表	1523	141	1110	311.45	9839.517
双桥沟	1523	0	638	184.15	4537.092
四姑娘山	1523	756	12390	1799.18	786936.210
四姑娘山海拔	1523	0	993	239.42	22174.730
四姑娘山景区	1523	0	498	68.74	4054.350
四姑娘山旅游	1523	0	303	81.34	2883.376
四姑娘山旅游攻略	1523	134	2606	494.18	83676.329
四姑娘山门票	1523	0	665	137.31	5400.158
四姑娘山天气	1523	73	3451	586.16	142851.848
四姑娘山图片	1523	0	297	108.11	2107.563
四姑娘山住宿	1523	0	420	85.72	4053.168
长坪沟	1523	0	575	175.77	3674.255
海螺沟	1524	560	8946	1778.29	613894.188
成都到四姑娘山	1523	64	605	196.43	3321.510
四姑娘山在哪里	1523	99	1184	308.45	24865.839
日客流量	1523	9	17071	1407.78	3567995.548

观察日客流量的描述性统计，1523个样本中，日客流量最少为9人，最多为17071人，差值悬殊，平均日客流量为1407人，样本内方差高达3567995.548。为进一步挖掘关键词搜索量与日客流量之间的关系，共同画出二者的趋势图进行对比（如图2-3所示）。随机选择5个关键词搜

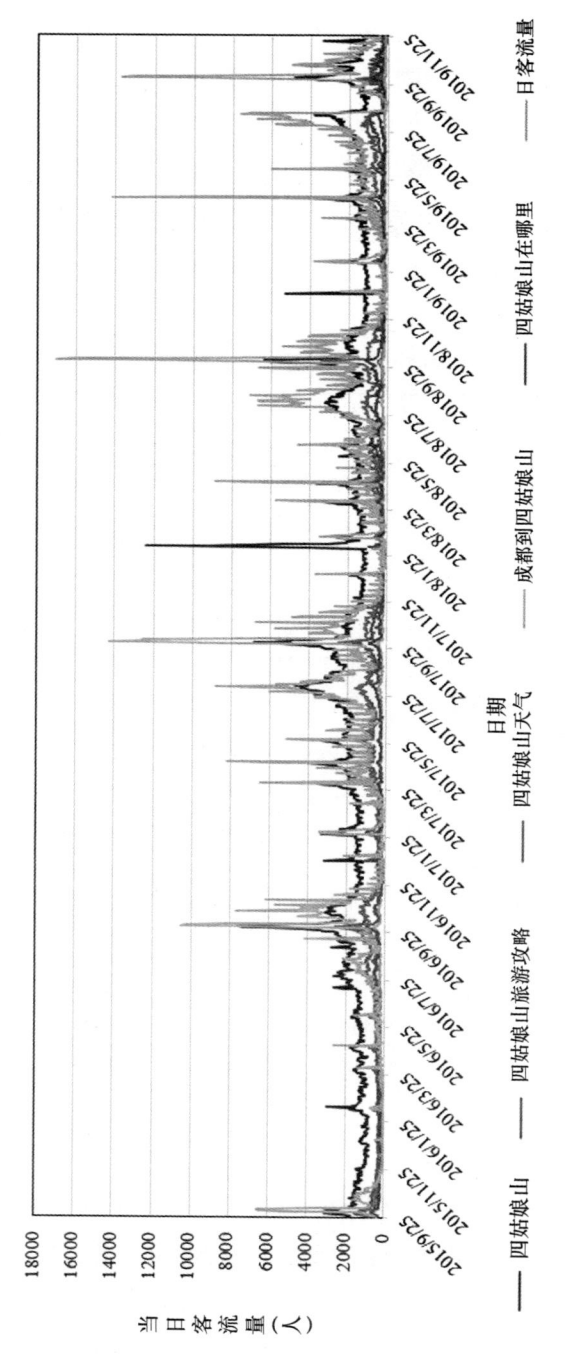

图2-3 四姑娘山百度指数关键词搜索量的趋势

索量进行绘图，分别是"四姑娘山""四姑娘山旅游攻略""成都到四姑娘山""四姑娘山在哪里"和"四姑娘山天气"。从图2-3中可以看出关键词搜索量与日客流量之间存在大致相同的趋势，表现在，当日客流量迎来高峰期时，关键词搜索量也在前一两天有了大幅度的增加，当日客流量低迷时，关键词搜索量也趋于平缓。

特别地，在2018年2月6日至9日，关键词"四姑娘山"的搜索量出现异常的高值，经查找资料发现这一时段四姑娘山发生了游客攀登的意外事件，导致人们对四姑娘山的关注度大幅提高，进而搜索量出现井喷式的增长，因此，关键词搜索量不但可间接反映出日客流量的波动，而且可反映风景区发生的特殊事件。

三 天气

天气是影响旅游业的重要因素①。风景区客流量波动大的一个关键因素在于天气状况的差异，诸多研究都发现好天气会增强游客的旅行意愿，而恶劣天气通常会起相反的作用。风景区的天气对大部分游客出游前的决策有重要的参考作用②。天气变化会对旅游业产生重要影响，其中气候和热力会影响风景区的旅游客流，例如，不同季节的气候会影响旅行社和游客的旅行计划，好天气会增加游客的数量，而恶劣天气会增加运营成本（例如，在炎热的月份，酒店的空调使用能源大幅增加，在寒冷月份，进入风景区的游客可能会需要更多的救援力量）③。上述研究表明，风景区的气温、湿度、降水、日照和风速等天气因素或多或少地影响着游客的出游体验。然而，利用天气进行旅游预测的研究仍然相对较少。例如，Álvarez-Díaz 和 Roselló-Nadal④ 训练

---

① Becken S., "Measuring the Effect of Weather on Tourism: A Destination - and Activity - Based Analysis", *Journal of Travel Research*, Vol. 52, No. 2, 2013, pp. 156 - 167.

② Day J., Chin N., Sydnor S., et al., "Weather, Climate, and Tourism Performance: A Quantitative Analysis", *Tourism Management Perspectives*, Vol. 5, 2013, pp. 51 - 56.

③ Lin T. P., Matzarakis A., "Tourism Climate Information Based on Human Thermal Perception in Taiwan and Eastern China", *Tourism Management*, Vol. 32, No. 3, 2011, pp. 492 - 500.

④ Álvarez-Díaz M., Roselló-Nadal J., "Forecasting British Tourist Arrivals in the Balearic Islands Using Meteorological Variables", *Tourism Economics: the Business & Finance of Tourism & Recreation*, Vol. 16, No. 1, 2010, pp. 153 - 168.

了传递函数模型和人工神经网络，根据天气数据预测英国对巴利阿里群岛的每月旅游需求。结果表明，结合气象资料可以提高预测能力。因此，从中国气象数据网（http：//data. cma. cn/）中获取四姑娘山风景区所在地的天气状况，包括空气湿度、风速、日照强度、降水量和气温等 18 种数据，与研究百度指数关键词搜索量与日客流量的相关度一样，利用斯皮尔曼方法分别计算各气象因素与日客流量之间的相关系数，结果如表2-5 所示。

表 2-5　　　　　　　　气象因素与当日客流量的相关度

序号	气象因素	Spearman 相关系数	相关度
1	20—20 时降水量	0.3315	弱相关
2	蒸发（大型）	0.5637	中等相关
3	极大风速	0.5328	中等相关
4	极大风速的风向	0.5745	中等相关
5	平均气压	0.5988	中等相关
6	平均 2 分钟风速	0.5280	中等相关
7	平均气温	0.6332	强相关
8	平均水气压	0.6457	强相关
9	平均相对湿度	0.6454	强相关
10	日照时数	0.5147	中等相关
11	最低气压	0.5989	中等相关
12	最低气温	0.4859	中等相关
13	最高气压	0.5986	中等相关
14	最高气温	0.6382	强相关
15	蒸发	0.5686	中等相关
16	最大风速	0.5330	中等相关
17	最大风速的风向	0.5874	中等相关
18	最小相对湿度	0.6095	强相关

如表 2-5 所示，在 18 种天气因素中，除了 "20—20 时降水量" 与日客流量是弱相关以外，其他气象因素均与日客流量呈中等程度及以上的相关，其中，"平均气温""平均水气压""平均相对湿度""最高气温"和"最小相对湿度"与日客流量之间强相关，因此将会在预测模型中特别考虑。本研究抽取 5 种天气因素，在表 2-6 列出描述性统计结果。

表 2-6　　　　　　　　气象因素的描述性统计结果

气象因素	样本量	最小值	最大值	平均值	方差
平均相对湿度（%）	1523	22	99	64.73	307.186
平均 2 分钟风速（0.1m/s）	1523	2	33	11.47	16.031
日照时数（0.1h）	1523	0	116	56.69	830.66
20—20 时降水量（0.1mm）	1523	0	356	7.90	511.336
平均气温（0.1℃）	1523	-58	282	95.57	4362.648

从表 2-6 中可以得知，该风景区 2015 年至 2019 年的湿度最低为 22%，最高为 99%，平均为 64.73%，气候偏湿润；平均 2 分钟风速为 1.147m/s，平均日照时数为 5.669h，平均降水量为 0.79mm，平均气温为 9.557℃，是很明显的山地气候。图 2-4 为四姑娘山风景区气候因素的可视化结果，可以看出，风景区的气温呈波浪形变化，季节性明显；春夏秋三季的降水量较高，冬季降水量较低，特殊的，2019 年夏季降水量异常偏高；湿度与风速较为均匀，都在一定范围内上下波动。

四　节假日

每年到了法定节假日，旅游出行的话题总会成为人们议论的焦点。我国有 7 个法定节假日。这 7 个法定节假日根据放假天数分为长假和小长假，长假的假期天数为 7 天，春节和十一国庆节都包含于长假中。而小长假的放假周期为 3—5 天，小长假包括 5 个节日，分别是元旦、清明、端午、五一劳动节以及中秋节。也就是说在我国，每人每年可以获得额外的 29—31 天带薪休假。带薪休假这一制度也从某些方面促进了我国旅

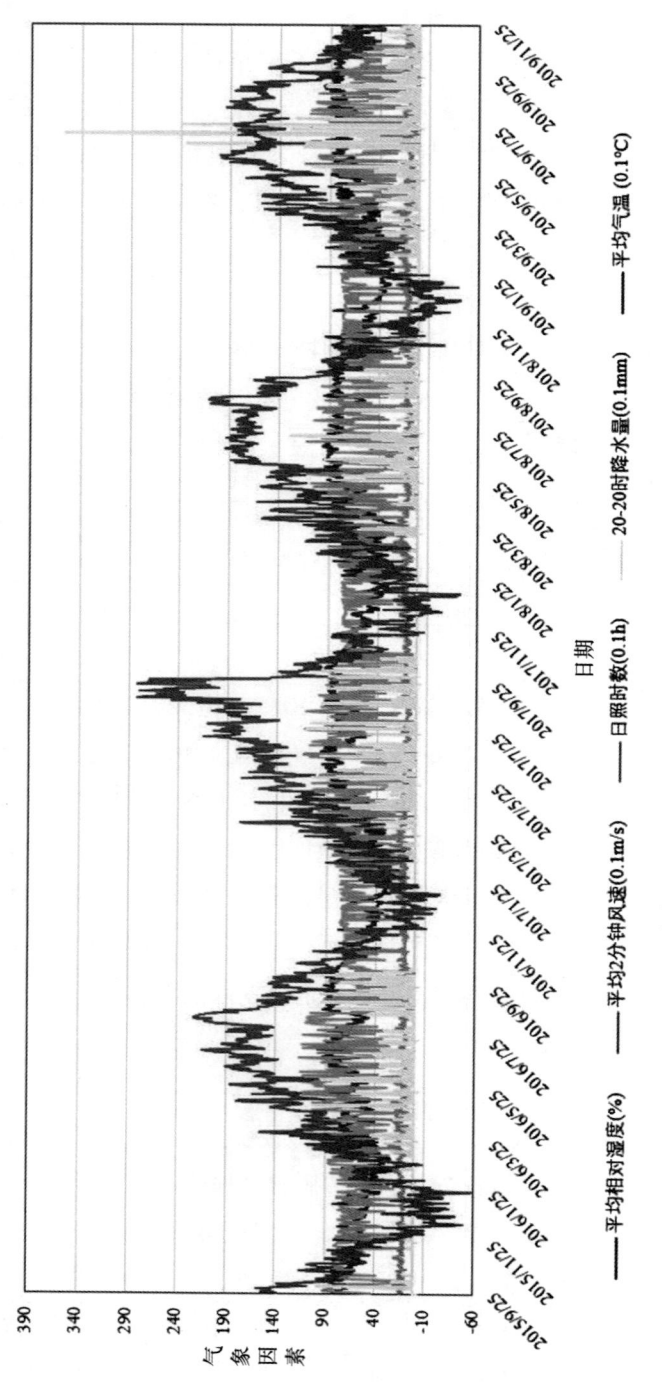

图2-4 四姑娘山风景区气候因素可视化

游业的发展与进步，同时也刺激旅游需求不断丰富完善。不论是"黄金周"还是"三至五日小长假"出游的热度都年年递增。节假日对于景区客流量的影响不容小视。

本研究对四姑娘山的节假日客流量进行了统计（如表2-7所示）。2018年四姑娘山全年旅游客流总量为625421人次，其中29天的法定节假日的旅游客流总量为14735人次，占全年客流量的23.56%。我们进一步统计得到2016—2018年三年间周末双休日客流量平均贡献率达到39%，周六接近21%，周日贡献率为18%左右。如图2-1所示，每周客流量变化形成一个"锯齿"，且在周末双休。因此，节假日是客流量预测的重要变量之一。

表2-7　　　　　　　　四姑娘山2018年节假日日客流量

节假日	元旦	春节	清明节	端午节	劳动节	中秋节	国庆节
所处时段	公历12月或1月	农历一月或二月	农历四月	农历五月	公历4月或5月	农历九月或十月	公历10月
最小客流量（人）	1074	109	1467	2685	2168	2702	1903
最大客流量（人）	3712	3459	5751	4648	8845	6585	17071
平均客流量（人）	2084	1939	3740	3788	5825	4721	10474

五　事件

在四姑娘山官方网站公示的景区优惠政策中，每年3月8日当天，所有女性游客进入景区免购门票；在六一儿童节，14周岁以下的儿童免票；在重阳节，60周岁及以上的游客，凭身份证免票。所以每年的这些特殊的日子里（非法定节假日）客流量明显高于同期其他日子。图2-1中也能看见每逢这些特殊日子，客流量都会相较同期水平表现出"激增"的特点。以上所提及的各类事件对于景区客流量的影响都是正面的，有利于促进景区客流量的提高。然而，在积极事件因素的影响下，也有负面事件会影响到各个景区内的客流量情况。比如，经济危机、各类自然灾害或者公共卫生事件等的暴发，会对事件影响范围内的景区客流量带来消极的影响。由此可见，各类事件的出现，尤其是突发性事件活动的发生是影响景区客流量的另一个重要的影响因素，尽管这些事件活动发生概率低，但仍然使客流量尤其是短期客流量的特征难以把握，进一步增加了短期客流量特征的复杂程度，使得景区客流量非线性特征更加突出。

第三节　基于格兰杰因果检验的特征选择

特征是从多变量时间序列数据集中提取出来的信息。在特征被用于预测任务之前，无法保证原始客流属性或提取出的特征对预测结果有效，因此，若通过特征工程选择或提取出可以描述原始特征的信息，剔除无关特征信息，并将这些新数据作为预测模型的输入来使用[1]，将有助于减少数据特征维度，降低模型复杂性，并解决信息损坏和噪声问题，也有利于自动化改进预测建模过程[2]。因此，若对以上所述的多元特征进行合理的特征提取与融合，将对提高日客流量的精准预测带来极大的帮助。

格兰杰因果检验可以从计量经济学的角度验证以上所述的每个时间序列特征是否真正影响四姑娘山风景区的日客流量，是特征选择的重要参考依据。进行格兰杰因果检验的一个前提是要求日客流量预测的各个特征指标具有时间序列的平稳性，以避免预测模型可能出现伪回归现象。为了实现这一点，需要分别对每个特征变量序列的平稳性进行包含截距项和时间趋势项的单位根（Augmented Dickey – Fuller，ADF）检验，原因如下，当每个时间序列数据的一个自回归过程中 $y_t = by_{t-1} + a + \varepsilon_t$，当滞后项系数 b 为 1 时，就存在单位根，而当单位根存在时，自变量和因变量之间将会存在虚假的回归关系，即伪回归。ADF 检验可以判断序列存在单位根与否：如果序列平稳，就不存在单位根；否则，存在单位根。ADF 的假设序列存在单位根，若 p – value 小于 0.05，显著拒绝原假设，证明原序列无单位根，即说明序列平稳。

---

[1] Xanthopoulos P., Pardalos P. M., Trafalis T. B., *Robust Data Mining*, New York：Springer, 2012, p. 63.

[2] Fan C., Sun Y., Zhao Y., et al., "Deep Learning – Based Feature Engineering Methods for Improved Building Energy Prediction", *Applied Energy*, Vol. 240, 2019, pp. 35 – 45.

如表 2-8 所示，通过计算可得，所有特征变量的 ADF 检验的 p-value 均小于 0.05，甚至为 0.0000，说明所有的特征指标时间序列都是平稳的，因此可以分别对各特征变量与客流量进行格兰杰因果检验。

表 2-8　　　　　　　　所有特征变量的 ADF 检验

序号	特征名称	t-Statistic	p-value
1	茶店子客运站	-10.17451	0.0000
2	茶店子客运站时刻表	-8.458856	0.0000
3	双桥沟	-7.448014	0.0000
4	四姑娘山	-10.52610	0.0000
5	四姑娘山海拔	-4.708815	0.0001
6	四姑娘山景区	-10.84232	0.0000
7	四姑娘山旅游	-13.32193	0.0000
8	四姑娘山旅游攻略	-6.373188	0.0000
9	四姑娘山门票	-9.3339444	0.0000
10	四姑娘山天气	-9.026190	0.0000
11	四姑娘山图片	-12.85803	0.0000
12	四姑娘山住宿	-9.642544	0.0000
13	长坪沟	-7.869611	0.0000
14	海螺沟	-9.675258	0.0000
15	成都到四姑娘山	-8.144989	0.0000
16	四姑娘山在哪里	-7.990932	0.0000
17	20—20 时降水量	-20.77232	0.0000
18	蒸发（大型）	-12.66661	0.0000
19	极大风速	-19.66678	0.0000
20	极大风速的风向	-36.44054	0.0000
21	平均气压	-15.52216	0.0000
22	平均 2 分钟风速	-19.77694	0.0000
23	平均气温	-5.049754	0.0000
24	平均水气压	-5.195387	0.0000
25	平均相对湿度	-11.62413	0.0000
26	日照时数	-27.57266	0.0000
27	最低气压	-15.20963	0.0000

续表

序号	特征名称	t – Statistic	p – value
28	最低气温	– 6.086403	0.0000
29	最高气压	– 15.80407	0.0000
30	最高气温	– 9.708048	0.0000
31	蒸发	– 13.42591	0.0000
32	最大风速	– 19.83427	0.0000
33	最大风速的风向	– 24.38122	0.0000
34	最小相对湿度	– 13.96002	0.0000
35	是否工作日	– 35.95360	0.0000
36	是否周末	– 37.76758	0.0000
37	是否三至五天小长假	– 19.79898	0.0000
38	是否七天长假	– 11.42779	0.0000
39	历史客流（前一日）	– 6.939629	0.0000

表2-9为所有特征变量与日客流量之间的格兰杰因果检验情况，实验之前假设所有特征变量与日客流量之间不存在格兰杰因果关系，若实验结果小于或等于0.05，表示应当拒绝原假设，说明该特征变量与日客流量之间存在一定的因果关系，若实验结果大于0.05，表示应当接受原假设，说明该特征变量与日客流量之间不存在因果关系。从表2-9中，可以看出每个特征与日客流量之间不具备格兰杰因果关系的概率，即最后一列的数值，该值越小，意味着两个变量之间存在更大的具有因果关系的可能性。实验中，大多数特征拒绝了原假设，如第10号特征"四姑娘山天气"，与日客流量不具有格兰杰因果关系的概率为5×10^{-123}，概率在所有的特征中最小，说明百度指数关键词"四姑娘山天气"的搜索量对实际日客流量的因果关系非常强，例如，第3号特征"双桥沟"接受原假设的概率为1×10^{-87}，第9号"四姑娘山门票"接受原假设的概率为5×10^{-66}等，说明它们与四姑娘山风景区日客流量之间存在着很强的因果关系。相反地，有3个特征接受了原假设，包括第20号特征"极大风速的风向"接受原假设的概率为0.5681，第31号特征"蒸发"接受原假设的概率为0.5589，以及第33号特征"最大风速的风向"接受原假设的

概率为 0.5101，且通过前文的实验得知气象因素"20—20 时降水量"与日客流量呈弱相关，因此，在后续的特征融合分析中将去除上述 4 个特征并保留其他特征。

表 2-9　　所有特征变量与日客流量之间的格兰杰因果检验

Null hypothesis	F – statistics	Prob.[a]
SER01 does not Granger Cause SER40	56.2336	3×10^{-24}
SER02 does not Granger Cause SER40	39.4256	2×10^{-17}
SER03 does not Granger Cause SER40	229.196	1×10^{-87}
SER04 does not Granger Cause SER40	153.976	1×10^{-61}
SER05 does not Granger Cause SER40	90.5528	7×10^{-38}
SER06 does not Granger Cause SER40	61.2809	3×10^{-26}
SER07 does not Granger Cause SER40	48.2731	5×10^{-21}
SER08 does not Granger Cause SER40	104.404	3×10^{-43}
SER09 does not Granger Cause SER40	166.23	5×10^{-66}
SER10 does not Granger Cause SER40	340.937	5×10^{-123}
SER11 does not Granger Cause SER40	43.3311	5×10^{-19}
SER12 does not Granger Cause SER40	99.0106	4×10^{-41}
SER13 does not Granger Cause SER40	152.019	7×10^{-61}
SER14 does not Granger Cause SER40	136.964	2×10^{-55}
SER15 does not Granger Cause SER40	113.184	2×10^{-46}
SER16 does not Granger Cause SER40	84.3358	2×10^{-35}
SER17 does not Granger Cause SER40	4.99223	6.9×10^{-3}
SER18 does not Granger Cause SER40	3.32870	3.61×10^{-2}
SER19 does not Granger Cause SER40	5.20405	5.6×10^{-3}
SER20 does not Granger Cause SER40	0.56574	5.681×10^{-1}
SER21 does not Granger Cause SER40	8.96736	1×10^{-4}
SER22 does not Granger Cause SER40	6.02010	2.5×10^{-3}
SER23 does not Granger Cause SER40	11.5844	1×10^{-5}
SER24 does not Granger Cause SER40	14.2704	7×10^{-7}
SER25 does not Granger Cause SER40	16.2348	1×10^{-7}
SER26 does not Granger Cause SER40	3.45842	3.17×10^{-2}
SER27 does not Granger Cause SER40	9.77590	6×10^{-5}

续表

Null hypothesis	F – statistics	Prob.[a]
SER28 does not Granger Cause SER40	14.5424	6×10^{-7}
SER29 does not Granger Cause SER40	6.25520	2×10^{-3}
SER30 does not Granger Cause SER40	7.95077	4×10^{-4}
SER31 does not Granger Cause SER40	0.58195	5.589×10^{-1}
SER32 does not Granger Cause SER40	6.21424	2.1×10^{-3}
SER33 does not Granger Cause SER40	0.67339	5.101×10^{-1}
SER34 does not Granger Cause SER40	10.7549	2×10^{-5}
SER35 does not Granger Cause SER40	52.6386	8×10^{-23}
SER36 does not Granger Cause SER40	50.6468	5×10^{-22}
SER37 does not Granger Cause SER40	24.0342	5×10^{-11}
SER38 does not Granger Cause SER40	26.0638	7×10^{-12}
SER39 does not Granger Cause SER40	139.002	9×10^{-31}

注：a 表示在 0.05 置信水平下拒绝零假设。

第四节　基于 PCA 的特征融合

至此，可以初步判断每种特征变量与日客流量之间是否有关系，和影响关系程度的大小。然而，若将所有特征变量结合到预测模型中必然会导致沉重的计算负担。PCA 方法以线性相关为核心，保留了重要的特征信息，消除了"无效信息"现象。它将使用一些可以很好地概括原始特征集合中所包含信息的新特征代替冗余特征。因此，可以利用 PCA 方法对影响客流量的特征进行准确的预测分析。除去相关性检验和格兰杰因果检验丢弃的 4 个特征（即 "20—20 时降水量" "极大风速的风向" "蒸发" 和 "最大风速的风向"）外，由于节假日特征被定义为虚拟变量，所以不对它们做 PCA。

我们选择累计特征信息的贡献率超过 80% 的前 6 个主成分。表 2－10 列出了 6 个主成分的贡献率、累计贡献率和特征值。图 2－5 用 Python 语言可视化展示了主成分占比。

表 2-10　　6 个主要成分的贡献率、累计贡献率和特征值

主要成分	贡献率（%）	累计贡献率（%）	特征值
融合特征 1	42.7	42.7	0.3139
融合特征 2	13.2	55.9	0.0975
融合特征 3	11.3	67.2	0.0831
融合特征 4	6.8	74.0	0.0504
融合特征 5	5.0	79.0	0.0368
融合特征 6	4.4	83.4	0.0327

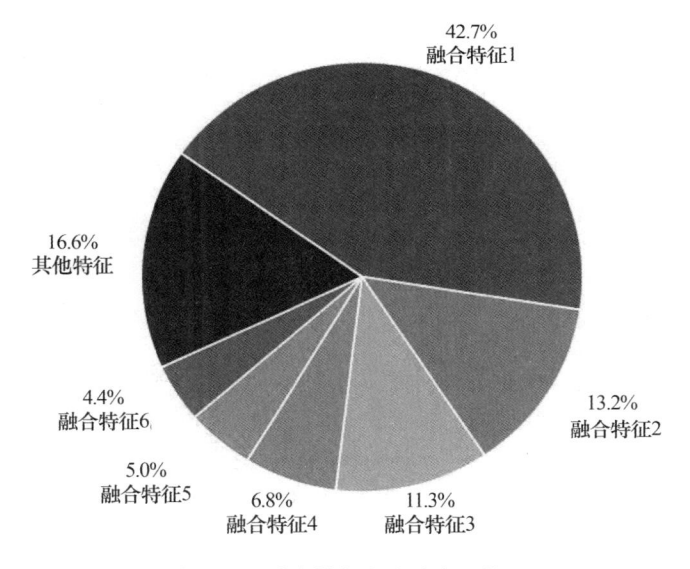

图 2-5　融合特征主成分占比情况

基于相关性检验和格兰杰因果检验选择出的特征，以及基于 PCA 方法融合的特征，将用于后文中模型的训练与预测中。

本章小结

本章以四姑娘山风景区为例，对山岳型风景区历史客流分布情况进

行详细的分析。通过研究山岳型风景区日客流量预测的关联特征，结合现有研究成果，初步选取多种可能相关的预测特征，然后根据斯皮尔曼相关系数和 Granger 因果检验进行特征分析，最后对经过优选后的特征进行 PCA 特征融合，选择的特征将用于本文后续模型中。

第三章

基于关联规则的山岳型旅游风景区爆炸性客流关联特征研究

本章采用关联规则方法研究山岳型风景区爆炸性客流相关特征。爆炸性客流的出现以日为单位,本研究选取日客流预测相关特征进行研究,使用关联规则挖掘技术挖掘事务中有价值的数据项之间的关系,即各种特征对爆炸性旅游客流出现的影响情况。从而得到不同特征对山岳型旅游风景区爆炸性客流的影响程度。

第一节 关联规则挖掘方法

一 关联规则概述

关联规则[①]反映了事物之间的相互关联性和依存性,可用于从大量数据中挖掘出有价值的数据项之间的相关性。作为一种常用的无监督学习算法,该算法的目的在于挖掘数据内在结构特征之间的关联性,即在大规模的数据集中寻找有意义且有价值的关联。这些关系可以帮助拓宽对数据及其特征的理解并实现相关应用。

关联规则已经广泛运用于各行业内风险因素识别,包括造成交通事故的因素、诱发不良疾病的风险因素、钢铁厂中不同事故发生的原因等。爆炸性客流量作为一种风景区内的风险状况,关联规则技术可以挖掘相

---

① Agrawal R., Srikant R., "Fast Algorithms for Mining Association Rules in Large Databases", *Proceedings of the 20th VLDB Conference*, 1994.

关特征对其的关联影响。通过识别影响因素及其相互依赖性，了解爆炸性客流量发生的背后原因。

标准关联规则以 X→Y 形式表示，X 是先导（Left‑Hand‑Side，LHS），Y 是后继（Right‑Hand‑Side，RHS）。本研究中每一天的各种特征信息将会视为一条关联规则中的事务。本章运用部分旅游客流相关特征数据事务用于关联规则分析。关联规则中称每天的一组数据为一条事务。例如，{PFlow = PFlow3, weather = weather1, holiday = holi1} 这条事务说明这一天的三个特征分别为风景区内客流量过载，天气为晴天，节假日状况为七天长假，称这一组数据为一条事务。

二 关联规则指标

支持度、置信度和提升度（Lift）是用于发现关联规则的三个重要指标。本研究采用这三个重要指标进行山岳型风景区短期客流的关联特征发现。

（一）支持度

支持度（Support）是指前因和后果同时出现的次数除以数据库中的事务数。在旅游客流关联特征分析的研究中，支持度的意义是说明一个事务集出现的频率。例如，有一条关联规则 {WEI = WEI8, holiday = holi4, PFlow = PFlow1} 的支持度为 0.018，说明这三个特征在全体数据集中的出现概率为 0.018，如果此概率大于支持度阈值，称这一条规则是有意义的。计算公式为（3-1）和（3-2）：

$$\text{Support}(A) = \frac{N(A)}{N} \tag{3-1}$$

$$\text{Support}(A \rightarrow B) = \frac{N(A \cup B)}{N} \tag{3-2}$$

其中，N 是数据库中的事务数；$N(A)$ 是指 A 出现的次数，$N(A \cup B)$ 是数据库中同时出现项目 A 和项目 B 的频率。支持度的重要性在于衡量项集在整个事务集中出现的频率。在进行规则挖掘时，通常关注出现频率较高的项集。

（二）置信度

置信度是前提条件发生时，结果发生的概率。计算公式为（3-3）：

$$\text{Confidence}(A \rightarrow B) = \frac{\text{Support}(A \rightarrow B)}{\text{Support}(A)} \tag{3-3}$$

规则的置信度的意义在于项集 {A，B} 同时出现的次数占项集 {A} 出现次数的比例。发生 A 的条件下，又发生 B 的概率。

在旅游客流关联特征研究中，置信度的意义是说关联规则的 RHS 发生的情况下，LHS 发生的概率。说明了 RHS 对于 LHS 的信心水平。比如，关联规则 {weather = weather1，holiday = holi1，PFlow = PFlow3} 的置信度为 0.87，就说明了 RHS 为 weather = weather1，holiday = holi1 的时候出现 PFlow = PFlow3 的概率为 0.87，即当天气为晴天，并且当日为长假中某一天的时候出现爆炸性客流量的概率很大。这一条规则对于风景区旅游客流预测也是很有意义的。

（三）提升度

提升度是指假设原因和结果两个事件是相互独立的，先行事件和后续事件共同发生的概率除以它们共同发生的概率，计算公式为（3-4）：

$$\text{Lift}(A \to B) = \frac{\text{Support}(A \to B)}{\text{Support}(A) \times \text{Support}(B)} \quad (3-4)$$

规则的提升度的意义在于度量项集 {A} 和项集 {B} 的独立性。即，Lift (A→B) =1 表明 {A}，{B} 相互独立。如果该值 =1，表示两个条件之间没有任何关联，如果 <1，表示 A 条件（或 A 事件的发生）与 B 事件相反或互斥。通常在数据挖掘中，只有当提升度大于 3 时，才认为挖掘出的关联规则具有价值。

在旅游客流关联特征研究中，提升度的意义是说 RHS 与 LHS 的分离程度。提升度值越大，说明 RHS 与 LHS 的相关程度越高。

三　客流关联规则挖掘过程

关联规则挖掘过程一般分为两个阶段：首先，从事务集合中找出所有的频繁项目集；其次，从这些频繁项目集中产生关联规则。

（一）使用 Apriori 算法生成频繁项目集

经典的关联规则挖掘算法 Apriori[①] 利用了向下封闭属性。它的基本原理是，如果一个项集是频繁项目集，那么它的非空子集一定也是频繁项

---

① Borgelt C., Kruse R., "One Induction of Association Rules: Apriori Implementation", *Compstat. Physica - Verlag HD*, 2002, p.75.

目集。例如，如果 $\{A, B, C\}$ 是一个 3 项频繁集，那么它的子集 $\{A, B\}$、$\{B, C\}$ 和 $\{A, C\}$ 也一定是 2 项频繁集。Apriori 算法首先生成 1-频繁项目集，然后利用 1-频繁项目集生成 2-频繁项目集，再利用 2-频繁项目集生成 3-频繁项目集，以此类推，直到生成所有的频繁项目集。然后，从这些频繁项目集中提取满足条件的关联规则。

Apriori 算法生成一个频繁集的步骤包括两步：联合和剪枝。

1. 联合

伪代码如图 3-1 所示：

```
select p.item₁, p.item₂, ..., p.item_{k-1}, q.item_{k-1}
from L_{k-1} p, L_{k-1} q
where p.item₁ = q.item₁, ..., p.item_{k-2} = q.item_{k-2},
      p.item_{k-1} < q.item_{k-1};
```

图 3-1　联合步骤伪代码

其中，L_{k-1} 为频繁集。将只有一个不同元素的 item 进行合并，如 (1, 2, 3)、(1, 3, 7) 和 (1、4、9)，就会是 (1, 2, 3) 和 (1, 3, 7) 合并成 (1, 2, 3, 7)，而不是其他的合并，因为对于其他情况，两元素会有不仅仅只一个元素不相同。

2. 剪枝

如果在合并后的集合中存在子集不属于原始集合，则需要将该合并集合移除。例如，有 2-频繁项目集：$\{1, 2\}$，$\{1, 3\}$，$\{1, 4\}$，$\{2, 3\}$，$\{2, 4\}$。因为 $\{1, 2\}$，$\{1, 3\}$，$\{1, 4\}$ 除了最后一个元素以外都相同，所以求 $\{1, 2\}$，$\{1, 3\}$ 的并集得到 $\{1, 2, 3\}$，$\{1, 2\}$ 和 $\{1, 4\}$ 的并集得到 $\{1, 2, 4\}$，$\{1, 3\}$ 和 $\{1, 4\}$ 的并集得到 $\{1, 3, 4\}$。然而，由于 $\{1, 3, 4\}$ 的子集 $\{3, 4\}$ 不包含在 2-频繁项目集中，因此需要从中排除 $\{1, 3, 4\}$。

（二）基于频繁项目集生成强关联规则

关联规则挖掘的第二阶段是要产生关联规则（Association Rules）。在生成了最大频繁项目集之后生成强关联规则。针对最大的频繁集 L，找出其所有非空的集合。关于每个子集合 a，生成如下规则 a（L→a），再依据置信度和最小支持度进行所有规则的筛选。

图3-2展示了Apriori算法生成频繁项目集的流程。在第一阶段中,

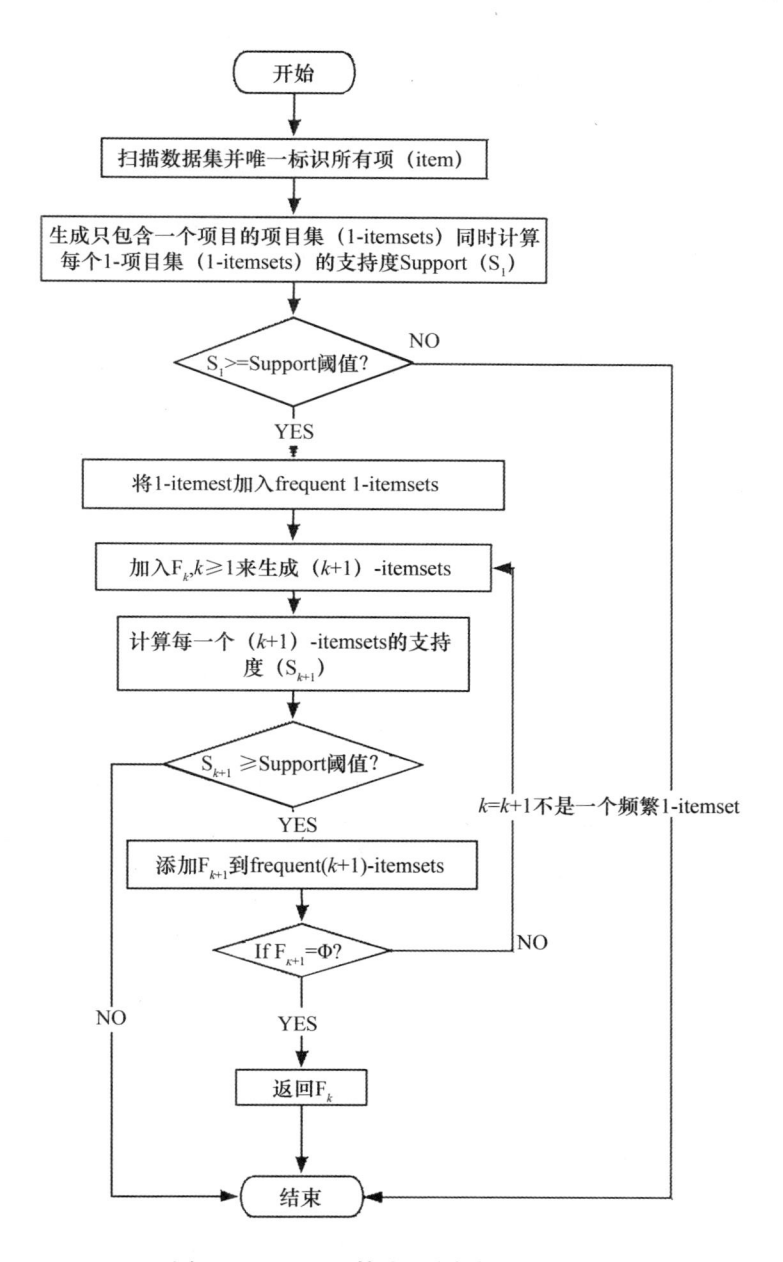

图3-2 Apriori算法生成频繁项目集的流程

需要从原始数据集中找出所有频繁项目集（Frequent Itemsets）。这里的频繁指的是某个项目组相对于所有记录而言出现的频率必须达到一定水平。一个项目集的出现频率被称为支持度，以包含 A 和 B 两个项目的 2-itemset 为例，可以通过公式（3-1）计算出包含 $\{A, B\}$ 项目组的支持度。如果支持度大于或等于预设的最小支持度阈值，则 $\{A, B\}$ 被称为频繁项目组。满足最小支持度的 k-itemset 被称为频繁 k-项目组，通常表示为 Frequent（k）。算法并从 Frequent（k）的项目组中再产生 Frequent（k+1），直到无法再找到更长的频繁项目组为止。

图 3-3 是基于频繁项目集生成强关联规则的流程图，这一阶段是利用前一步骤的频繁 k-项目集来产生规则，在最小置信度的阈值下，若一

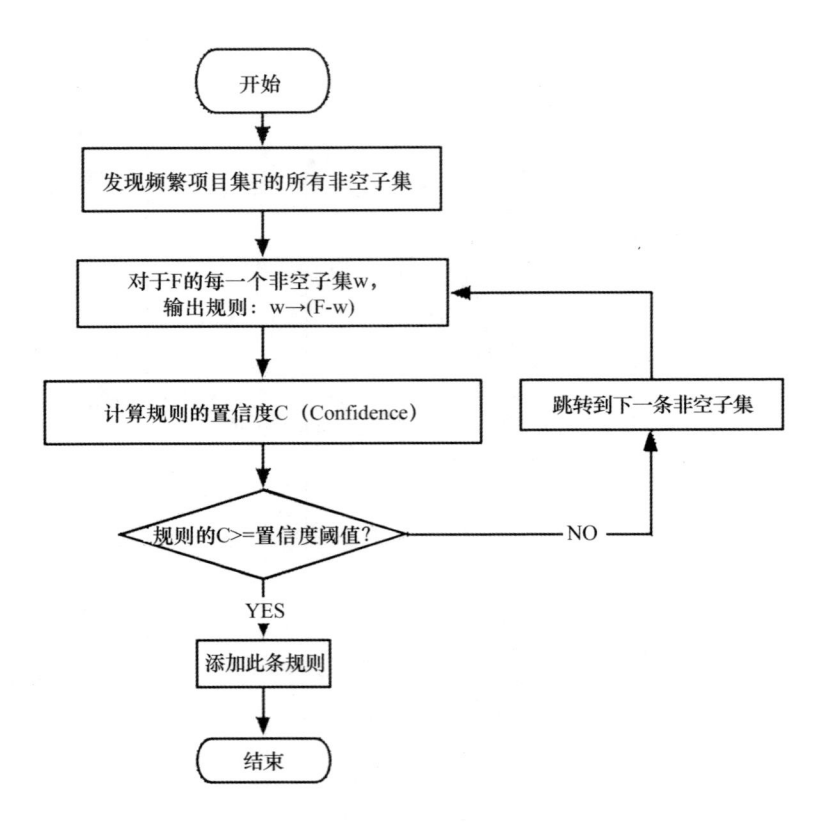

图 3-3　由频繁项目集生成强关联规则的流程

规则所求得的置信度满足置信度阈值，称此规则为关联规则。例如，经由频繁 k - 项目组 {A，B} 所产生的规则 A→B，其置信度可经由公式 (3-3) 求得，若置信度大于等于置信度阈值，则称 A→B 为关联规则。

第二节　实验过程与结果

一　数据集

四姑娘山风景区位于四川省阿坝藏族羌族自治州小金县四姑娘山镇境内，属青藏高原邛崃山脉。本研究使用 Python 提取四姑娘山官方网站（https：//www.sgns.cn/）公示的四姑娘山每天的客流量。天气数据选取湿度、温度、风力、天气以及日照时间长度等，作为进行关联规则挖掘的特征点。中国气象数据网（http：//data.cma.cn/）是气象科学数据共享网的升级系统，作为国家科技基础条件平台的重要组成部分，是气象云的主要门户应用系统，同时也是中国气象局为国内和全球用户开放气象数据资源的权威且统一的共享服务平台。为本研究提供权威、可靠、真实的相关数据。为了确定爆炸性客流的影响因素及其相互依赖性，本章收集可用于进一步的数据分析的信息。收集 2016 年到 2019 年之间每一天的以下文本信息：

（1）时间因素，包括日期、假日类型、每年的季节。

（2）天气因素，包括温度、风速、湿度、日照时间。

（3）客流量，以景区容量为基准将日客流量分为三个层次，欠载、正常、超载。

（4）特殊事件，包括可能影响客流的消极因素和积极因素。

（5）搜索指数。

为了进行关联规则分析，需要将可用的文本信息翻译成可用于关联规则分析的数值数据集。从文本中仔细提取了详细信息，编码为 9 个分类变量，每个变量分为几个级别，分类变量和分级见表 3-1。

表3-1　　　　　　　　　　与客流量相关的因子描述

	因素	缩写	分类	定义	频次
时间因素	节假日以及星期	Holiday	HLD1	7天长假	49
			HLD2	3—5天小长假	45
			HLD3	周末	301
			HLD4	工作日	855
	季节	Season	SEA1	春	280
			SEA2	夏	276
			SEA3	秋	361
			SEA4	冬	333
特殊事件	影响客流量的特殊事件	Events	Eve1	积极因素	
			Eve2	消极因素	
			Eve3	无关因素	
舒适度	由ICL、THI、WEI三个指数综合得出	Comlev	CLV1	7 < S < =9	495
			CLV2	5 < S < =7	313
			CLV3	3 < S < =5	394
			CLV4	1 < S < =3	48
天气因素	穿衣指数	ICL	ICL1	e冬季棉布厚衣	0
			ICL2	d冬季常用衣物	59
			ICL3	c冬季常用衣服	203
			ICL4	b棉外套	502
			ICL5	A长袖衬衣	502
			ICL6	B夏季衣物	130
			ICL7	C短袖衬衣	159
			ICL8	D热带衣物	42
			ICL9	E热带衣物	14
	风效指数	WEI	WEI1	e特冷风	1
			WEI2	d偏冷风	35
			WEI3	c冷风	265
			WEI4	b凉爽风	514
			WEI5	A不舒适风	200
			WEI6	B暖风	194

续表

	因素	缩写	分类	定义	频次
天气因素	风效指数	WEI	WEI7	C 稍暖风	37
			WEI8	D 热风	4
			WEI9	E 不舒适风	0
	温湿指数	THI	THI1	e 极冷	2
			THI2	d 稍冷	7
			THI3	c 冷	236
			THI4	b 清凉	188
			THI5	A 凉爽	218
			THI6	B 温暖	155
			THI7	C 稍热	228
			THI8	D 热	173
			THI9	E 极热	43
	天气	WeaT	WeaT1	晴朗	193
			WeaT2	多云	424
			WeaT3	雨	563
			WeaT4	雪	70
客流量	客流量	PFlow	PFlow1	欠载	888
			PFlow2	正常	278
			PFlow3	过载	84

二 数据预处理

气候是影响目的地旅游资源的一个重要影响因素，气候变化对于目的地旅游资源，游客旅游需求，旅游流量会产生重要影响。然而离散的各种气候文本信息难以直接用于关联规则分析，需要将离散的各种气候数据映射为相应等级。

旅游气候研究早期在 1947 年，Yagtou 提出了有效温度指数①。随后美国国家气象局提出了温湿指数，Terjung 提出了适宜旅游的"理想"

---

① Yaglou C. P., "A Method for Improving the Effective Temperature Index", *Heating, Piping and Air Conditioning*, Vol. 19, No. 9, 1947, pp. 131 – 133.

气候[1]。基于暴露实验的研究，Oliver 于 1973 年创建了温湿指数和风寒指数量表，为应用气候学奠定了基础。

根据相关研究，一个地区的气候是否宜人取决于一定条件下皮肤的温度、出汗量、热感以及人体调节系统所承受的负荷。这方面主要受制于最高（最低）气温、相对湿度以及风力大小这三个因素。多年来，对气候舒适度评价的研究已经取得了进展，常见的评价指标包括风效指数、温湿指数、风寒指数、穿衣指数、综合舒适度和气候宜人度等。

（一）风效指数

风效指数（K 或 WEI）由风寒指数演变而来。风寒指数 WCI[2] 计算公式为（3-5）：

$$WCI = (33 - t)(9.0 + 10.9\sqrt{v} - v) \quad (3-5)$$

风效指数由 Bedford 提出[3]，Siple、Court 以及 Thomas - Boyd 等对其进行了改进。WEI 描述了在寒冷环境下，风速和气温对裸露人体的影响。它的物理意义是在皮肤温度为 33℃ 时，每平方米体表的散热量（kmol/m²）。风效指数综合考虑了体表散热和太阳辐射对人体的增热效应。它反映了体表与周围环境之间的热交换，即每单位面积体表的热交换速率（正值表示吸热，负值表示散热）。计算公式为（3-6）：

$$K = -(10\sqrt{v} + 10.45 - v) \times (33 - t) + 8.55s \quad (3-6)$$

其中，K 为风效指数，v 为风速（m/s）；t 为摄氏气温（℃），s 为日照时数（h/d）。

（二）温湿指数

温湿指数由有效温度演变而来，最初被称为有效温度，是通过温度和湿度的组合反映人体与周围环境的热量交换，是人类气候感受的第一

---

[1] Oliver J. E., "Climate and Man's Environment: An Introduction to Applied Climatology", *John Wiley & Sons*, New York, 1973.

[2] Wilson O., "Objective Evaluation of Wind Chill Index by Records of Frost Bite in Antarctica", *International Journal of Biometeorology*, Vol. 11, No. 1, 1967, pp. 29 - 32.

[3] Bedford S., "Review of 'On the Road of the Winds: An Archaeological History of the Pacific Islands before European Contact' by Patrick V. Kirch", *Australian Archaeology*, Vol. 57, No. 2, 2001, pp. 235 - 237.

指标。计算公式为（3-7）：

$$THI = (1.8t + 32) - 0.55(1 - f)(1.8t - 26) \quad (3-7)$$

式中，THI 为温湿指数，t 为摄氏气温（℃）；f 为相对湿度（%）。

（三）穿衣指数

穿衣指数 ICL（Index of Clothing）由 Freitas 等[1]提出，计算公式为（3-8）：

$$ICL = \frac{33 - t}{0.155H} - \frac{H + AR\cos\alpha}{(0.62 + 19.0\sqrt{v})H} \quad (3-8)$$

其中，t 表示摄氏气温（℃）；H 表示人体代谢率的75%（W/m²）（本研究取轻活动量下的代谢率，即116W/m²，因此 H = 87W/m²）；A 表示人体吸收太阳辐射的状况，它与人体姿势、衣服反射率以及太阳的直射、散射和反射成分有关，在大多数情况下对黑色衣物取最大值0.06；R 表示垂直阳光的单位面积土地上接收的太阳辐射，R =（1385 ± 7）W/m²；α 是太阳高度角，通常情况下取综合平均值，假设纬度为 β，则各地四季太阳高度角情况如下：夏季为 90° - β + 23°26′，冬季为 90° - β - 23°26′，春秋季为 90° - β；公式中的 v 代表风速。

（四）综合舒适度

气候是一个综合的复杂系统，涵盖了太阳辐射、大气温度、大气湿度、风速等多个要素。从系统的组成和结构来看，气候舒适度可以划分为三个层次，底层是气候要素，如，光照、温度、湿度、风速等；中间层是温湿指数、风效指数和穿衣指数，它们是根据部分气候要素按照作用机制形成的三个经验公式；顶层则是三者的综合。基于广泛的观察实验，有研究以温湿指数、风效指数和穿衣指数为基础，确定了旅游者对这些指数的感受，并将其分为五个不同的适宜性等级，分别是最适宜、适宜、较不适宜、不适宜、极不适宜，并用9、7、5、3、1对其进行定量标定，评分赋值标准见表3-2。

---

[1] Freitas C., Scott D., McBoyle G., "A Second Generation Climate Index for Tourism (CIT): Specification and Verification", *International Journal of Biometeorology*, Vol. 52, No. 5, 2008, pp. 399–407.

表 3-2　　温湿指数、风效指数和穿衣指数等级

THI（温湿指数）		WEI（风效指数）		ICL（穿衣指数）		分级与赋值	
范围	人体感受	范围	风力状况	范围	衣着	分级	赋值
<40	极冷，极不适宜	≤-1000	很冷风	>2.5	各种冬季羊毛运动衫	e	1
40~50	寒冷，不适宜	-800~-1000	冷风	1.8~2.5	常用便服加厚实外套	d	3
45~55	偏冷，较不适宜	-600~-800	稍冷风	1.5~1.8	传统冬季常用服饰	c	5
55~60	清凉，适宜	-300~-600	凉风	1.3~1.5	有棉布外套的常用便服	b	7
60~65	凉，非常适宜	-200~-300	舒适风	0.7~1.3	有衬衫和内衣的便服	A	9
65~70	暖，适宜	-50~-200	暖风	0.5~0.7	轻便的夏装	B	7
70~75	偏热，较适宜	+80~-50	皮肤不明显感风	0.3~0.5	短袖开领衫	C	5
75~80	闷热，不适宜	+160~+80	皮肤感热风	0.1~0.3	热带衣着	D	3
>80	极闷热，极不适宜	≥160	皮肤不适风	<0.1	超短裙	E	1

本书基于温湿指数、风效指数和穿衣指数这三个旅游气候舒适度分级标准，以及相关的人体感受和符号评分赋值（详见表 3-2），采用专家打分和层次分析法确定了各分指数的权重，从而建立了一个全新的旅游气候舒适性综合评价模型，其计算公式如下：

$$C = 0.6 X_{THI} + 0.3 X_{WEI} + 0.1 X_{ICL} \quad (3-9)$$

式（3-9）中，X_{THI}、X_{WEI} 和 X_{ICL} 分别指温湿指数、风效指数和穿衣指数的分级赋值，当 $6 \leq C \leq 9$ 时为适宜，$5 \leq C < 6$ 时为较适宜，$3 \leq C < 5$ 时较不适宜，$1 \leq C < 3$ 时为极不适宜。

三 关联规则计算

表3-1汇总的数据中,每一天的客流量以及相关因素信息作为关联规则分析中一条的事务记录。研究影响客流量的相关因素以及特征,因此,在生成的关联规则中,需要进行剪枝操作,选取 RHS、LHS 中包含客流量这个项目的规则。生成关联规则之后,再按照提升度对规则进行排序。以助于寻找其中兴趣度更高的规则。

四 实验结果

(一) 爆炸性客流量特征描述

图3-4描述了发生爆炸性客流量的时候风景区温湿指数、风效指数、穿衣指数和舒适度的不同等级所占的天数情况,温湿指数、风效指数以及穿衣指数的分级详细信息如表3-2所示,每一天内的上述三个指数都可以被映射到 e、d、c、b、A、B、C、D、E 这九个等级,而每一天内的舒适度根据计算结果分为四个等级:CLV1 舒适、CLV2 较舒适、CLV3 较不舒适和 CLV4 不舒适四种情况。

如图3-4所示,当客流量对于风景区来说负载较重,即出现爆炸性客流的时候,穿衣指数等级近一半为 A,并且主要集中在 b、A、B、C 四个等级。即游客普遍偏好选择天气适宜穿着短袖,轻便的衬衫以及轻薄外套的日子出游登山。温湿指数等级为 b、A、B、C、D 占据了98%以上,即接近100%的情况下天气偏冷到偏热。而天气炎热不舒适的时候,即温湿指数等级为 D 的情况仍然占据28%,主要原因是特殊群体(中小学师生)暑假,此时天气炎热,但是由于中小学师生处于假期,这部分特殊群体拥有十分充裕的假期可以去体验各种各样丰富的课外生活。因此风景区客流在此时仍处于相对高位波动。发生爆炸性客流时,风效等级主要为 b、A、B 三种情况,此外有少数几天的风效等级为 C 和 c。可以看出人们偏爱选择在舒适风、凉风和暖风的时候出门进行活动。

如图3-5、图3-6所示,在发生爆炸性客流量的时候,节假日、星期、季节的占比的情况。从图3-6中,可以看出超过一半的爆炸性客流

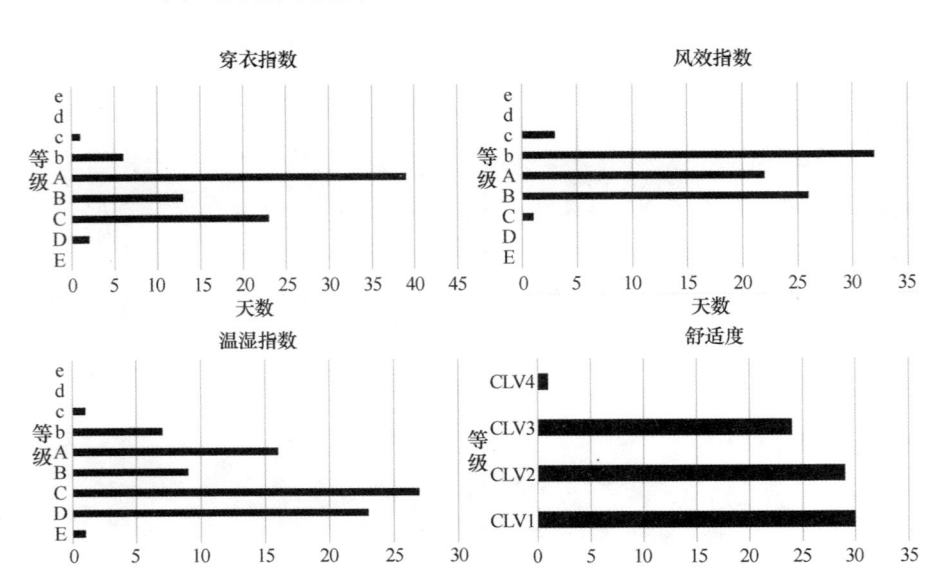

图 3-4　爆炸性客流发生时四类气候指数等级的天数分布

量发生在秋季，而在冬季没有出现过爆炸性客流量，其次有 36% 的爆炸性客流量出现在夏季。再回顾图 2-1 四姑娘山年内日客流量情况（2016—2018 年），可以看见图 2-1 有 3 个明显"主峰"，分别对应"五一"劳动节、"十一"黄金周和"春节"长假，反映了法定节假日期间风景区旅游极度活跃，最容易出现爆炸性客流量；一个个形似锯齿的"小峰"，对应着每个周的"双休日"，说明周内客流量变化在双休日达到最大值；其次，在 7 月到 8 月之间也断断续续出现爆炸性客流量，此时是国内暑假时期，广大中小学师生处于假期状态，拥有大量闲暇时间可以出门游玩。

此外，可以发现，相对爆炸性的客流量会发生在每年妇女节、儿童节、重阳节这些特殊的日子里。随后又在四姑娘山官方网站发现了公示的景区优惠政策，每年 3 月 8 日当天，所有女性游客进入景区免购门票；在"六一"儿童节，14 周岁以下的儿童免票；而在重阳节，60 周岁以上的老年人，凭身份证免购门票。所以每年的这些特殊的日子里（非法定节假日）客流量明显高于同期其他日子。

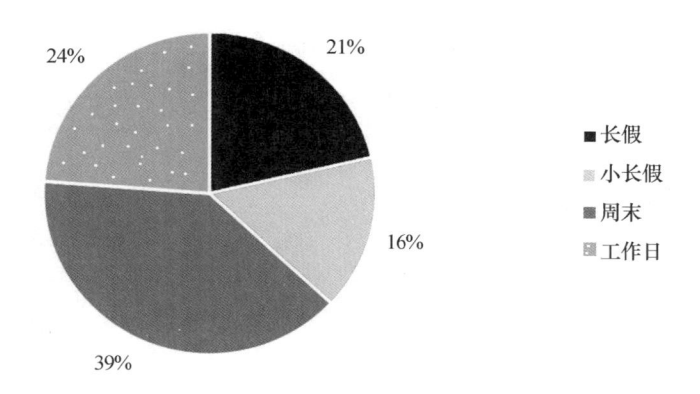

图 3-5 节假日以及星期情况

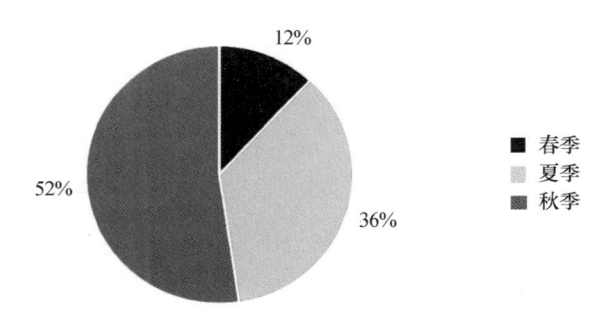

图 3-6 季节情况

(二) 爆炸性客流关联结果与讨论

1. 关联规则生成

表 3-3 展示了客流相关的因素及客流量数据集产生的关联规则（前 20 条规则，总共生成 16056 条规则）以及这些关联规则的 S、C 和 L（支持度、置信度和提升度）。根据每个表中的 Lift 的高低对于关联规则进行排序。如表 3-3 所示，4 项关联规则的 L 一般大于 2 项关联规则和 3 项关联规则的 L，表明风景区客流量是多个事件的结果。风景区客流量的日差异性是由多种因素相互作用引起的。

表 3-3　　使用 Apriori 算法生成的关联规则（前 20 条）

ID	LHS		RHS	支持度	置信度	提升度
[1]	{Season = SEA4, PFlow = PFlow2}	=>	{Holiday = HOLI1}	0.012	0.7142	18.221
[2]	{Holiday = HOLI1, Season = SEA3, Weather = WeaT3}	=>	{PFlow = PFlow3}	0.0104	0.8666	12.896
[3]	{Holiday = HOLI1, Season = SEA3}	=>	{PFlow = PFlow3}	0.0144	0.8571	12.755
[4]	{Holiday = HOLI1, Weather = WeaT3}	=>	{PFlow = PFlow3}	0.0104	0.8125	12.090
[5]	{Holiday = HOLI3, Season = SEA3, Weather = WeaT3}	=>	{PFlow = PFlow3}	0.0112	0.56	8.3333
[6]	{Holiday = HOLI4, CLV = CLV3, PFlow = PFlow3}	=>	{Season = SEA2}	0.0104	0.9285	4.2054
[7]	{Holiday = HOLI4, PFlow = PFlow3}	=>	{Season = SEA2}	0.0136	0.85	3.8496
[8]	{Holiday = HOLI4, Weather = WeaT2, CLV = CLV3, PFlow = PFlow2}	=>	{Season = SEA2}	0.0136	0.85	3.8496
[9]	{Holiday = HOLI3, CLV = CLV3, PFlow = PFlow2}	=>	{Season = SEA2}	0.016	0.8333	3.7741
[10]	{Holiday = HOLI1, PFlow = PFlow1}	=>	{Season = SEA4}	0.0104	1	3.7537
[11]	{Holiday = HOLI4, CLV = CLV3, PFlow = PFlow2}	=>	{Season = SEA2}	0.0264	0.8048	3.6452
[12]	{Weather = WeaT3, CLV = CLV3, PFlow = PFlow2}	=>	{Season = SEA2}	0.0208	0.7878	3.5682
[13]	{Weather = WeaT2, CLV = CLV4}	=>	{Season = SEA2}	0.0168	0.7777	3.5225
[14]	{Holiday = HOLI1, PFlow = PFlow3}	=>	{Season = SEA3}	0.0144	1	3.4626
[15]	{Holiday = HOLI1, Weather = WeaT3, PFlow = PFlow3}	=>	{Season = SEA3}	0.0104	1	3.4626
[16]	{Weather = WeaT2, CLV = CLV3, PFlow = PFlow2}	=>	{Season = SEA2}	0.0192	0.75	3.3967

续表

ID	LHS		RHS	支持度	置信度	提升度
[17]	{CLV = CLV3，PFlow = PFlow2}	=>	{Season = SEA2}	0.0424	0.7464	3.3807
[18]	{Holiday = HOLI2，Weather = WeaT3}	=>	{Season = SEA1}	0.0144	0.75	3.3482
[19]	{Holiday = HOLI4，Weather = WeaT2，CLV = CLV4}	=>	{Season = SEA2}	0.0136	0.7391	3.3475
[20]	{Holiday = HOLI4，Weather = WeaT3，CLV = CLV3，PFlow = PFlow2}	=>	{Season = SEA2}	0.0112	0.7368	3.3371

2. 客流量作为 RHS 的规则

由于直接选取使用 Support 和 Confidence 作为阈值生成的关联规则冗余现象严重，不利于进行关联规则分析。因此，对于生成的关联规则进行了剪枝算法，选取了 RHS 为 Passenger Flow 的规则，即规则中的后件也就是结果为客流量的规则。并根据 Lift 对于这些规则进行排序。从而进一步分析各个因素对于客流量造成的影响。分别生成 RHS 为 PFlow1，PFlow2，PFlow3 的关联规则，分别用于分析造成客流量欠载、正常和过载三种情况下的成因。表 3-4、表 3-5 分别展示了 Passenger Flow 为 PFlow1，PFlow2 和 PFlow3 时的关联规则以及这些关联规则的 S、C 和 L。根据每个表中的 Lift 的高低对关联规则进行排序。

表 3-4   RHS 为 PFlow1 的规则

ID	LHS		RHS	支持度	置信度	提升度
[1]	{WEI = WEI2，Weather = WeaT4}	=>	{PFlow = PFlow1}	0.0112	1	1.4076
[2]	{Holiday = HOLI4，WEI = WEI2}	=>	{PFlow = PFlow1}	0.02	1	1.4076
[3]	{ICL = ICL2，Weather = WeaT4}	=>	{PFlow = PFlow1}	0.0136	1	1.4076
[4]	{WEI = WEI3，ICL = ICL2}	=>	{PFlow = PFlow1}	0.0208	1	1.4076
[5]	{Holiday = HOLI3，ICL = ICL2}	=>	{PFlow = PFlow1}	0.0104	1	1.4076
[6]	{Season = SEA3，ICL = ICL2}	=>	{PFlow = PFlow1}	0.0112	1	1.4076
[7]	{Holiday = HOLI4，ICL = ICL2}	=>	{PFlow = PFlow1}	0.0336	1	1.4076

续表

ID	LHS		RHS	支持度	置信度	提升度
[8]	{ICL = ICL3，Weather = WeaT4}	=>	{PFlow = PFlow1}	0.0216	1	1.4076
[9]	{THI = THI3，Weather = WeaT4}	=>	{PFlow = PFlow1}	0.032	1	1.4076
[10]	{WEI = WEI3，Weather = WeaT4}	=>	{PFlow = PFlow1}	0.0256	1	1.4076
[11]	{Weather = WeaT4，CLV = CLV3}	=>	{PFlow = PFlow1}	0.0312	1	1.4076
[12]	{Holiday = HOLI3，Season = SEA4}	=>	{PFlow = PFlow1}	0.0576	1	1.4076
[13]	{Holiday = HOLI4，WEI = WEI2，ICL = ICL2}	=>	{PFlow = PFlow1}	0.0184	1	1.4076
[14]	{Holiday = HOLI4，THI = THI3，WEI = WEI2}	=>	{PFlow = PFlow1}	0.0152	1	1.4076
[15]	{Holiday = HOLI4，Season = SEA4，WEI = WEI2}	=>	{PFlow = PFlow1}	0.016	1	1.4076
[16]	{Holiday = HOLI4，WEI = WEI2，CLV = CLV3}	=>	{PFlow = PFlow1}	0.0152	1	1.4076
[17]	{THI = THI9，ICL = ICL8，Weather = WeaT3}	=>	{PFlow = PFlow1}	0.0112	1	1.4076
[18]	{ICL = ICL8，Weather = WeaT3，CLV = CLV4}	=>	{PFlow = PFlow1}	0.0112	1	1.4076
[19]	{Holiday = HOLI4，THI = THI9，Weather = WeaT3}	=>	{PFlow = PFlow1}	0.0128	1	1.4076
[20]	{Holiday = HOLI4，Weather = WeaT3，CLV = CLV4}	=>	{PFlow = PFlow1}	0.0112	1	1.4076

表 3-4 表明，RHS，即关联规则的后件均为客流量 PFlow1，说明客流量均处于欠载、不足的情况。这时，人们很少前往四姑娘山旅游，以至于风景区客流不足。同时，在 WEI = WEI2、WEI3，Weather = Weat4，Holiday = HLDI4，ICL = ICL2 情况下，PFlow = PFlow1，即山岳型风景区内客流量欠载，风景区处于旅游淡季。结合表 3-2 发现，WEI2、WEI3 的风效指数为 d、c，此时风力情况为冷风及较冷风，Weather = Weat4 说明天气为雪天，处于工作日，穿衣指数为 ICL2，说明当时适宜穿的衣服为 d

常用便服加坚实外套。

表 3-5 中，提升度最高的 4 条规则里，后件 RHS 均为 PFlow = PFlow3，提升度最高的一条规则的提升度为 12.89682，因为在关联规则 A→B 中，如 LIFT = 1，说明两个条件没有任何关联，如 LIFT < 1，说明 A 条件（或 A 事件发生）与 B 事件是相斥的，在数据挖掘中当提升度大于 3 时，说明挖出的关联规则是有价值的。因此前四条关联规则都是十分有价值的。前四条关联规则的主要前件，即关联规则的前件主要为 Holiday = HOLI1，HOLI3；Season = SEA3，SEA1；Weather = WeaT3，THI = THI7。其中节假日的类型分别为 HOLI1 与 HOLI3，也就是说爆炸性客流通常发生在长假及周末里，季节主要在春天与秋天，天气为多云到小雨，温湿指数在 C 等级，此时气温偏热较舒适。为了使结果更清晰，本章采用了 R 扩展包中的散点图及组矩阵图来可视化得到的关联规则结果。

表 3-5　　　　　RHS 为 PFlow2 或者 PFlow3 的规则

ID	LHS		RHS	支持度	置信度	提升度
[1]	{Holiday = HOLI1, Season = SEA3, Weather = WeaT3}	=>	{PFlow = PFlow3}	0.0104	0.8666	12.89682
[2]	{Holiday = HOLI1, Season = SEA3}	=>	{PFlow = PFlow3}	0.0144	0.8571	12.75510
[3]	{Holiday = HOLI1, Weather = WeaT3}	=>	{PFlow = PFlow3}	0.0104	0.8125	12.09077
[4]	{Holiday = HOLI3, Season = SEA3, Weather = WeaT3}	=>	{PFlow = PFlow3}	0.0112	0.56	8.333333
[5]	{Holiday = HOLI3, Season = SEA1, THI = THI7}	=>	{PFlow = PFlow2}	0.0112	0.7368	3.313139
[6]	{Holiday = HOLI3, Season = SEA1, THI = THI7, CLV = CLV2}	=>	{PFlow = PFlow2}	0.0112	0.7368	3.313139
[7]	{Holiday = HOLI3, Season = SEA1, THI = THI7, Weather = WeaT3}	=>	{PFlow = PFlow2}	0.0104	0.7222	3.247402

续表

ID	LHS		RHS	支持度	置信度	提升度
[8]	{Holiday = HOLI3, Season = SEA1, THI = THI7, Weather = WeaT3, CLV = CLV2}	=>	{PFlow = PFlow2}	0.0104	0.7222	3.247402
[9]	{Holiday = HOLI3, Season = SEA1, Weather = WeaT3, CLV = CLV2}	=>	{PFlow = PFlow2}	0.0104	0.6842	3.076486
[10]	{Holiday = HOLI3, Season = SEA1, CLV = CLV2}	=>	{PFlow = PFlow2}	0.012	0.6818	3.065729
[11]	{Holiday = HOLI4, Season = SEA3, WEI = WEI4, ICL = ICL5, Weather = WeaT3}	=>	{PFlow = PFlow2}	0.0256	0.6666	2.997602
[12]	{Holiday = HOLI4, Season = SEA3, ICL = ICL5, Weather = WeaT3}	=>	{PFlow = PFlow2}	0.0296	0.6607	2.970838
[13]	{Holiday = HOLI4, Season = SEA3, THI = THI5, Weather = WeaT3}	=>	{PFlow = PFlow2}	0.012	0.6521	2.932437
[14]	{Holiday = HOLI4, Season = SEA3, THI = THI5, Weather = WeaT3, CLV = CLV1}	=>	{PFlow = PFlow2}	0.012	0.6521	2.932437
[15]	{Holiday = HOLI4, Season = SEA3, THI = THI5, ICL = ICL5, Weather = WeaT3}	=>	{PFlow = PFlow2}	0.012	0.6521	2.932437
[16]	{Holiday = HOLI4, Season = SEA3, THI = THI5, WEI = WEI4, Weather = WeaT3}	=>	{PFlow = PFlow2}	0.012	0.6521	2.932437
[17]	{Holiday = HOLI4, Season = SEA3, THI = THI5, ICL = ICL5, Weather = WeaT3, CLV = CLV1}	=>	{PFlow = PFlow2}	0.012	0.6521	2.932437

续表

ID	LHS		RHS	支持度	置信度	提升度
[18]	{Holiday = HOLI4, Season = SEA3, THI = THI5, WEI = WEI4, Weather = WeaT3, CLV = CLV1}	=>	{PFlow = PFlow2}	0.012	0.6521	2.932437
[19]	{Holiday = HOLI4, Season = SEA3, THI = THI5, WEI = WEI4, ICL = ICL5, Weather = WeaT3}	=>	{PFlow = PFlow2}	0.012	0.6521	2.932437
[20]	{Holiday = HOLI4, Season = SEA3, THI = THI5, WEI = WEI4, ICL = ICL5, Weather = WeaT3, CLV = CLV1}	=>	{PFlow = PFlow2}	0.012	0.6521	2.932437

3. 结果讨论

本研究通过使用 R 扩展包中的散点图和组矩阵图说明客流量关联规则。关联规则散点图是一个直接可视化关联规则的方法，X 轴和 Y 轴代表支持度和置信度，色块的深浅表示提升度水平。散点图提供了关联规则的概述。分组矩阵图所示是一个气球图，其 LHS 分组为列，RHS 为行。气球的颜色衡量的是提升度大小，这表示所涉及因素的相互依赖性的相对强度。气球的大小表示支持度大小，其颜色深浅表示所涉及的因子组合的相对发生频率。例如，一个小的深色气球将表明相对较强的因素相互依赖性，但相对不频繁出现的因子组合，一个大的浅色气球将表明较弱的因素相互依赖，但更频繁的发生因子组合。

如图 3-7 所示，大部分的规则支持度（Support）都低于 0.05，说明这些关联规则出现频率为非频繁，但这些规则置信度都在 0.5 以上，因此这些关联规则是有挖掘价值的稀有关联规则，然后再看这些色块颜色可以看到，高提升度的规则通常具有相对较低的支持度。

Zhang 等[①]认为，最有趣的规则（SC 最优规则）位于支持度/置信度边界上，在图 3-7 中可以清楚地看到。此外，很容易看见大部分随着置信度的提升，规则的提升度也在提高，可以说明这些置信度高的规则的前件和后件相关程度很大。因此，通过使用 Apriori 算法生成的关联规则是很有意义的。

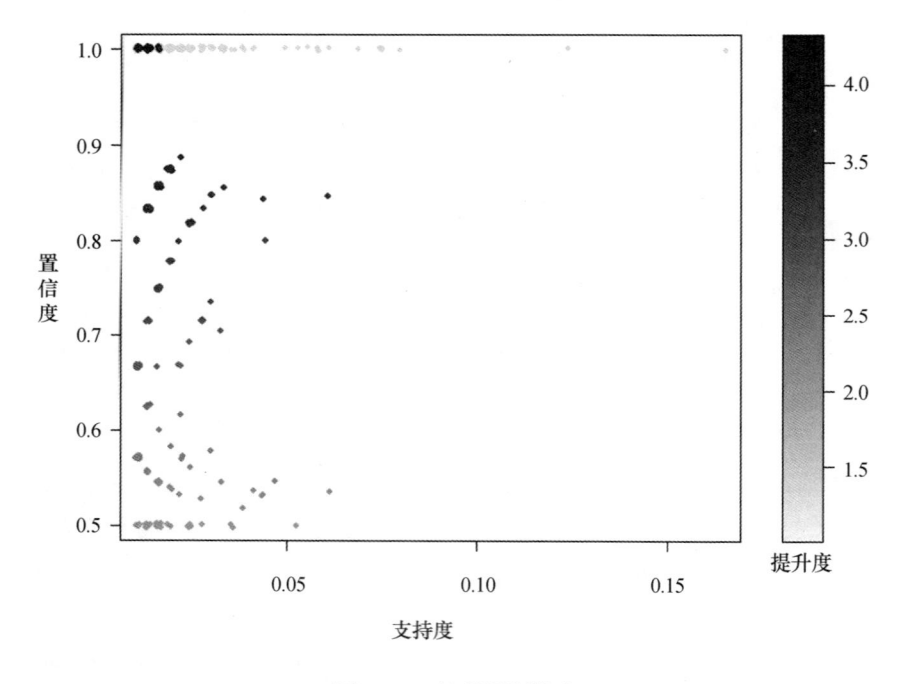

图 3-7 关联规则散点

图 3-8 是使用 R 拓展包 ArulesViz 生成的关联规则分组矩阵图。由于是根据提升度对关联规则进行排序，前五百条有意义的规则里可以发现几乎都是客流量为 PFlow2，PFlow3，也就是有意义的关联规则里，后面几乎都是客流量正常及超载的情况。原因可能是造成客流量欠

---

① Zhang W. Y., Wei Z. W., Wang B. H., et al., "Measuring Mixing Patterns in Complex Networks by Spearman Rank Correlation Coefficient", *Physica A: Statistical Mechanics & Its Applications*, Vol. 451, 2016, pp. 440–450.

载,即 PFlow = PFlow1 的情况的 LHS 十分分散,很难产生有意义的关联规则。

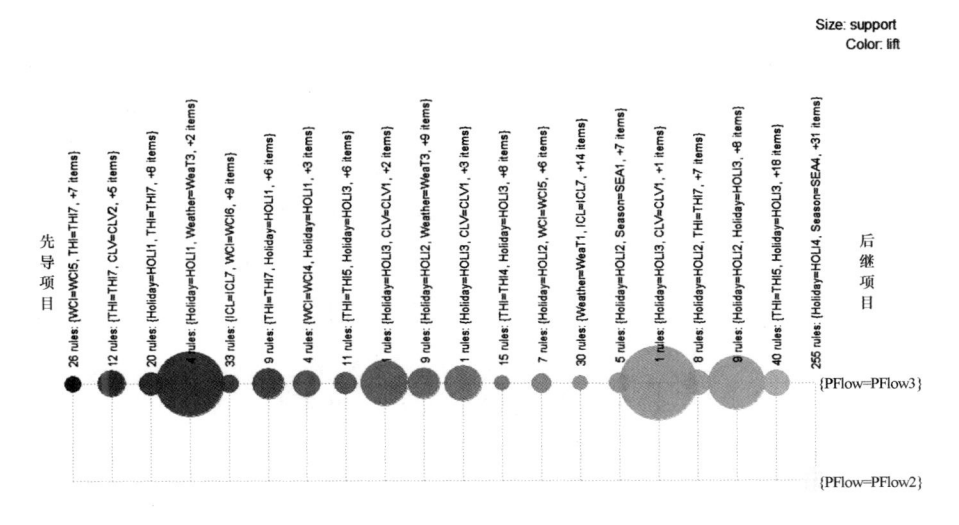

图 3-8 关联规则分组矩阵

如图 3-8 所示,大部分气球都是 RHS 为 {PFlow = PFlow3} 的,也就是爆炸性客流量出现的情况,所以分组矩阵图对于研究爆炸性客流量是十分有帮助的。气球的颜色衡量的是提升度大小,这表示所涉及因素的相互依赖性的相对强度。气球的大小表示支持度大小,其表示所涉及的因子组合的相对发生频率。可以看见在 RHS 为 {PFlow = PFlow3} 的时候体积最大同时颜色比较深的一个气球是:4rules: {Holiday = HOLI1, Weather = WeaT3, +2items},除此之外几个颜色较深的气球的 RHS 分别为 WEI = WEI5,WEI6;THI = THI7,THI5;CLV = CLV1,CLV2;ICL = ICL7,还有大小中等,颜色不深不浅的气球的 RHS 为 Holiday = HOLI2,HOLI3;THI = THI7,Season = SEA1。因此可以得到一个结论,造成山岳型风景区日客流量出现爆炸性情况的最重要的一个因素就是节假日为七天长假,天气为雨后,带走炎热的同时又有足够水汽使得人们身心舒畅。造成山岳型风景区内出现爆炸性客流量的重要因素还有风效指数为 A、B 等级的时候,此时是舒适风以及暖风,人体对于风力温度的感受都最佳。

而温湿指数等级为 A、C 等级的情况下，也容易出现爆炸性客流量，此时人体对室外温度湿度的感受为凉到偏热，仍处于舒适范围之内。ICL = ICL7，穿衣等级为 C，人们适宜穿短袖开领衫。再看舒适度指数为 CLV1，CLV2，也从另一个方面验证了在室外舒适度较高的情况下，人们更愿意出行。

分组矩阵图再一次验证了造成山岳型风景区内爆炸性客流量是多种原因共同作用的结果。其中最主要的一个原因就是节假日，尤其是 7 天长假的情况下特别明显，而 3—5 天小长假以及周末也是容易出现爆炸性客流量的。而诸多气候因素里的风力、温度、湿度也影响着人们出行的决策。尤其是在夏季、秋季气候凉爽和稍热的时候，山岳型风景区容易出现爆炸性客流量。

图 3-9 是使用 R 拓展包 ArulesViz 对关联规则生成的 Graph 图。Graph 图将项目（item）和规则（rule）表示为顶点，将它们用有向边连接。表示规则如何由单个项组成，并显示哪些规则包含相同的项。跟分组矩阵图类似，Graph 图中的顶点仍用气球表示，气球颜色表示提升度的大小，气球大小表示的是支持度的大小。图 3-9 展示了山岳型风景区爆炸性客流量相关的关联规则如何由单个项构成。从图中不难发现，以 PFlow = PFlow2 和 PFlow = PFlow3 为中心的两个区域组成了这张 Graph 图的主体部分。左上角的部分主要显示的是，箭头终端为 PFlow = PFlow3 的关联规则，即山岳型风景区发生爆炸性客流量的成因，以及各种因素是如何影响作用使得风景区出现爆炸性客流量。其中颜色最深的一个气球两端表示的规则是｛Holiday = Holi1，PFlow = PFlow3｝，除此之外，Holiday = HOLI1 也同时指向 THI = THI3、ICL = ICL4 等项。这些因素点都说明了不同特征对于爆炸性客流量的影响情况。节假日尤其是 7 天长假最容易引起山岳型风景区内爆炸性客流量的发生。除此之外，在气候清凉温暖，衣着轻便的时候，人们也乐意前往登山活动，使得山岳型风景区更容易出现爆炸性客流。

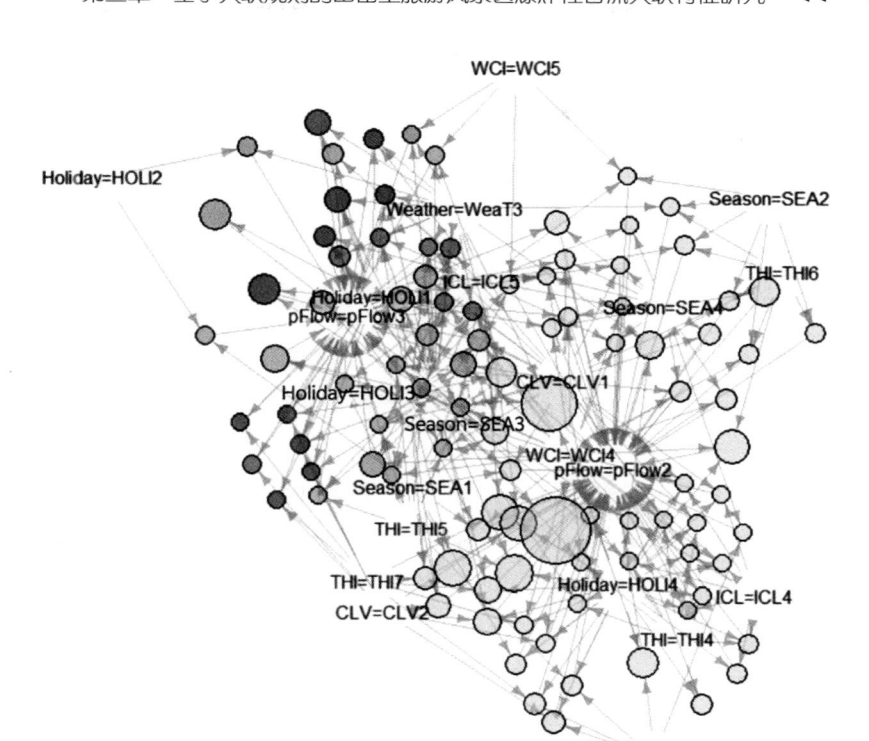

图 3-9 关联规则的 Graph 图

本章小结

本章利用关联规则挖掘对山岳型旅游风景区爆炸性客流关联特征进行了详细研究。首先介绍了关联规则中的基本概念，如支持度、置信度和提升度，以及如何使用 Apriori 算法生成频繁项集和关联规则。本章选取了四大关联特征：天气、节假日及周末、网络搜索指数和特殊事件，并通过关联规则挖掘研究了这些特征与爆炸性客流的关联关系。通过对 Apriori 算法生成的关联规则的分析和可视化，我们发现 7 天长假对爆炸性客流的影响最大。本章的研究成果确定了不同特征对爆炸性客流的贡献度大小，为后续的客流预测模型提供了重要的特征排序参考，有助于减少数据噪声，提升预测结果的精准度。

第 四 章

山岳型旅游风景区单日客流预测

本章研究了山岳型旅游风景区的单日客流预测问题。单日客流预测对于风景区的管理和服务有着至关重要的影响，能有效帮助管理者提前做好人员、物资和交通的调度准备。我们将利用计量经济学经典模型（ARIMA），机器学习的支持向量回归模型（SVR）和随机森林回归模型（RFR），以及深度网络学习模型（LSTM），对四姑娘山风景区进行单日客流预测。我们还将探讨如何将主成分分析（PCA）过程与 SVR 模型、RFR 模型和 LSTM 模型组合，以提高单日客流预测的性能。

第一节　预测变量选择

一　历史客流量

本章假设第（$T+1$）天的日客流量是未知的，并且是可以预测的。已知第 1 天到第 T 天的历史客流量，表示为 $H=(h_1,h_2,\cdots,h_t)$，其中 h_t 表示第 T 天的历史客流量，$t=1,2,\cdots,1523$。收集到的样本历史日客流时间序列数据可表示为 $H=(h_1,h_2,\cdots,h_{1523})=(362,511,\cdots,411)$。

二　搜索引擎数据

前文确定了 16 个百度指数关键词，全体关键词搜索量记为 $kw_t^{(n)}$，$t=1,2,\cdots,1523$，$n=1,2,\cdots,16$。表示从第 1 天到第 1523 天，第 1 个到第 16 个关键词的搜索量。例如，在百度指数关键词搜索量样本中，关键词"茶店子客运站"的搜索量表示为 $KW^1 = (kw_1^1, kw_2^1, \cdots, kw_{1523}^1) = (831, 947, \cdots, 300)$，关键词"双桥沟"的搜索量表示为 $KW^3 = (kw_1^3, kw_2^3, \cdots, kw_{1523}^3) = (137, 169, \cdots, 163)$，关键词"四姑娘山"的搜索量表示为 $KW^4 = (kw_1^4, kw_2^4, \cdots, kw_{1523}^4) = (1817, 1679, \cdots, 1357)$。

三 天气

前文确定了四姑娘山景区所在地的 18 个气象因素，将它们记为 $wf_t^{(n)}$，$t = 1, 2, \cdots, 1523, n = 1, 2, \cdots, 18$。表示从第 1 天到第 1523 天，第 1 个到第 18 个气象因素的数据。例如，"极大风速"表示为 $WF^3 = (wf_1^3, wf_2^3, \cdots, wf_{1523}^3) = (4.9, 8.1, \cdots, 4.6)$，"平均气压"表示为 $WF^5 = (wf_1^5, wf_2^5, \cdots, wf_{1523}^5) = (733.1, 733.9, \cdots, 737.7)$，"日照时数"表示为 $WF^{10} = (wf_1^{10}, wf_2^{10}, \cdots, wf_T^{10}) = (43, 72, \cdots, 71)$。

四 节假日

节假日数据是名义变量，无法将它们直接执行数学计算，因此将它们转换为虚拟变量以便带入模型计算，转换规则的定义如表 4-1 所示。节假日数据表示为 $w_t, t = 1, 2, \cdots, T$，例如，2015 年 9 月 25 日的节假日特征表示为 $w_1 = (1, 0, 0, 0)$，2015 年 10 月 3 日的节假日特征表示为 $w_9 = (0, 0, 0, 1)$，2016 年 1 月 3 日的节假日特征表示为 $w_{101} = (0, 0, 1, 0)$。

表 4-1　　将日历数据转换为虚拟变量的转换规则

节假日	虚拟变量
工作日	(1, 0, 0, 0)
周末	(0, 1, 0, 0)
三至五天小长假	(0, 0, 1, 0)
七天长假	(0, 0, 0, 1)

第二节　模型评价指标

采用均方根误差（Root Mean Squared Error，RMSE）、绝对平均误差

(Mean Absolute Error，MAE）和拟合优度（R – Square，R^2）这三种评价指标来评估预测模型的性能，它们的数学表达式分别为：

$$R^2 = \frac{\sum_i (\widehat{h_i} - \bar{h})^2}{\sum_i (\widehat{h_i} - h_i)^2} \tag{4-1}$$

$$RMSE = \sqrt{\frac{1}{M} \sum_{i=1}^{M} (h_i - \widehat{h})^2} \tag{4-2}$$

$$MAE = \frac{1}{M} \sum_{i=1}^{M} |(h_i - \widehat{h})| \tag{4-3}$$

式（4-1）至式（4-3）中，h_i 是真实的四姑娘山景区单日客流量，$\widehat{h_i}$ 是模型通过多次迭代最终预测出的单日客流量，$\bar{h}$ 是平均单日客流量，M 是单个训练集的数量。

第三节　基于 ARIMA 模型的山岳型风景区客流预测

一　ARIMA 模型设置

自回归移动平均（Auto – Regressive Moving Average，ARMA）过程是有限阶的自回归 [AR（p）] 过程和有限阶的移动平均 [MA（q）] 过程的混合形式，记为 ARMA（p,q），它是一种计量经济学模型，利用时间序列数据本身，而不考虑与之相关联的其他因素来建立模型，以研究事物自身发展的规律。

本研究引入滞后算子（Lag Operator）L 来说明差分和移动平均之间的关系。历史客流量 h_t 为一个时间序列，如果对该时间序列应用滞后算子，那么若该序列的所有值都滞后一期，即：

$$Lh_t = h_{t-1} \tag{4-4}$$

再对 h_{t-1} 应用滞后算子，由式（4-4）可得 h_{t-2}，即：

$$Lh_{t-1} = L(Lh_t) = L^2 h_t = h_{t-2} \tag{4-5}$$

将其一般化，得到：

$$L^k h_t = h_{t-k}, k = \cdots, -1, 0, 1, 2, \cdots \tag{4-6}$$

当 $k = 0$ 时，得到恒等式 $L^0 h_t = h_t$，通常用"1"来代替 L^0。当 $k >$

0时，序列向后移动 k 期；当 $k<0$ 时，序列向前移动 $|k|$ 期，例如，$L^{-3}h_t = h_{t+3}$。

AR 模型可以较为准确地描述出时间序列数据中当前数据与历史数据的关系。本章中，AR 模型将历史客流量时间序列当前值 h_t 表示为它的向前滚动多个历史客流量的线性组合，并加上常数项和随机误差值，p 阶自回归过程 [AR(p)] 可以用以下的随机差分方程表示：

$$h_t = \mu + \alpha_1 h_{t-1} + \cdots + \alpha_p h_{t-p} + u_t \qquad (4-7)$$

其中，μ 为历史客流量序列的均值，α_p 是不等于 0 的自回归系数，u_t 是一个均值为 0、方差为 σ^2 的白噪声序列（纯随机过程）。通过滞后算子表示为：

$$(1 - \alpha_1 L - \alpha_2 L^2 - \cdots \alpha_p L^p) h_t = \mu + u_t \qquad (4-8)$$

MA 模型将本章中历史客流量序列的当前值表示为当前值和白噪声误差的线性组合，q 阶移动平均过程 [MA(q)] 可表示为：

$$h_t = \mu + u_t - \beta_1 u_{t-1} - \beta_2 u_{t-2} - \cdots - \beta_q u_{t-q} \qquad (4-9)$$

其中，μ 为历史客流量序列的均值，u_{t-q} 是白噪声误差项，β_q 是移动平均项的系数。通过滞后算子，也可表示为：

$$h_t - \mu = (1 - \beta L) u_t \qquad (4-10)$$

因此，综合上述自回归过程和移动平均过程，对于本章的历史客流量序列样本，用一般的 ARMA 过程可表示为：

$$h_t = \mu + \alpha_1 h_{t-1} + \cdots + \alpha_p h_{t-p} + u_t - \beta_1 u_{t-1} - \cdots - \beta_q u_{t-q} \qquad (4-11)$$

其中，AR 部分的阶数用 p 表示，MA 的阶数用 q 表示，纯随机过程用 u_t 表示，且 $\alpha_p \neq 0$，$\beta_q \neq 0$。若引入上述的滞后算子，则可得到下式：

$$(1 - \alpha_1 L - \cdots - \alpha_p L^p) h_t = \delta + (1 - \beta_1 L - \cdots \beta_q L^q) u_t \qquad (4-12)$$

或者：

$$\alpha(L) h_t = \delta + \beta(L) u_t \qquad (4-13)$$

若 $\alpha(L) = 1$，则 ARMA 过程演变为 MA(q) 过程，若 $\beta(L) = 1$，则 ARMA 过程演变为 AR(p) 过程。

ARMA 模型可以描述的对象仅为平稳序列，但是平稳序列却很少出现在现实生活与实际问题中，因此，对于它们来说可以采用差分方法将其转换为平稳序列就能用 ARMA（p,q）模型描述了[①]。

在 ARMA 模型的基础上对序列合理地增加差分整合操作就可以获得 ARIMA 模型。将非平稳序列转换为平稳序列，是 ARIMA 模型区别于 ARMA 模型的关键步骤。

对于本章中的历史客流量序列样本，一阶差分应用滞后算子可得到下面的结果：

$$\Delta h_t = h_t - h_{t-1} = (1-L)h_t (t>1) \quad (4-14)$$

若差分后的历史客流量序列仍不平稳，可再进行一次一阶差分，得到历史客流量的二阶差分序列：

$$\Delta(\Delta h_t) = \Delta^2 h_t = \Delta h_t - \Delta h_{t-1} = (h_t - h_{t-1}) - (h_{t-1} - h_{t-2})(t>2)$$

$$(4-15)$$

如此差分下去，将得到高阶平稳差分序列 $\{h_t\}$。原序列经过的差分次数就是 ARIMA（p,d,q）中的 d 值，所以，ARIMA（p,d,q）模型可表示为：

$$\alpha(L)(1-L)^d h_t = \beta(L)u_t \quad (4-16)$$

二 ARIMA 模型参数配置

ARIMA 模型需要的三个参数（p,d,q），传统上是手动配置的，本小节将详细说明选择参数的过程。

首先，确定 d 的值。检查原始日客流量序列，以及其一阶差分序列和二阶差分序列的平稳性。如果原始序列是平稳的，则 $d=0$。如果原始序列是有趋势性的，那么取第一个差分，再次检查平稳性。在得到稳定的输出之前，将一直计算差分，所需差分的次数就是 d 的值。检查序列平稳性的工具主要有自相关函数（Auto-Correlation Function，ACF）图和 ADF 检验。

接下来绘制原始日客流量序列和其对应的 ACF 图，如图 4-1 和图 4-2 所示，默认情况下，ACF 图将打印所有序列数的滞后值，从而使绘图变得

[①] 范剑锋：《时间序列数据特征选择和预测方法研究》，硕士学位论文，南京大学，2016年，第34页。

嘈杂，因此，将 x 轴上的延迟数限制为 100，以便使图更易于分析。

如图 4-1 所示，原始日客流量序列有着很明显的季节性成分并显示出明显的非平稳性，即存在随每个季度或每个年度的推进而重复的周期，这种重复的循环可能会模糊在预测过程中希望建模的信号，且它的 ACF 没有截断，而是缓慢地下降为 0。另外，如图 4-3 所示的一阶差分序列看起来很平稳，不仅看不出明显的季节性因素，而且所有的数据都较为均匀地分布在中心值 0 上下，如图 4-4 所示的一阶差分序列对应的 ACF 也在延迟了一段时间后截尾在 0 附近。

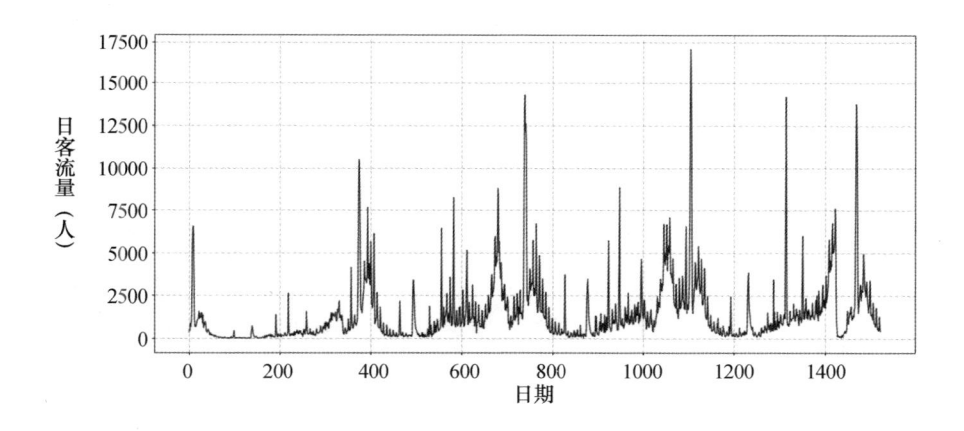

图 4-1 原始日客流量序列

上述的一阶差分序列图和 ACF 图对证明一阶差分序列是平稳的提供了很好的证据。因为需要一次差分来获得原始日客流量序列的平稳性，所以将 d 初步确定为 1。注意，后文将以一阶差分序列的平稳数据作为预测日客流量的数据集，因此 d 将设为 0。

其次，为 AR 模型和 MA 模型分别识别并选择 p 和 q 阶滞后值，这个过程用到的识别工具主要为 ACF 函数和 PACF 函数。

AR（p）模型最关键的是确定其阶数，而其又是通过 PACF 的数值来确定的，因为 PACF 系数在 AR 模型中称为截尾数。在 AR 模型中的阶数通常和延迟数同出现有比例关系，即延迟数增加则该系数呈指数衰减，这个系数就是 ACF 系数。至于衰减的形式和方向则是由 AR（p）模型

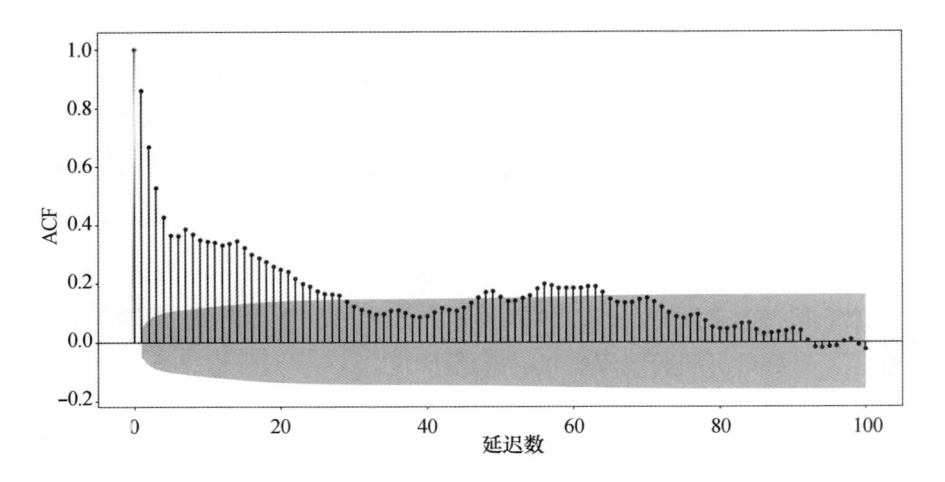

图4-2 原始日客流量序列对应ACF

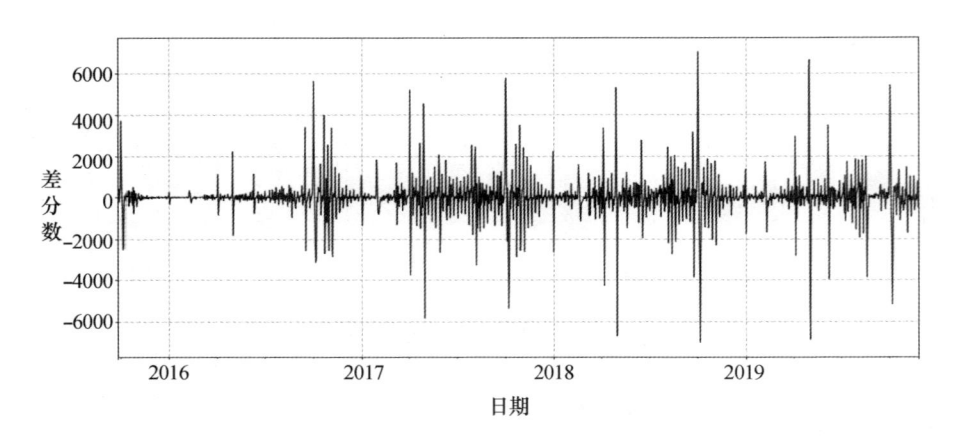

图4-3 一阶差分序列

的PACF系数决定。

MA（q）模型的ACF系数在q步以后是截尾的，PACF系数一定呈现出拖尾的衰减形式，因此，可通过ACF图和PACF图共同确定MA（q）模型的阶数q。

为此，绘制出一阶差分序列数据样本的ACF和PACF，ACF如图4-4所示，PACF如图4-5所示。其中，样本ACF在滞后1后截断，样本PACF同样在滞后1后截断，因此，提出3种ARMA模型：ARMA（0，

1)、ARMA（1，0）和 ARMA（1，1）。即，对于原始日客流量时间序列，提出三种 ARIMA 模型：ARIMA（0，1，1）、ARIMA（1，1，0）和 ARIMA（1，1，1）。

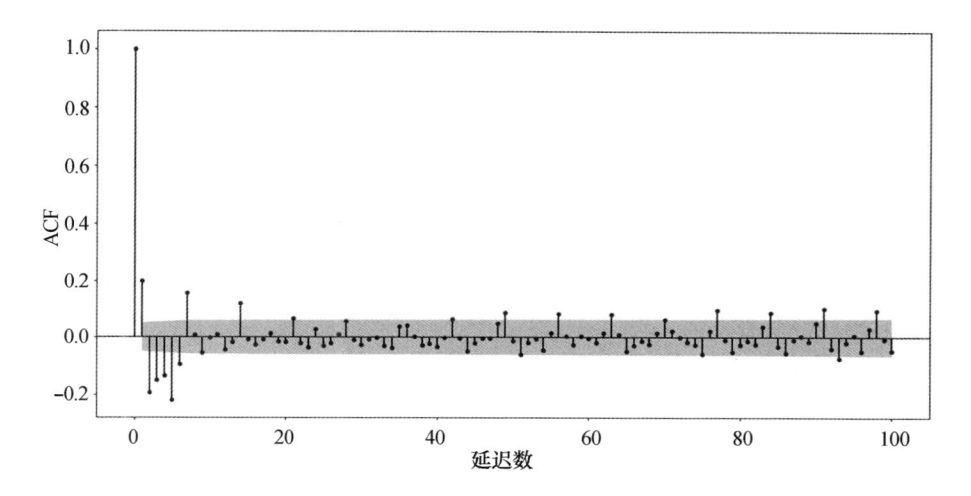

图 4-4　一阶差分序列对应 ACF

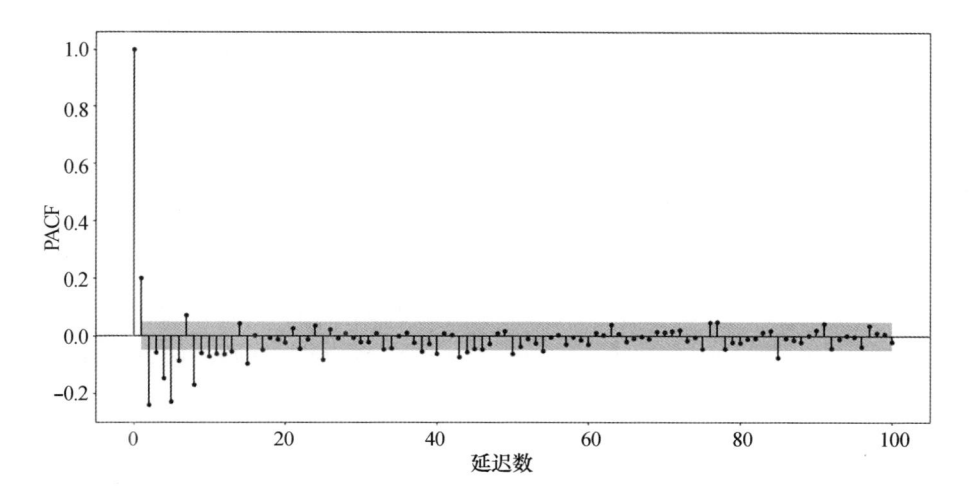

图 4-5　一阶差分序列对应 PACF

三 基于网格搜索的超参数配置

网格搜索（Grid Search，GS）算法也称为"穷举法"，可以用来求解约束参数优化问题的基本优化方法[①]。执行步骤为，首先主观判断模型中需要调整的参数有哪些，给这些参数分别定一个合理的范围，再将其所有的排列组合代入预测模型，其次对单日客流预测结果进行误差分析，最后可以寻得规定参数范围内 ARIMA 模型的最优参数对。

为了评估依据 PACF 图和 ACF 图选择出的 p,d,q 在 ARIMA 模型中的可行性，将利用 GS 算法进行 ARIMA 模型的参数寻优，希望探索最佳参数组合方式，以优化模型的预测效果。指定 ARIMA 模型中需要迭代的 p,d,q 三个参数的网格为：

p：0 到 3；

d：1 到 3；

q：0 到 3。

一共有 $4 \times 3 \times 4 = 48$ 种超参数 p,d,q 的组合方式。

四 单日客流预测结果

旅游相关信息数据均为时间序列数据，对时间序列数据预测任务的数据集划分时，训练集和测试集时间节点是不能交叠的，以保证预测过程的客观公正。因此，实验将四姑娘山历史客流量的第 1 天至第 1000 天和第 1001 天至第 1200 天的日客流量时间序列数据分别选为训练集和测试集，基于前文提到的网格搜索法，不同超参数组合的 ARIMA 模型的预测性能部分结果如表 4－2 所示。

从表 4－2 中可以看出，预测性能最好的模型为 ARIMA（2，1，1），RMSE 和 MAE 的结果均为所有模型中的最低值，分别为 1067.649 和 658.145，R^2 最高，为 80.7%，因此，将该模型选为单一模型对比的基准模型。还可以从中发现一个规律，对于本实验数据，当参数 d（差分次

[①] 谭清雄：《基于信号分解技术的组合模型在风电功率预测中的研究》，硕士学位论文，华中科技大学，2017 年，第 40 页。

数)逐渐增大时,预测的误差也随之增大,例如,ARIMA(1,1,0)模型的 R^2 为 77.9%,ARIMA(1,2,0)模型的 R^2 降为 69.3%,而 ARIMA(1,3,0)模型的 R^2 更是降到了 43.0%,因此,不平稳的时间序列数据虽然可以通过一次及以上的差分过程转换为平稳数列,但是并不是差分次数越多越好,应当具体数据具体处理。

表 4-2　　　　ARIMA 模型不同参数下的预测性能

参数组合	RMSE	MAE	R^2(%)
ARIMA(0, 1, 1)	1117.456	660.594	78.8
ARIMA(0, 1, 2)	1152.893	667.131	77.5
ARIMA(0, 1, 3)	1112.627	681.345	79.0
ARIMA(0, 2, 1)	1187.163	662.496	76.1
ARIMA(0, 2, 2)	1117.895	660.877	78.8
ARIMA(0, 3, 1)	1360.874	922.485	68.6
ARIMA(1, 1, 0)	1142.296	659.529	77.9
ARIMA(1, 1, 1)	1121.156	662.234	78.7
ARIMA(1, 1, 2)	1073.661	668.044	80.5
ARIMA(1, 1, 3)	1074.421	667.367	80.4
ARIMA(1, 2, 0)	1346.836	889.940	69.3
ARIMA(1, 3, 0)	1833.321	1218.081	43.0
ARIMA(2, 1, 0)	1132.248	663.013	78.3
ARIMA(2, 1, 1)	1067.649	658.145	80.7
ARIMA(2, 1, 2)	1074.339	667.012	80.4
ARIMA(2, 2, 0)	1324.484	855.133	70.3
ARIMA(2, 2, 1)	1132.669	663.406	78.3
ARIMA(2, 3, 0)	1661.225	1161.022	53.2
ARIMA(3, 1, 0)	1132.148	664.370	78.3
ARIMA(3, 1, 1)	1076.440	665.252	80.4
ARIMA(3, 1, 3)	1086.743	664.738	80.0
ARIMA(3, 2, 0)	1331.776	824.861	69.9
ARIMA(3, 3, 0)	1609.518	1079.917	56.1

第四节　基于 SVR 模型的山岳型风景区客流预测

一　SVR 模型构建

前文介绍的 SVM 也可以有效地应用于回归任务，山岳型景区日客流量预测本质就是一个多元变量的回归问题，因此，可以尝试用 SVR 方法解决。使用 SVR 做回归分析，首先需要找到一个超平面，与 SVM 不同之处在于，在 SVM 中需要找到一个间隔最大的超平面，而在 SVR 中，需要定义一个 ε，如图 4-6 所示，定义实线内区域的数据点的残差（预测值与真实值的差）为 0，而实线区域外的数据点（支持向量）到虚线的边界的距离为残差（ξ），希望这些残差（ξ）最小。因此，总体来说，SVR 的目标是寻找一个最佳的带状区域（宽度为 2），并对区域外的数据点进行回归分析。

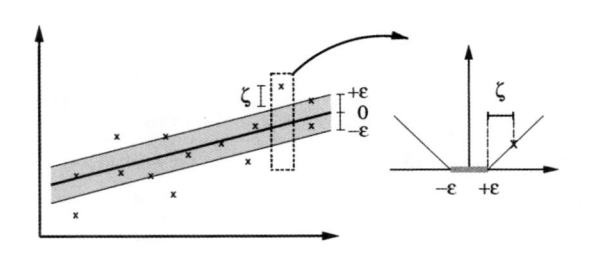

图 4-6　SVR 的代价函数

因此，结合实验数据，SVR 需要考虑单日客流量预测值和真实值之间差异的不同损失函数，最常见的选择是 ε - 不敏感的损失函数：

$$L = \begin{cases} 0, \text{若} |h_i - \bar{h}_i| - \varepsilon \leq 0 \\ |h_i - \bar{h}_i| - \varepsilon, \text{其他} \end{cases} \quad (4-17)$$

目标是找到最佳参数，以使所有的预测值都位于边界内（由参数 ε 控制）。这种情况使 ε - 不敏感的损失最小化并保证真实值与预测值之间的绝对误差可接受。但是，正如针对分类问题所讨论的那样，硬边界的选择往往过于严格。因此最好引入两组松弛变量,以使绝对误差超出 ε 的预测值也能被接受。问题的表述变为:

$$\begin{cases} \min \dfrac{\bar{\omega}^T \bar{\omega}}{2} + C \sum_i (\xi_i + \xi_i^*) \\ 使得 \begin{cases} h_i - \bar{\omega}^T \times \varphi(\bar{x}_i) + b \leqslant \varepsilon - \xi_i \\ -h_i + \bar{\omega}^T \times \varphi(\bar{x}_i) - b \leqslant \varepsilon - \xi_i^* \end{cases} \forall (\bar{x}_i, h_i), \xi_i \geqslant 0, \xi_i^* \geqslant 0 \end{cases}$$

$$(4-18)$$

二 基于网格搜索超参数的 SVR 模型训练过程

前文整理得到的四姑娘山景区单日客流量预测所需的特征变量拥有不同的量纲和量级,会对 SVR 模型的训练产生不利影响。通过数据的标准化处理,可以使得不同特征变量同时控制在一定范围内,这样单日客流量就可以由多个相同尺寸的特征变量同时控制[1],在训练 SVR 的过程中,通过数据标准化可以消除影响日客流量的特征之间量纲的差异性,并加快 SVR 模型权重参数的收敛速度。

特征标准化是指将特征数据去除单位限制并按比例缩放为无量纲的纯数值,使它们同时处于一个特定区域,有助于在不同单位的特征指标之间进行比较操作和加权操作。本章将所有的特征变量缩放至 0 与 1 之间,表示为:

$$f' = \frac{f - \min}{\max - \min} \quad (4-19)$$

式中,min 是某种特征样本中的最小值,max 是某种特征样本的最大值,f 为当前的一个特征值,f' 为标准化后的一个特征值。

使用 Python 中的第三方机器学习库 scikit-learn 的 SVR 类进行建模训练。SVR 类中有 2 个最重要的超参数,C 和 ε。超参数 C 设置的目标是让尽可能多的数据点位于超平面上,同时限制间隔违例(也就是不在超平面的数据点),通过调整 C 可以防止 SVR 模型过度拟合,并可以降

---

[1] Khaire U. M., Dhanalakshmi R., "Stability of Feature Selection Algorithm: A Review", *Journal of King Saud University – Computer and Information Sciences*, Vol. 34, No. 4, 2019, pp. 1060–1073.

低调整 C 来进行正则化；超参数 ε 控制了超平面的宽度，ε 越大，超平面宽度越宽，ε 越小，超平面宽度越窄。还有一个较为重要的参数为 kernel，即核函数，核函数的种类很多，寻找合适的核函数的经典法则是，模型总是先从线性核函数开始尝试，再逐步尝试更为复杂的核函数。因此，为了提高预测效率，实验均使用线性核函数对 SVR 模型进行训练。

实验将使用 scikit-learn 的 GridSearchCV 类对超参数进行高效的网格探索，规避低效且枯燥的手动寻找超参数。GridSearchCV 类可以自动使用交叉验证的方式来迭代评估 SVR 预测模型中预设范围内的最佳超参数组合。

指定 SVR 模型中需要迭代的超参数网格为：

C：1 到 5；

ε：0.1 到 0.9（步长为 0.2）。

不同超参数组合下 SVR 模型的性能将通过 GridSearchCV 类中的 cv_results_ 属性的 mean_test_score 得分评估。

三　单日客流预测结果

与 ARIMA 模型只关注四姑娘山日客流量数据自身变化规律不同，SVR 还可以考虑与之相关联的其他特征因素，例如，搜索引擎数据、天气数据和节假日数据（此时不考虑特征选择）。因此，取前 1000 组特征数据与对应的单日客流量数据作为训练集，后 200 组数据作为测试集，并基于网格搜索法，25 种超参数组合的 SVR 模型的预测性能得分的均值结果（满分为 1）如表 4-3 所示，其中得分最高者为预测性能最好的 SVR 模型。

表 4-3　　　25 组参数下的 SVR 模型预测性能得分

参数 C	参数 ε	模型得分
1	0.1	0.67112
1	0.3	0.67110

续表

参数 C	参数 ε	模型得分
1	0.5	0.67119
1	0.7	0.67116
1	0.9	0.67118
2	0.1	0.66988
2	0.3	0.66997
2	0.5	0.66997
2	0.7	0.66997
2	0.9	0.67001
3	0.1	0.66980
3	0.3	0.67003
3	0.5	0.66955
3	0.7	0.66986
3	0.9	0.66976
4	0.1	0.66731
4	0.3	0.66888
4	0.5	0.66797
4	0.7	0.66773
4	0.9	0.66772
5	0.1	0.66646
5	0.3	0.66676
5	0.5	0.66670
5	0.7	0.66692
5	0.9	0.66766

如表4-3所示，当C为1，ε为0.5时的SVR得分最高，该超参数组合下的SVR模型对应的单日客流量预测评估指标为RMSE：1091.360，MAE：631.062，以及R^2：79.8%。

第五节 基于随机森林回归模型的山岳型风景区客流预测

一 随机森林回归模型构建

随机森林回归（Random Forest Regression，RFR）算法是由 Breiman[①]在 21 世纪伊始提出的一种著名的集成学习算法，它是由一组回归决策子树 $\{h(f,\theta_t), t = 1, 2, \cdots, T\}$ 构成的模型，该式是单日客流量 h 的预测函数，其中，θ_t 是服从独立同分布的随机变量，f 表示特征的组合，包括历史客流量、搜索引擎数据、天气数据和节假日数据，T 为决策树的数量。单日客流的回归预测结果为各个决策子树预测结果的均值，表示为：

$$\bar{h}(f) = \frac{1}{T}\sum_{t=1}^{T}\{h(f,\theta_t)\} \qquad (4-20)$$

其中，$h(f,\theta_t)$ 为基于特征组合 f 和随机变量 θ 的单日客流量预测值的输出。

由于决策树模型容易出现预测效果不佳和过拟合的问题，因此，为了克服这两项缺陷，RFR 算法引入了 Bagging（有放回抽样）和随机子空间方法。

（一）Bagging（有放回抽样）

每个训练样本通过有放回的方式从原始数据中随机抽样，并对它们创建各自的回归决策子树模型，最终预测结果是通过对所有模型计算结果进行平均值处理得出的。

（二）随机子空间

每棵回归决策子树的每个节点包好的特征子空间对应的样本集都是从总的特征空间中随机抽取得到的，且它们会依据特征重要程度的大小自上而下进行分裂。该思想可以保证森林中不存在两棵完全相同的决策子树，每棵树都是独立且多样的，可以提升随机森林回归算法中节点分裂的随机性，进而可以优化预测效果。

[①] Breiman L., "Random Forests", *Machine Learning*, Vol. 45, No. 1, 2001, pp. 5-32.

二　基于网格搜索超参数的随机森林回归模型训练过程

结合实验数据，RFR 算法的流程主要由以下四个步骤组成：

步骤 1：利用 Bagging 方法，随机产生特征变量和对应客流量的样本子集。

步骤 2：按照随机子空间思路，通过对 n 个特征随机抽取完成节点分裂，从而构建一棵解决回归问题的决策子树。

步骤 3：对步骤 1 和步骤 2 不断迭代，创造 T 棵回归决策子树，从而形成森林。

步骤 4：单日客流量最终预测结果为 T 棵决策子树的预测值的平均值。

使用 Python 中的第三方机器学习库 scikit – learn 的 RandomForestRegression 类进行建模训练，其中有四个重要的超参数：min_samples_split，n_estimators，max_features 和 min_samples_leaf。

min_samples_split：表示一个中间节点要分枝时所需要的最小样本量。

n_estimators：表示 RFR 模型中决策子树的数量，即公式中的 T。

max_features：表示决策子树的最大特征数。

min_samples_leaf：表示在节点存在的条件下所需的最低样本数量。这个超参数可能是让单日客流量预测模型的预测结果更平滑的关键。

指定 RFR 模型中需要迭代的超参数网格为：

min_samples_split：3，6，9；

n_estimators：10 到 90（步长为 20）；

max_features：0.2 到 1.0；

min_samples_leaf：1 到 9。

不同超参数组合下 RFR 预测模型的性能将通过 GridSearchCV 类中的 cv_results_属性的 mean_test_score 得分评估。

三　单日客流预测结果

RFR 模型与 SVR 模型都可以视为多元回归模型，然而相比于 SVR 模型，RFR 的重要参数比较多，网格形成的参数组合非常庞大，因此，选取呈现20组参数（包括性能最好的参数组合）的RFR模型的预测性能得分（满分为1），如表4-4所示。

表4-4　　部分参数组合下的RFR模型预测性能得分

min_samples_split	n_estimators	max_features	min_samples_leaf	模型得分
3	10	0.3	2	0.76644
3	30	0.4	3	0.78147
3	50	0.5	4	0.78676
3	70	0.6	5	0.78082
3	90	0.7	6	0.78636
3	30	0.7	1	0.79555
6	10	0.3	2	0.75544
6	30	0.4	3	0.76754
6	50	0.5	4	0.77030
6	70	0.6	5	0.76504
6	90	0.7	6	0.77157
9	10	0.3	2	0.75896
9	30	0.4	3	0.76522
9	50	0.5	4	0.76551
9	70	0.6	5	0.74063
9	90	0.7	6	0.74898

通过计算所有预设参数组合下的RFR模型得分，可以得出的结论是，当超参数min_samples_split=3，n_estimators=30，max_features=0.7，min_samples_leaf=1时，RFR模型的得分最高，对应的单日客流量预测评估指标为RMSE：926.078，MAE：542.904，以及R^2：85.4%。

第六节　基于长短期记忆网络模型的山岳型风景区客流预测

一　长短期记忆网络模型构建

LSTM 是循环神经网络的变形，由 Hochreater 和 Schmidhuber 于 1997 年首次提出[1]。RNN 容易出现梯度消失的问题，不擅于对较长时间序列数据做良好分析，LSTM 扩展了 RNN 模型，设计了隐藏层中的三种"门"结构，该结构可以很好地捕捉特征变量与每日客流量之间的非线性关系，而且可以学习特征变量随时间推移到每日客流量的映射函数，通过单元状态主动从数据中学习时间依赖性。

考虑日客流量具有非线性、多变量影响等特点，一些经典模型（例如，ARIMA 模型、SVR 模型和随机森林模型等）无法完全捕捉和挖掘特征变量与实际日客流量之间的复杂关系，因此，这些模型对单日客流量的预测或许不是最理想的。原因讨论如下：

（1）在单日客流量预测中需要同时考虑上述三种数据，这将涉及许多特征变量，随着特征变量数量额的增加，这将使很多预测模型难以从训练样本中学习。

（2）当使用上述模型预测单日客流量时，有必要对每个特征变量与实际日客流量之间的超前或滞后关系进行确定。单日客流量预测中涉及许多特征变量，因此，如果每个特征变量和实际日客流量之间的超前或滞后顺序被依次检测到，将耗费大量的精力。

（3）有文献对每个特征变量和单日客流量数据之间采用固定的超前或滞后顺序[2]。但是，超前或滞后关系可能会因情况而异。例如，当发生紧急情况时，特征变量之间的滞后关系可能与平时不同。

---

[1] Hochreiter S., Schmidhuber J., "Long Short‒Term Memory", *Neural Computation*, Vol. 9, No. 8, 1997, pp. 1735‒1780.

[2] Fernández‒Delgado M., Cernadas E., Barro S., et al., "Do We Need Hundreds of Classifiers to Solve Real World Classification Problems?", *Journal of Machine Learning Research*, Vol. 15, 2014, pp. 3133‒3181.

因此，考虑到单日客流量数据的特征，有必要构建新的预测模型。LSTM 网络的体系结构不仅可以捕获特征变量与日客流量之间的非线性关系，而且可以学习特征变量随时间推移至日客流量的映射函数。LSTM 网络的体系结构还可以通过单元状态从数据中学习时间相关性，并且不需要指定一组固定的滞后观测值。更重要的是，还可以忽略因情况而异的超前或滞后顺序。因此，LSTM 模型是用于单日客流量预测的有充分根据。

基于上述 LSTM 网络的描述，结合单日客流量预测问题，LSTM 的具体过程如下：

步骤 1："遗忘门"从单元状态 C_{t-1} 中确定需要删除的信息，如图 4-7 所示，表达式为：

$$F_t = \sigma(W_F \times [\hat{h}_{t-1}, f_t] + b_F) \tag{4-21}$$

输入信息为 $\hat{h}_{t-1}$ 和 f_t，$\hat{h}_{t-1}$ 表示 $t-1$ 时刻客流量预测值，f_t 表示当前 t 时刻的所有特征集。选择 Sigmiod 函数为激活函数，令 F_t 取值范围为 0 到 1 之间，其中 0 表示"忘记 C_{t-1} 中的所有信息"，1 表示"记住 C_{t-1} 中的所有信息"，当接收到当前的新特征集 f_t 时以一定概率叠加上一时刻 C_{t-1} 的部分日客流量预测值构成新的输入信息。式中，W_F 为"遗忘门"的权重矩阵，b_F 为"遗忘门"的偏差矢量。

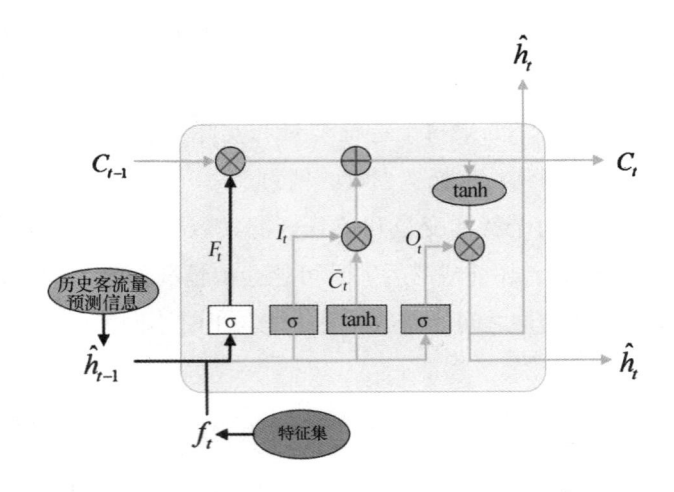

图 4-7 遗忘门

步骤2："输入门"是对当前单元状态 C_t 输入信息（包括 $t-1$ 时刻的客流量预测值和 t 时刻的所有特征集）的一次过滤，判断前一单元状态 C_{t-1} 的信息以多大比例进入当前的单元状态，如图4-8所示。表达式为：

$$I_t = \sigma(W_I \times [\hat{h}_{t-1}, f_t] + b_I) \quad (4-22)$$

$$I_t = \sigma(W_C \times [\hat{h}_{t-1}, f_t] + b_C) \quad (4-23)$$

"输入门"以一定比例过滤输入信息，因此选择 Sigmiod 激活函数，使 I_t 的值为0到1之间，并通过 tanh 激活函数来更新单元状态。式中，W_I 和 b_I 分别是 I_t 的权重矩阵和偏差矢量，W_C 和 b_C 分别是单元状态的权重矩阵和偏差矢量。

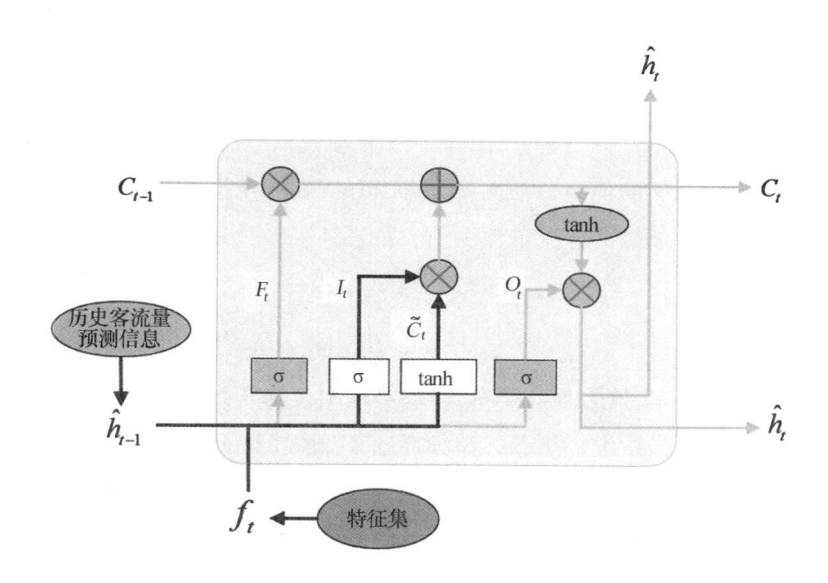

图4-8 输入门

步骤3："遗忘门"和"输入门"将前一单元状态 C_{t-1} 的特征信息和单日客流量的预测信息更新为当前的新单元状态 C_t，单元状态从原先的 C_{t-1} 更新为 C_t 的过程如图4-9所示，表达式为：

$$C_t = C_{t-1} \circ F_t + I_t \circ \tilde{C}_t \quad (4-24)$$

式中，$\circ$ 代表两矩阵相同位置的元素之积。过滤后的新信息加前一单元状态传过来的信息之和作为新单元状态。

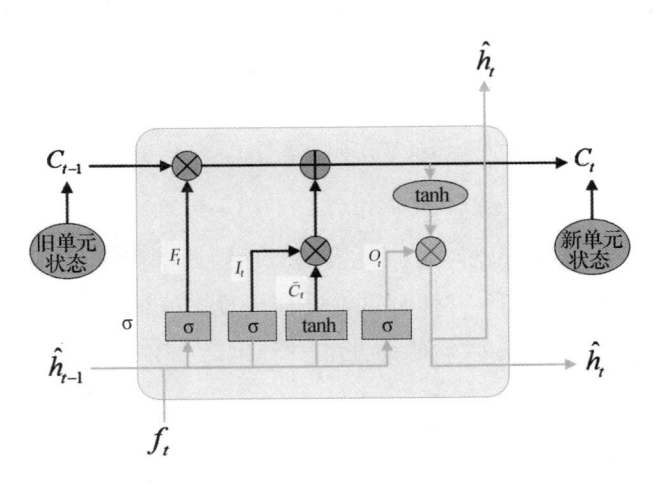

图 4-9 单元状态更新

步骤 4: "输出门"通过 Sigmiod 激活函数从当前单元状态中提取单日客流量的相关预测信息,确定单元状态的哪些信息应该被输出,本章中希望其输出的是单日客流量预测值,如图 4-10 所示,表达式为:

$$O_t = \sigma(W_O \times [\hat{h}_{t-1}, f_t] + b_O) \quad (4-25)$$

$$\hat{h}_t = O_t \times \tanh(C_t) \quad (4-26)$$

首先,Sigmiod 激活函数将 O_t 的取值范围设为 0 到 1 之间,并对单元状态决定信息的去留进行更新,单元状态 C_t 通过 tanh 激活函数将值归到 -1 到 1 之间,然后将 tanh 激活函数的输出和 Sigmiod 激活函数计算得到的权重相乘,这样就得到了最终单日客流量预测值 $\hat{h}_t$。式中,W_O 和 b_O 分别是"输出门"的权重矩阵和偏差矢量。

从式(4-26)可以看出,单日客流量的预测值 $\hat{h}_t$ 受到当前单元状态 C_t 和上一时刻单元状态包含的预测信息 $\hat{h}_{t-1}$ 的共同影响。在 RNN 中,W_C 是造成梯度消失的主要原因,而在门控结构的影响下,W_C 对当前单元状态的计算没有影响,当遗忘门处于打开状态时,C_t 的梯度能够有效地传递给前一时刻的单元状态 C_{t-1}。因此,将 LSTM 网络作为预测模型相较于其他网络学习模型的优点主要在于:第一,LSTM 网络有"长期记忆"能

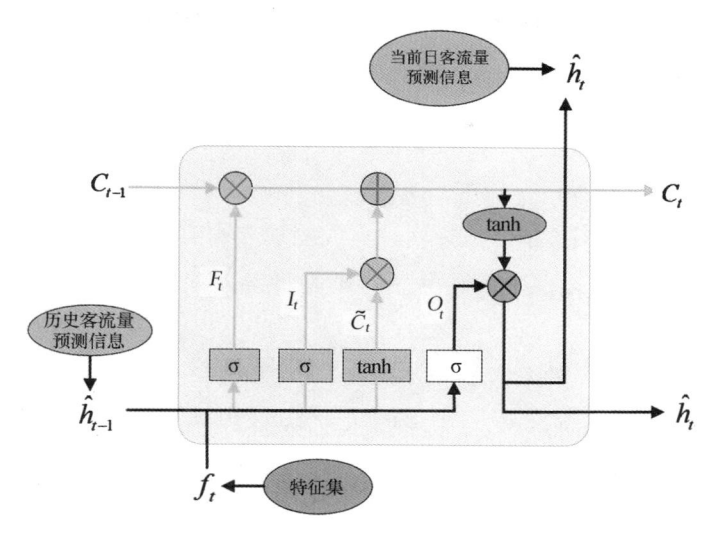

图 4-10 输出门

力,可以较好地处理时间序列数据,使得某一天的客流量预测结果不仅由当天的特征因素所影响,同时受到之前历史数据和预测结果的影响;第二,LSTM 网络相对于经典的 RNN 网络来说创新地加入了门控结构,可大幅降低训练中出现梯度消失的概率,进而提高单日客流量预测的准确度。

二 长短期记忆网络模型训练过程

结合损失函数和随机梯度下降算法,LSTM 网络模型待估参数的训练过程如下。

步骤 1:给定 LSTM 网络的参数初始值,即各层的权重和偏差,并向前计算每个神经单元的输出值 F_t, I_t, C_t, O_t 和 $\hat{h}_t$ 五个值,计算方法见上一小节。同时给定关于预测值与真实值之间误差的计算公式,即损失函数,公式为:

$$MSE = \frac{1}{M} \sum_{i=1}^{M} (h_i - \hat{h}_i)^2 \qquad (4-27)$$

其中，h_i 是真实的单日客流量，$\hat{h}_i$ 是模型迭代一次时预测出的单日客流量，M 是单个训练集的数量；

步骤2：基于梯度下降算法和链式求导法则，进行 LSTM 网络误差反向传播，对各层参数求偏导并进行梯度计算和参数更新，具体步骤叙述如下。

LSTM 利用反向传播算法，在计算误差项方面有两种方式，一种是从当前时刻开始计算之前求解，另一种则是将误差项不断向上一层传播从而完成求解。

LSTM 需要学习的参数有"遗忘门""输入门""输出门"和单元状态的权重矩阵 W_F、W_I、W_O、W_C 以及偏差矢量 b_F、b_I、b_O、b_C。由于反向传播时权重矩阵在两部分的计算方式不同，因此权重矩阵 W_F，W_I，W_O 和 W_C 都被分开表示为：$W_{F\hat{h}}$，W_{Ff}，$W_{I\hat{h}}$，W_{If}，$W_{O\hat{h}}$，W_{Of}，$W_{C\hat{h}}$ 和 W_{Cf}。

在 t 时刻，LSTM 的输出值为 $\hat{h}_t$，我们定义 t 时刻的误差项 δ_t 为：

$$\delta_t \stackrel{\text{def}}{=} \frac{\partial E}{\partial \hat{h}_t} \tag{4-28}$$

定义出四个加权输入，以及它们对应的误差项：

$$net_{F,t} = W_F[\hat{h}_{t-1}, f_t] + b_F = W_{F\hat{h}}\hat{h}_{t-1} + W_{Ff}f_t + b_F \tag{4-29}$$

$$net_{I,t} = W_I[\hat{h}_{t-1}, f_t] + b_I = W_{I\hat{h}}\hat{h}_{t-1} + W_{If}f_t + b_I \tag{4-30}$$

$$net_{\tilde{C},t} = W_C[\hat{h}_{t-1}, f_t] + b_C = W_{C\hat{h}}\hat{h}_{t-1} + W_{Cf}f_t + b_C \tag{4-31}$$

$$net_{O,t} = W_O[\hat{h}_{t-1}, f_t] + b_O = W_{O\hat{h}}\hat{h}_{t-1} + W_{Of}f_t + b_O \tag{4-32}$$

$$\delta_{F,t} \stackrel{\text{def}}{=} \frac{\partial E}{\partial net_{F,t}} \tag{4-33}$$

$$\delta_{I,t} \stackrel{\text{def}}{=} \frac{\partial E}{\partial net_{I,t}} \tag{4-34}$$

$$\delta_{\tilde{C},t} \stackrel{\text{def}}{=} \frac{\partial E}{\partial net_{\tilde{C},t}} \tag{4-35}$$

$$\delta_{O,t} \stackrel{\text{def}}{=} \frac{\partial E}{\partial net_{O,t}} \tag{4-36}$$

①沿时间反向传递误差项

就是要计算出 $t-1$ 时刻的误差 δ_{t-1}

$$\delta_{t-1}^T = \frac{\partial E}{\partial \widehat{h}_{t-1}} = \frac{\partial E}{\partial \widehat{h}_t} \frac{\partial \widehat{h}_t}{\partial \widehat{h}_{t-1}} = \delta_t^T \frac{\partial \widehat{h}_t}{\partial \widehat{h}_{t-1}} \qquad (4-37)$$

根据之前的公式可知 F_t，I_t，C_t 和 O_t 都是 $\widehat{h}_{t-1}$ 的函数，那么利用全导数公式可得：

$$\delta_t^T \frac{\partial \widehat{h}_t}{\partial \widehat{h}_{t-1}} = \delta_t^T \frac{\partial \widehat{h}_t}{\partial C_t} \frac{\partial C_t}{\partial O_t} \frac{\partial O_t}{\partial net_{O,t}} \frac{\partial net_{O,t}}{\partial \widehat{h}_{t-1}} + \delta_t^T \frac{\partial \widehat{h}_t}{\partial C_t} \frac{\partial C_t}{\partial F_t} \frac{\partial F_t}{\partial net_{F,t}} \frac{\partial net_{F,t}}{\partial \widehat{h}_{t-1}}$$

$$+ \delta_t^T \frac{\partial \widehat{h}_t}{\partial C_t} \frac{\partial C_t}{\partial I_t} \frac{\partial I_t}{\partial net_{I,t}} \frac{\partial net_{I,t}}{\partial \widehat{h}_{t-1}} + \delta_t^T \frac{\partial \widehat{h}_t}{\partial C_t} \frac{\partial C_t}{\partial \tilde{C}_t} \frac{\partial \tilde{C}_t}{\partial net_{\tilde{c},t}} \frac{\partial net_{\tilde{c},t}}{\partial \widehat{h}_{t-1}}$$

$$= \delta_{O,t}^T \frac{\partial net_{O,t}}{\partial \widehat{h}_{t-1}} + \delta_{F,t}^T \frac{\partial net_{F,t}}{\partial \widehat{h}_{t-1}} + \delta_{I,t}^T \frac{\partial net_{I,t}}{\partial \widehat{h}_{t-1}} + \delta_{\tilde{C},t}^T \frac{\partial net_{\tilde{c},t}}{\partial \widehat{h}_{t-1}} \quad (4-38)$$

根据式（4-29）到式（4-32）中 $\delta_{O,t}$，$\delta_{F,t}$，$\delta_{I,t}$ 和 $\delta_{\tilde{C},t}$ 的定义可知误差沿时间向前传播 1 个时刻的误差，表示为：

$$\delta_{O,t}^T = \delta_t^T \circ \tanh(C_t) \circ O_t \circ (1 - O_t) \qquad (4-39)$$

$$\delta_{F,t}^T = \delta_t^T \circ O_t \circ (1 - \tanh(C_t)^2) \circ C_{t-1} \circ F_t \circ (1 - F_t) \qquad (4-40)$$

$$\delta_{I,t}^T = \delta_t^T \circ O_t \circ (1 - \tanh(C_t)^2) \circ \tilde{C}_t \circ I_t \circ (1 - I_t) \qquad (4-41)$$

$$\delta_{\tilde{C},t}^T = \delta_t^T \circ O_t \circ (1 - \tanh(C_t)^2) \circ I_t \circ (1 - \tilde{C}^2) \qquad (4-42)$$

进而写出将误差向前传播 k 时刻的误差，表示为：

$$\delta_k^T = \prod_{j=k}^{t-1} \delta_{O,j}^T W_{O\widehat{h}} + \delta_{F,j}^T W_{F\widehat{h}} + \delta_{I,j}^T W_{I\widehat{h}} + \delta_{\tilde{C},j}^T W_{C\widehat{h}} \qquad (4-43)$$

②将误差项传递到上一层

对于当前第 l 层，$l-1$ 层的误差计算方法是误差函数对 $l-1$ 层加权输入进行求导，表示为：

$$\delta_t^{l-1} \stackrel{\text{def}}{=} \frac{\partial E}{net_t^{l-1}} \qquad (4-44)$$

本层 LSTM 的输入 f_t 由下面的公式计算：

$$f_t^l = a^{t-1}(net_t^{l-1}) \qquad (4-45)$$

上式中，a^{t-1} 表示第 $l-1$ 层的激活函数。

因为 $net_{F,t}^l$，$net_{I,t}^l$，$net_{\tilde{C},t}^l$ 和 $net_{O,t}^l$ 都是 f_t 的函数，f_t 又是 net_t^{l-1} 的函数，因此，要求出 E 对 net_t^{l-1} 的导数，就需要使用全导数公式：

$$\begin{aligned}\frac{\partial E}{\partial net_t^{l-1}} &= \frac{\partial E}{\partial net_{F,t}^l}\frac{\partial net_{F,t}^l}{\partial f_t^d}\frac{\partial f_t^d}{\partial net_t^{l-1}} + \frac{\partial E}{\partial net_{I,t}^l}\frac{\partial net_{I,t}^l}{\partial f_t^d}\frac{\partial f_t^d}{\partial net_t^{l-1}} \\ &+ \frac{\partial E}{\partial net_{\tilde{C},t}^l}\frac{\partial net_{\tilde{C},t}^l}{\partial f_t^d}\frac{\partial f_t^d}{\partial net_t^{l-1}} + \frac{\partial E}{\partial net_{O,t}^l}\frac{\partial net_{O,t}^l}{\partial f_t^d}\frac{\partial f_t^d}{\partial net_t^{l-1}} \\ &= (\delta_{F,t}^T W_{Ff} + \delta_{I,t}^T W_{If} + \delta_{\tilde{C},t}^T W_{Cf} + \delta_{O,t}^T W_{Of}) \circ a'(net_t^{l-1})\end{aligned} \quad (4-46)$$

上式就是将误差传递到上一层的公式。

③权重梯度的计算

对于 $W_{F\hat{h}}$，$W_{I\hat{h}}$，$W_{C\hat{h}}$ 和 $W_{O\hat{h}}$ 的权重梯度，是它们各个时刻梯度之和，应该首先求出它们在 t 时刻的梯度，然后求出它们最终的梯度：

$$\frac{\partial E}{\partial W_{O\hat{h}}} = \sum_{j=1}^{t}\delta_{O,j}\widehat{h_{j-1}^T} \quad (4-47)$$

$$\frac{\partial E}{\partial W_{F\hat{h}}} = \sum_{j=1}^{t}\delta_{F,j}\widehat{h_{j-1}^T} \quad (4-48)$$

$$\frac{\partial E}{\partial W_{I\hat{h}}} = \sum_{j=1}^{t}\delta_{I,j}\widehat{h_{j-1}^T} \quad (4-49)$$

$$\frac{\partial E}{\partial W_{C\hat{h}}} = \sum_{j=1}^{t}\delta_{\tilde{C},j}\widehat{h_{j-1}^T} \quad (4-50)$$

对于偏置项 b_F，b_I，b_C，b_O 的梯度，也是将各个时刻梯度加在一起：

$$\frac{\partial E}{\partial b_O} = \sum_{j=1}^{t}\delta_{O,j} \quad (4-51)$$

$$\frac{\partial E}{\partial b_I} = \sum_{j=1}^{t}\delta_{I,j} \quad (4-52)$$

$$\frac{\partial E}{\partial b_F} = \sum_{j=1}^{t}\delta_{F,j} \quad (4-53)$$

$$\frac{\partial E}{\partial b_C} = \sum_{j=1}^{t}\delta_{\tilde{C},j} \quad (4-54)$$

根据相应的误差项计算 W_{Ff}，W_{If}，W_{Cf} 和 W_{Of} 的权重梯度：

$$\frac{\partial E}{\partial W_{Of}} = \frac{\partial E}{\partial net_{O,t}}\frac{\partial net_{O,t}}{\partial W_{Of}} = \delta_{O,t}f_t^T \quad (4-55)$$

$$\frac{\partial E}{\partial W_{Ff}} = \frac{\partial E}{\partial net_{F,t}} \frac{\partial net_{F,t}}{\partial W_{Ff}} = \delta_{F,t} f_t^T \qquad (4-56)$$

$$\frac{\partial E}{\partial W_{If}} = \frac{\partial E}{\partial net_{I,t}} \frac{\partial net_{I,t}}{\partial W_{If}} = \delta_{I,t} f_t^T \qquad (4-57)$$

$$\frac{\partial E}{\partial W_{Cf}} = \frac{\partial E}{\partial net_{\tilde{C},t}} \frac{\partial net_{\tilde{C},t}}{\partial W_{Cf}} = \delta_{\tilde{C},t} f_t^T \qquad (4-58)$$

步骤3：重复步骤1~2，直至满足给定模型最大迭代次数和最小误差下的收敛条件；

步骤4：输出模型最终的权重、偏差和单日客流量预测结果。

介绍了LSTM模型在客流量预测中的训练过程后，将继续结合四姑娘山景区的相关数据进行分析。

首先，对所有特征和日客流量数据进行归一化，以消除特征之间的差异性，加速权重参数的收敛。

其次，将经过标准化的所有特征数据转换为LSTM网络可以直接使用的数据形式，将四类数据组合成一个矩阵 $D_{J \times T}$，即：

$$D_{J \times T} = \begin{bmatrix} d_1 \\ d_2 \\ d_3 \\ d_4 \\ \vdots \\ d_{J-3} \\ d_{J-2} \\ d_{J-1} \\ d_J \end{bmatrix} = \begin{bmatrix} H \\ KW_1 \\ KW_2 \\ KW_3 \\ \vdots \\ W_1 \\ W_2 \\ W_3 \\ W_4 \end{bmatrix} = \begin{bmatrix} h_1, & h_2, & \cdots, & h_T \\ kw_1^1, & kw_2^1, & \cdots, & kw_T^1 \\ kw_1^2, & kw_2^2, & \cdots, & kw_T^2 \\ kw_1^3, & kw_2^3, & \cdots, & kw_T^2 \\ \vdots & \vdots & \vdots & \vdots \\ w_1^1, & w_2^1, & \cdots, & w_T^1 \\ w_1^2, & w_2^2, & \cdots, & w_T^2 \\ w_1^3, & w_2^3, & \cdots, & w_T^3 \\ w_1^4, & w_2^4, & \cdots, & w_T^4 \end{bmatrix} \qquad (4-59)$$

其中，d_j 表示在 $D_{J \times T}$ 中的第 j 个预测变量，J 表示预测变量的总数，$j = 1, 2, \cdots, J$。

将 ts 设为LSTM网络的时间步长（time step）。根据获得的 $D_{J \times T}$ 矩阵，可以构造出 $T-ts$ 的训练样本，表示为 $TD_1, TD_2, \cdots TD_{T-ts}$，其中 TD_n 表示第 n 个训练样本，$n = 1, 2, \cdots, T-ts$。TD_n 可以进一步以矩阵形式表示，即：

$$TD_n = \begin{bmatrix} h_n, & h_{n+1}, & \cdots, & h_{n+ts-1} \\ kw_n^1, & kw_n^1, & \cdots, & kw_{n+ts-1}^1 \\ kw_n^2, & kw_n^2, & \cdots, & kw_{n+ts-1}^2 \\ kw_n^3, & kw_n^3, & \cdots, & kw_{n+ts-1}^2 \\ \vdots & \vdots & \vdots & \vdots \\ w_n^1, & w_n^1, & \cdots, & w_{n+ts-1}^1 \\ w_n^2, & w_n^2, & \cdots, & w_{n+ts-1}^2 \\ w_n^3, & w_n^3, & \cdots, & w_{n+ts-1}^3 \\ w_n^4, & w_n^4, & \cdots, & w_{n+ts-1}^4 \end{bmatrix} \overset{1,2,\cdots,ts \mid ts+1}{\mid \widehat{h_{n+ts}}}, n = 1,2,\cdots,T-ts \quad (4-60)$$

其中，第 1 列到 ts 列对应的数据是 LSTM 网络的输入，第 $ts+1$ 列对应的数据是 LSTM 网络的输出。以实验数据为例，若样本子集只有 1 个，即 $n=1$，则 TD_n 可表示为：

$$TD_1 = \begin{bmatrix} 0.0207, & 0.0294, & \cdots, & 0.0236 \\ 0.4724, & 0.5601, & \cdots, & 0.0711 \\ 0.5480, & 0.5769, & \cdots, & 0.0763 \\ 0.2147, & 0.2649, & \cdots, & 0.2554 \\ \vdots & \vdots & \vdots & \vdots \mid ? \\ 1, & 0, & \cdots, & 1 \\ 0, & 1, & \cdots, & 0 \\ 0, & 0, & \cdots, & 0 \\ 0, & 0, & \cdots, & 0 \end{bmatrix} \overset{1,2,\cdots,ts \mid ts+1}{} \quad (4-61)$$

其中，从第 1 列到第 ts 列对应的数据是 LSTM 网络的输入，第 $ts+1$ 列对应的值？是 LSTM 网络的输出。最终经过数据的反归一化，就可以得到单日客流量的预测值。

三 单日客流预测结果

LSTM 网络的训练选择 TensorFlow 系统作为后端，它可以保证模型训练和执行方面的高性能，并使用 Keras 库搭建 LSTM 网络结构。模型的网络结构设置为：1 层包含 50 个单元状态的隐藏层，以及 1 层用于将输出结果转换为需要的维度的全连接 Dense 网络；设置线性（Linear）激活函数为 Dense 网络的激活函数，模型的损失函数采用均方误差（MSE），并采用 Adam 算法优化。模型外部的超参数有 4 项，如表 4-5 所示。

表 4-5　　　　　　　　　LSTM 网络模型超参数

参数名	意义	参数值
Dropout	丢弃神经网络层的输入单元比例	0.5
units	输出空间的维数	50
epochs	一次训练的迭代次数	1000
batch_size	一次训练的样本数目	100

超参数包括 LSTM 单元个数（units）、神经网络正则化设置（Dropout）、模型训练的迭代次数（epochs）和训练数据批尺寸（batch_size），其数值均由网格搜索法确定。单元个数 units = 50 代表输入数据经过隐藏层计算后输出维度转换为 50 维；神经网络正则化设置 Dropout = 0.5 代表每次训练丢弃 50% 的 LSTM 层的单元，这将有助于防止过拟合；epochs 设置为 1000 代表将训练数据进行 1000 次迭代计算；batch_size 设置为 100，表示 LSTM 神经网络的每一次训练是从批样本数为 100 的数据集合中取数对权值参数进行一次更新，然后再利用更新后的新权值参数对目标函数进行下一次优化。

模型取数据集的前 1000 组特征数据与对应的单日客流量数据作为训练集（其中第 801 组至 1000 组数据作为验证集），后 200 组数据作为测试集。LSTM 模型与 SVR 和 RFR 模型不同的是，由于 LSTM 具有长时期的"记忆"能力，它可以自己学习历史客流（前一天）随时间推移至日客流量的映射函数，因此，将删去历史客流（前一天）这个特征。

由于神经网络的训练具有一定的随机性，因此将 LSTM 网络在相同超参数的设置下运行 20 次，取全部训练时性能指标的均值作为最终性能评估的依据，如表 4-6 所示。

表 4-6　　　　　　　　LSTM 网络模型预测性能

预测次数	RMSE	MAE	R^2（%）
1	损失函数无改变、不收敛，训练失败		
2	659.094	471.246	92.8
3	671.510	474.490	92.5
4	损失函数无改变、不收敛，训练失败		
5	640.113	461.769	93.2
6	损失函数无改变、不收敛，训练失败		
7	692.293	504.452	92.0
8	725.845	552.462	91.2
9	损失函数无改变、不收敛，训练失败		
10	679.255	497.269	92.3
11	743.430	584.909	90.8
12	658.995	485.899	92.8
13	736.759	560.376	90.9
14	715.953	524.647	91.4
15	751.970	560.204	90.6
16	损失函数无改变、不收敛，训练失败		
17	687.018	484.761	92.1
18	727.186	531.309	91.2
19	715.893	543.058	91.4
20	681.601	488.606	92.2
均值	699.128	515.030	91.8

20 次的 LSTM 网络模型训练结果中，有 5 次损失函数无改变、不收敛，导致网络训练失败，而剩余的 15 次训练中，单日客流量预测评估指标均值为 RMSE：699.128，MAE：515.030，以及 R^2：91.8%。

第七节　单一模型预测性能结果比较

前文详细阐述了单一模型（ARIMA 模型、SVR 模型、随机森林回归模型和 LSTM 网络模型）在单日客流量预测中的性能评比结果，将它们最佳性能模型的预测结果提取出来横向对比，如表 4-7 所示。

表 4-7　　　　　　　　　四种模型性能横向对比

	RMSE	MAE	R^2（%）
ARIMA（2,1,1）	1067.649	658.145	80.7
SVR	1091.360	631.062	79.8
RFR	926.078	542.904	85.4
LSTM	699.128	515.030	91.8

从表 4-7 中可以清晰得知各个模型的三种评估指标的具体数值，其中，LSTM 模型的 RMSE 和 MAE 值最低，分别仅为 699.128 和 515.030，说明它的预测误差在四种模型中是最低的。R^2 可以近似视为预测回归模型中的预测准确度，且 LSTM 模型的 R^2 为 91.8%，在四种模型中处于最高者。为了更清晰地比较四种模型预测性能的差异，画出上表的条形统计图，如图 4-11 所示。

根据图 4-11 中的信息可知，对于相同的数据集，LSTM 网络模型是四种模型中预测单日客流量效果最好的模型，它的评估指标 RMSE、MAE 和 R^2 均为最优，相比在其中预测效果较差的 SVR 模型，RMSE 降低了 36 个百分点，MAE 降低了 18 个百分点，R^2 提高了 12 个百分点。

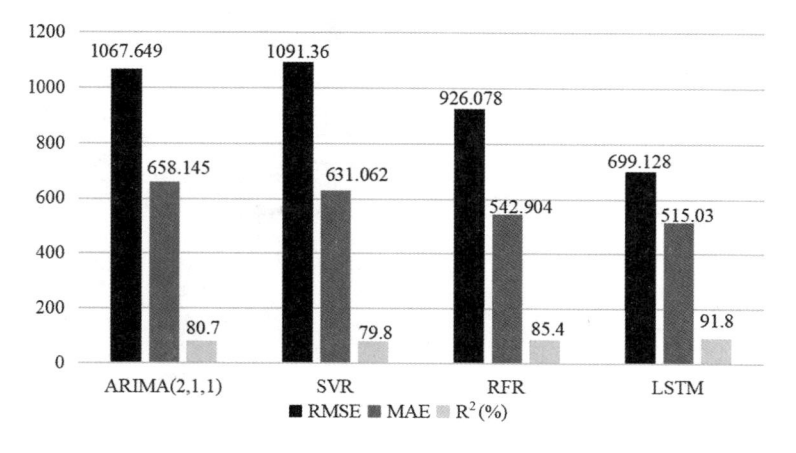

图 4-11　四种模型性能横向对比统计

图 4-12 为四种模型在测试数据集中各自的单日客流量预测结果与实

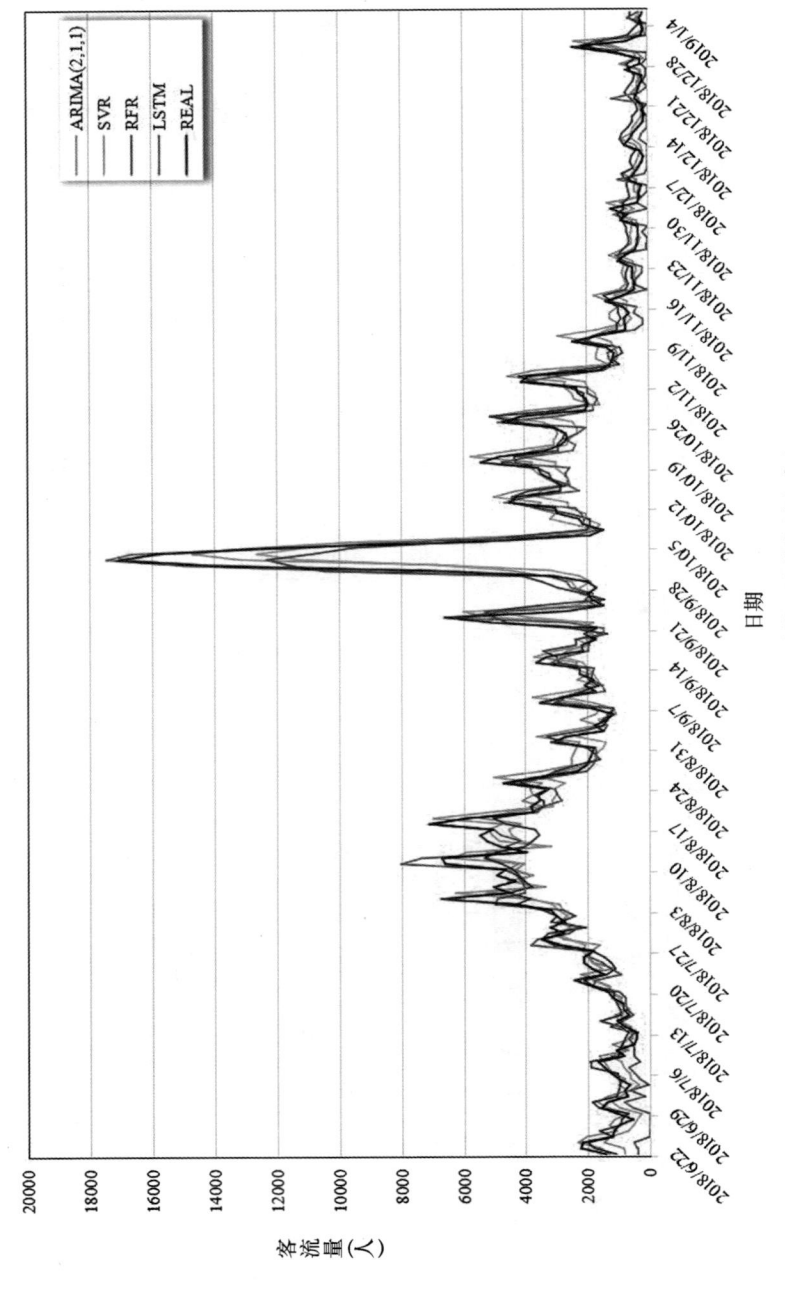

图 4-12 四种模型预测结果对比

际单日客流量的误差对比,可以较为明显地看到,ARIMA(2,1,1)模型、SVR 模型和 RFR 模型虽然在旅游低谷期的预测拟合效果不错,但是预测值相比真实值有 1 到 2 天的向后偏移量,且在旅游旺季的预测残差较大。而 LSTM 模型虽然在旅游淡季的预测拟合效果较差,但是它在整体预测时段内预测值和真实值几乎没有时间上的偏差,且在 8 月初至 10 月底的旅游旺季预测效果不错,尤其是"十一"国庆节及其前后的一周时间内预测拟合优度很高,这为景区预测并管控爆炸性客流提供了更多可能,现实研究意义将更大。

第八节 基于特征选择和 PCA 的组合模型对比结果

虽然 LSTM 网络模型相对于传统时间序列模型和机器学习模型在单日客流量预测的工作中完成得更好,但是,从实验中也发现了它学习速率低、不稳定等问题。而 PCA 可以用来消除特征变量之间的冗余,简化预测模型的结构,提高模型学习速度。因此在下面的实验中,将这些模型组合特征选择和 PCA 方法进行单日客流量的预测。

由于 ARIMA 模型是经典的时间序列模型,因此将其作为组合预测模型的基准模型。另外搭建三种预测模型 PCA – SVR、PCA – RFR 和 PCA – LSTM 模型,模型训练过程与前文所述一致,即网格搜索法和多次预测结果取均值,不作赘述。

表 4 – 8 列出了组合模型单日客流量预测与单一模型日客流量预测的对比结果。

表 4 – 8   组合模型与单一模型预测性能对比

	RMSE	变化	MAE	变化	R^2(%)	变化
ARIMA(2,1,1)	1067.649		658.145		80.7	
SVR	1091.360		631.062		79.8	

续表

	RMSE	变化	MAE	变化	R^2 (%)	变化
PCA – SVR	1141.728	↑	638.496	↑	77.9	↓
RFR	926.078		542.904		85.4	
PCA – RFR	846.693	↓	513.606	↓	87.9	↑
LSTM	699.128		515.030		91.8	
PCA – LSTM	741.473	↑	395.503	↓	90.3	↓

如表4-8所示，相对于单一的SVR模型来说，PCA-SVR组合模型的预测误差虽然有所增大，但是涨幅非常小，且加入特征选择和PCA后，利用网格搜索法寻参的时间长度大幅度缩短，从最开始的近300分钟降至90分钟；相对于单一的RFR模型来说，PCA-RFR组合模型的预测误差降低了，其中RMSE降低了8%，MAE降低了5%，拟合优度R^2提高了2.5个百分点；通过观察PCA-LSTM模型相对于LSTM模型的评估指标，发现虽然RMSE和R^2二者的性能小幅度下降，但是MAE下降了23%，从之前的515.030降低至395.503。本章从预测结果出发探讨这种情况的具体原因，绘制出PCA-LSTM模型和LSTM模型单日客流量预测的结果，如图4-13所示。

如图4-13所示，虽然PCA-LSTM模型在客流量高峰时期的预测效果不如LSTM模型（如2018/9/21—2018/10/12），但是在其他时期，包括客流量中高峰期和低谷期，PCA-LSTM模型的预测效果却优于LSTM模型（如黑虚线框起来的时期）。且在实验中发现PCA-LSTM模型学习能力更强且更加稳定，具体表现在20次的网络训练均十分成功，学习时间也较LSTM模型有了一定的缩短。

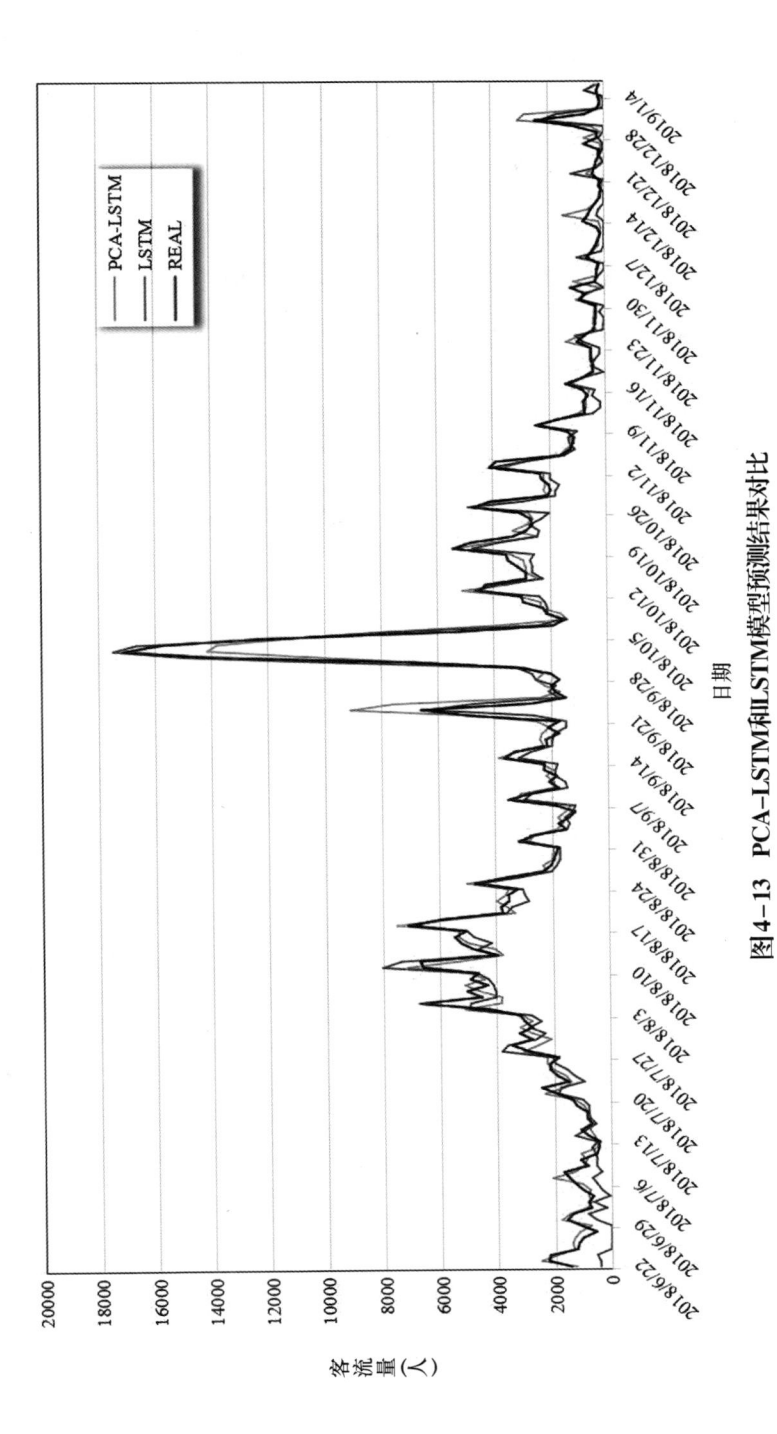

图4-13 PCA-LSTM和LSTM模型预测结果对比

本章小结

本研究以客流和特征分析为数据基础，分别使用计量经济学经典模型 ARIMA，机器学习模型 SVR 和 RFR，以及深度网络学习模型 LSTM，共同对山岳型景区进行单日客流预测，根据各模型之间的性能对比得出最佳单一模型。并将 PCA 过程与 SVR 模型、RFR 模型和 LSTM 模型组合，探索组合模型相对于单一模型在单日客流预测上的性能提升结果显示，PCA – LSTM 模型的性能更加稳定和优越，并且在客流量中高峰期和低谷期的预测能力很好。本章的研究为单日客流预测提供了重要的支撑，有助于风景区更准确地预测山岳型风景区的日客流变化，进一步优化旅游资源配置和管理。

第 五 章

基于多特征组合的山岳型旅游风景区单日客流预测

历史客流量、搜索指数、天气等是可用于客流预测的重要特征。多特征组合可以有效地预测山岳型旅游景区的日客流量。本章根据天气、节假日及周末等影响客流量的因素衍生出更多特征，根据格兰杰因果关系设计了八种特征组合，提出了一个多特征组合的山岳型旅游风景区单日客流预测方法，该模型使用深度学习技术来预测中国四姑娘山旅游风景区的单日客流。研究发现特征组合"温湿指数＋风效指数＋百度指数＋节假日"在 LSTM 模型上运行具有更好的预测精度，且 LSTM 模型具有良好的鲁棒性，可为山岳型风景区客流量的短期预测提供有效支撑。

第一节 问题提出

特征工程一直是预测的关键，因为它着重于从各种潜在的旅游需求预测决定因素或指标中选择最佳的相关特征集[1]。特征选择是从所有数据中消除与要执行任务无关特征的过程[2]。特征选择有助于数据理解，降低

---

[1] Zhang S., Zhang C., Yang Q., "Data Preparation for Data Mining", *Applied Artificial Intelligence*, Vol. 17, No. 5, 2003, pp. 375–381.

[2] Huan Liu, Hiroshi Motoda, *Feature Selection for Knowledge Discovery and Data Mining*, Kluwer Academic Publishers, 1998, p. 97.

计算机存储要求,缩短计算过程时间,减少数据集大小,从而使模型学习变得更加容易。在以前的旅游需求预测研究中,研究人员对风景区的地理因素考虑得并不多,比如,天气、风速、舒适度等,尤其是探索不同多维特征组合方法来建立预测的文献较少,比如将搜索指数、时间因素和地理因素综合考虑对游客到达的影响,这就需要我们在有效特征提取方面做出更大的努力。

人工智能,特别是深度学习技术,提供了打破特征工程障碍并实现准确预测客流的方法[1]。深度神经网络架构扩展了两个以上非线性处理层的人工神经网络模型,并且已被证明对许多应用有效。深度神经网络的成功通常归功于内置的特征工程能力。关于时间序列分析的数据,深度神经网络体系结构在灵活但有区别的非线性关系中具有某些优点。具体而言,循环神经网络(RNN)、长短期记忆(LSTM)和注意机制能够处理和学习长期依赖性的数据。这些特性使深度学习成为旅游需求预测的替代解决方案。

本章提出了山岳型风景区基于长短期记忆网络(LSTM)的单日客流预测方法。我们选择影响山岳型风景区客流量的预测变量,提出了八种特征组合的方式,验证了单特征与游客到达的格兰杰因果关系及多维特征组合与游客到达的协整关系。在此基础上,设计了长短期记忆模型对山岳型风景区客流量进行预测,并分析了模型的鲁棒性。

第二节 基于多特征组合的单日客流预测方法

一 特征选择和处理

特征是多变量时间序列数据集中提取出来的信息。在特征被使用进行预测之前,无法保证原始客流属性或提取出的特征对预测结果有效,因此,需要通过特征工程处理原始数据,生成一些能够描述样本特征的

---

[1] Pouyanfar S., Sadiq S., Yan Y. L., et al. , "A Survey on Deep Learning: Algorithms, Techniques, and Applications", *ACM Computing Surveys*, Vol. 51, No. 5, 2019, pp. 92: 1 – 92: 36.

信息，来替代原始数据作为模型输入①，它有助于减少数据特征维度，降低模型复杂性，并解决信息损坏和噪声问题，有助于自动化和改进预测建模过程②。

（一）特征选择

山岳型旅游风景区特有的复杂地形地貌、巨大空间面积及极度依赖自然条件等特点，旅游客流受到诸多因素的影响。天气、周末和节假日、事件活动是影响短期客流的因素。虽然历史客流、网络订票和网络搜索指数并不直接影响客流，但它们可以为短期游客到达的预测提供线索。本研究以日客流为代表，分析用于预测短期游客到达的变量。

本项研究选择综合舒适度、节假日及周末、网络搜索指数作为特征变量。其中综合舒适度的计算方法参考第三章第二节二的（四），节假日及周末、网络搜索指数参考第四章第一节的一。

（二）特征标准化

不同的特征变量拥有不同的量纲和量级，会直接影响到目标客流的预测结果。通过标准化处理，可以将不同的变量转化为具有相同尺度的值（即将变量的值限制在一定范围内），从而实现多个相同尺度的变量对目标变量的控制③。在神经网络训练过程中，通过数据标准化可以消除变量之间的差异，加快权重参数的收敛速度。

特征变量标准化是指通过按比例缩放变量数据，消除单位限制，将其转化为无量纲的数值，使其位于特定区间内，以便于比较和加权不同单位或量级的指标，同时保持原始数据的意义不变。本研究将所有的变量缩放至 0 与 1 之间，表示为：

$$x' = \frac{x - \min}{\max - \min} \quad (5-1)$$

---

① Xanthopoulos P., Pardalos P. M., Trafalis T. B., *Robust Data Mining*, New York, NY: Springer New York, 2013, p. 41.
② Fan C., Sun Y., Zhao Y., et al., "Deep Learning-Based Feature Engineering Methods for Improved Building Energy Prediction", *Applied Energy*, Vol. 240, 2019, pp. 35–45.
③ Khaire U. M., Dhanalakshmi R., "Stability of Feature Selection Algorithm: A Review", *Journal of King Saud University – Computer and Information Sciences*, Vol. 34, No. 4, 2019, pp. 1060–1073.

其中，min 是特征样本中的最小值，max 是特征样本的最大值，x 为当前变量值，x' 为标准化后的变量值。

二　LSTM 预测

本研究采用 LSTM 预测每日到达山岳型风景区的客流。LSTM 是在传统神经网络的基础上加入了"记忆"的成分[1]。如图 5-1 和图 5-2 所示，与 RNN 模型相比，LSTM 模型的改进是多了三个"门"控制器，包括"输入门"（input gate），确定要保存的新信息特征，"输出门"（output gate），确定输出到下一神经元的信息，"遗忘门"（forget gate），确定要丢弃的信息[2]。三个"门"控制器的结构相同，包含已知客流序列的时序信息，且有助于进行客流预测长期记忆的调节，主要由 sigmoid 函数（图中的"σ"节点）和点积操作（图中的"×"节点）构成。由于 sigmoid 函数的取值范围是 [0, 1]，所以门控制器描述了信息通过的比例，当 sigmoid 取值为 0 时，表示没有信息能够通过，或可以理解为将所有的记忆全部遗忘[3]。反之，取值为 1 时表示所有信息都能通过，完全保留这一分支的记忆。LSTM 模型对每个时间步长进行预测的结果就是游客到达风景区的预测结果。在每个时间步长中，输入训练集的特征组合和训练标签，则每一个 LSTM 层都会得到一个游客到达的预测结果。因此，LSTM 的隐藏神经元中应包含对应时间步长游客到达预测的相关信息。先前时间步长中的游客到达预测信息用于后续时间步长的游客到达预测中。这样设计网络的优点在于，某一天的预测结果不只受这一天的相关数据特征信息的影响，还受到之前预测结果的影响。

---

[1] Wu Y., Yuan M., Dong S., et al., "Remaining Useful Life Estimation of Engineered Systems Using Vanilla LSTM Neural Networks", *Neurocomputing*, Vol. 275, 2018, pp. 167–179.

[2] Gao M., Li J., Hong F., et al., "Day-Ahead Power Forecasting in a Large-Scale Photovoltaic Plant Based on Weather Classification Using LSTM", *Energy*, Vol. 187, 2019, 115838.

[3] Geng Z., Chen G., Han Y., et al., "Semantic Relation Extraction Using Sequential and Tree-Structured LSTM with Attention", *Information Sciences*, Vol. 509, 2020, pp. 183–192.

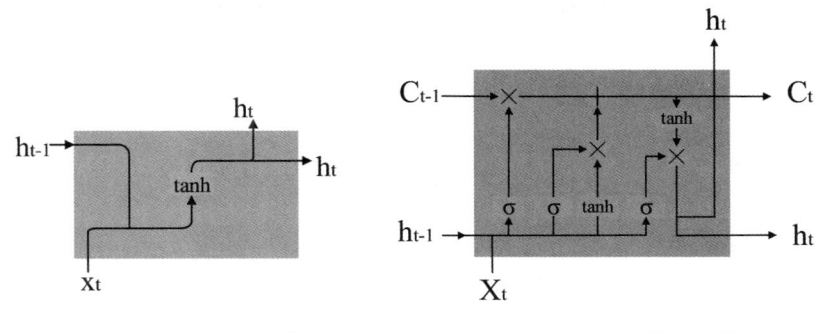

图 5-1　RNN 模型结构　　图 5-2　LSTM 模型结构

对于标准循环网络来说，每个时刻的状态都由当前时刻的输入与原有的记忆结合组成。然而，由于记忆容量有限，为了解决这个问题，LSTM 模型在保留原有的短期记忆单元 h_t 的同时，引入了一个记忆单元 C_t，以维持长期记忆。本研究使用 LSTM 模型有助于提高长期游客到达预测的准确性。

长期记忆单元 C_t 的更新如图 5-3 所示，表示为：

$$C_t = f_t \times C_{t-1} + i_t \times \tilde{C}_t \quad (5-2)$$

$$f_t = \sigma(W_f * [h_{t-1}, x_t] + b_f) \quad (5-3)$$

$$i_t = \sigma(W_i * [h_{t-1}, x_t] + b_i) \quad (5-4)$$

$$\tilde{C}_t = \tanh(W_c * [h_{t-1}, x_t] + b_c) \quad (5-5)$$

其中，f_t、i_t 分别代表遗忘门和输入门，在每一个时刻，遗忘门会控制上一时刻记忆的遗忘程度，丢弃对客流预测没有帮助的信息，输入门会控制新记忆 $\tilde{C}_t$ 的写入长期记忆的程度，重新输入下一时刻客流的特征信息。f_t、i_t 和 $\tilde{C}_t$ 都是与上一时刻的短期记忆 h_{t-1} 和当前时刻输入 x_t 相关的函数。并且 f_t 和 i_t 是 sigmoid 函数，所以取值范围为 [0, 1]，$\tilde{C}_t$ 为 tanh 的函数，取值范围为 [-1, 1]。

短期记忆 h_t 的更新如图 5-4 所示，表示为：

$$h_t = o_t \times \tanh(C_t) \quad (5-6)$$

$$o_t = \sigma(W_o * [h_{t-1}, x_t] + b_o) \tag{5-7}$$

其中，o_t 表示输出门，输出我们确定输出的预测客流信息，它控制着短期记忆如何受长期记忆影响。

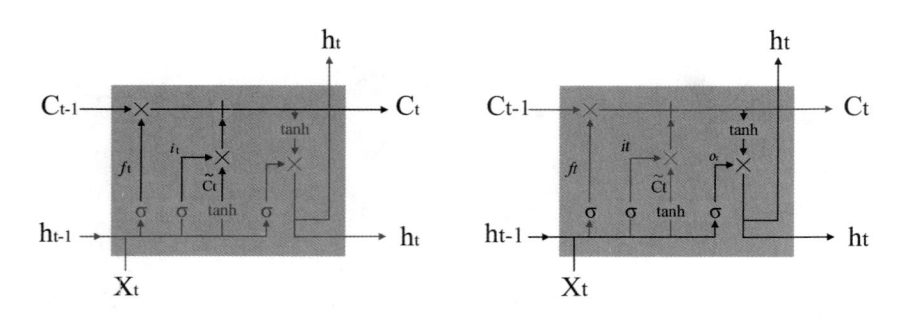

图 5-3　LSTM 长期记忆单元 C_t 的更新

图 5-4　LSTM 短期记忆单元 h_t 的更新

第三节　实验过程与结果

一　数据集

四川省阿坝藏族羌族自治州的四姑娘山为本研究的实例对象。本研究爬取了自 2015 年 9 月 25 日至 2019 年 2 月 25 日共 1250 天中四姑娘山的每日客流数据。客流数据分为训练集、验证集和测试集，前 800 天（2015 年 9 月 25 日至 2017 年 12 月 2 日）为训练集，是用于模型拟合的数据样本，第 801 天至前 1000 天（2017 年 12 月 3 日至 2018 年 6 月 21 日）为验证集，用于确定网络结构及控制模型复杂程度的参数，第 1001 天至最后一天（2018 年 6 月 22 日至 2019 年 2 月 25 日）为测试集，用来评估模型的泛化能力。如图 5-5 所示为每月四姑娘山游客到访趋势。

二　预测过程

（一）训练数据特征集

对训练集、验证集和测试集数据进行预处理。输入特征包括温湿指数 THI、风效指数 WEI、穿衣指数 ICL、舒适度 CID、百度指数 BI 和节假日指数 HI。表 5-1 中描述了每个特征的取值。

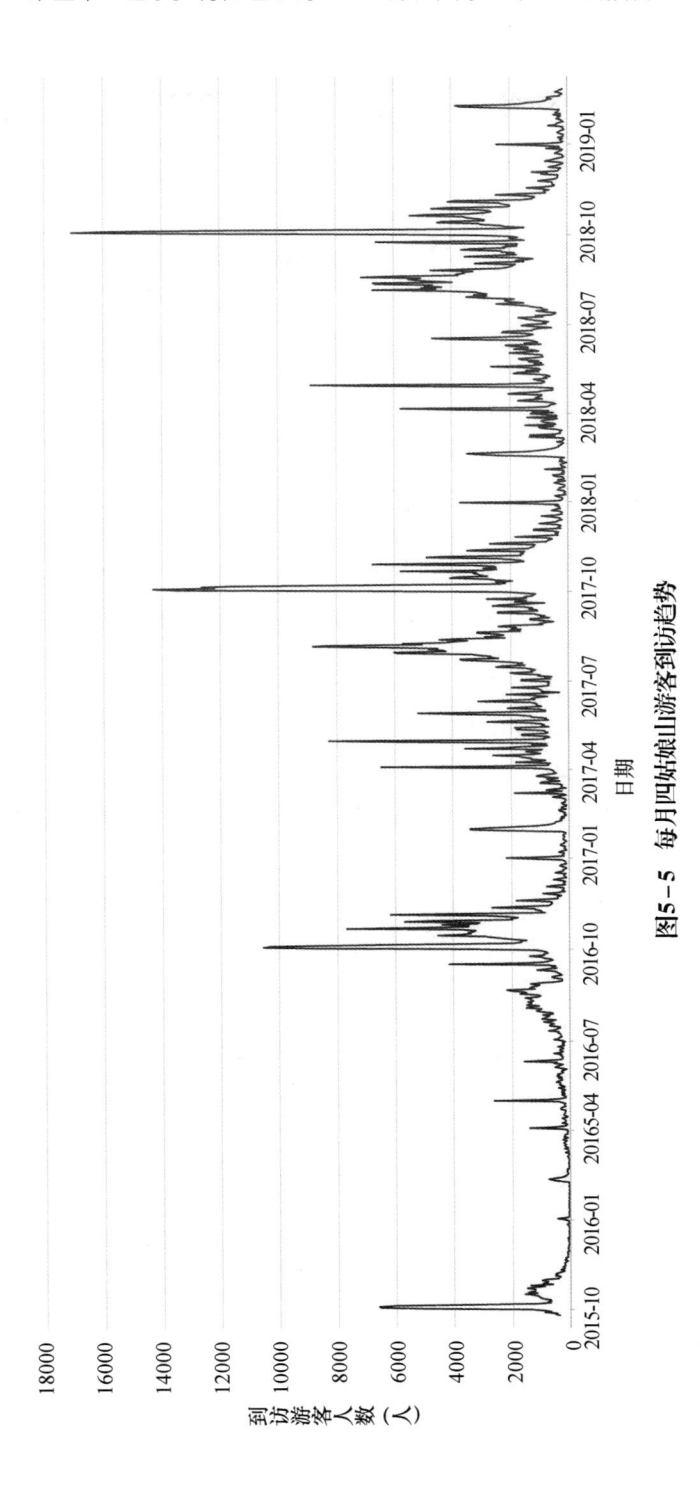

图5-5 每月四姑娘山游客到访趋势

如表 5-1 所示，游客到达量是对游客到达预测结果影响最大的特征，将其视为有监督训练阶段的标签数据，THI、WEI、ICL、CID、BI 和 HI 是用于数据集训练阶段的特征集。

表 5-1　　　　　　　训练数据和标签数据的特征描述

序号	特征	取值	特征描述
1	温湿度指数（THI）	1~9	从 1 逐渐增强至 9
2	风效指数（WEI）	1~9	从 1 逐渐增强至 9
3	衣物指数（ICL）	1~9	从 1 逐渐增强至 9
4	舒适指数（CID）	1~9	从 1 逐渐增强至 9
5	百度指数（BI）	1000~15000	网民对四姑娘山的关注度
6	假期指数（HI）	1，2，3，4	非假日，周末，短假（3 天以上），长假（七天）
7	游客到达量*（TA*）	实时值	在 1250 天期间的实时每日游客到达量

（二）格兰杰因果检验

格兰杰因果检验的目的是验证 THI、WEI、ICL、CID、BI 和 HI 指标是否影响四姑娘山客流，同时是本研究中设计特征组合的重要依据。进行格兰杰因果检验的一个前提是要求游客到达预测的各个特征指标具有时间序列的平稳性，否则可能会出现伪回归问题。为了确保这一点，本研究使用 ADF 检验分别对各特征指标序列的平稳性进行包含截距项和时间趋势项的单位根检验。如表 5-2 所示，通过实验计算可得，THI 的单位根检验的 P 值是 0.0411，WEI、ICL、CID、BI、HI 和 TA 的 P 值均为 0，均小于置信度值 0.05，说明所有的特征指标时间序列都是平稳的，因此可以分别对各特征与客流量进行格兰杰因果检验。

表 5-2　　　　　　　　　　　ADF 检验

	t 统计值	P 值
THI	-3.487260	0.0411
WEI	-6.150158	0.0000
ICL	-6.135036	0.0000
CID	-5.855434	0.0000
BI	-9.569956	0.0000
HI	-8.530613	0.0000
TA	-6.279964	0.0000

如表 5-3 所示，THI 不是 TA 的格兰杰原因的概率为 3×10^{-7}，WEI 不是 TA 的格兰杰原因的概率为 0.0010，ICL 不是 TA 的格兰杰原因的概率为 0.3835，CID 不是 TA 的格兰杰原因的概率是 0.0119，BI 不是 TA 的格兰杰原因的概率为 3×10^{-52}，HI 不是 TA 的格兰杰原因的概率为 1×10^{-9}，结果说明了 THI、WEI、CID、BI 和 HI 是 TA 的格兰杰原因，表明这些特征与实际到访四姑娘山的客流量之间存在格兰杰因果关系，且根据 P 值，与游客到达量的因果关系大小依次由 BI、HI、THI、WEI 和 CID 排列，虽然 ICL 在 0.05 的置信水平下不是 TA 的 Granger 原因，但是传统的线性格兰杰因果关系检验很难探索变量之间潜在的非线性因果关系[1]，通过后续试验我们发现，包含 ICL 的特征组对提高游客到达量的预测准确度有帮助，说明 ICL 很大概率与游客到达量之间有某种非线性因果关系，因此我们仍将它用于对比试验中。

表 5-3　　　　　　特征与游客到达量之间的格兰杰因果检验

零假设	F 统计值	概率[a]
THI does not Granger Cause TA	15.1546	3×10^{-7}
TA does not Granger Cause THI	7.44028	0.0006

---

[1] Li S., Zhang H., Yuan D., "Investor Attention and Crude Oil Prices: Evidence from Nonlinear Granger Causality Tests", *Energy Economics*, 2019, 104494.

续表

零假设	F 统计值	概率[a]
WEI does not Granger Cause TA	6.91178	0.0010
TA does not Granger Cause WEI	5.11011	0.0062
ICL does not Granger Cause TA	0.95927	0.3835
TA does not Granger Cause ICL	1.61959	0.1984
CID does not Granger Cause TA	4.44928	0.0119
TA does not Granger Cause CID	8.19712	0.0003
BI does not Granger Cause TA	130.611	3×10^{-52}
TA does not Granger Cause BI	0.81264	0.4439
HI does not Granger Cause TA	20.7560	1×10^{-9}
TA does not Granger Cause HI	58.9333	4×10^{-25}

注:[a] 表示在 0.05 置信水平下拒绝零假设。

(三) 特征合并

根据上一节格兰杰因果检验的结果,各个特征与游客到达量因果关系大小依次由 BI、HI、THI、WEI 和 CID 排列。因此,组合①中选择与游客到达量格兰杰因果关系最高的 BI 作为单特征输入变量。组合②选择与游客到达量格兰杰因果关系排名为前二的特征。同理,组合③和组合④分别选择排名前三和前四的特征。组合⑤则将所有特征作为输入的特征变量。由于因果关系强弱作为唯一的特征选择判定方式是不确切的,因此为了探究其他方式的特征组合与预测结果的关系,组合⑥选择了天气类特征与 HI 作为特征变量,组合⑦将天气类特征与 HI 组合,组合⑧只选择天气特征。基于上述分析,本研究提出了八种不同的输入特征组合方式,如表 5-4 所示。

表 5-4　　包含不同特征组合的八种类型的训练数据集

类型	特征						
	THI	WEI	CID	ICL	BI	HI	TA*
1					●		●
2					●	●	●

续表

类型	特征						
	THI	WEI	CID	ICL	BI	HI	TA*
3	●				●	●	●
4	●	●			●	●	●
5	●	●	●	●		●	●
6	●	●	●	●		●	●
7	●	●	●	●	●		●
8	●	●	●	●			●

上一小节中单位根检验的结果表明所有的特征指标时间序列都是平稳的。在此基础上，协整检验用于进一步判断一组时间序列的线性组合是否具有稳定的协整关系，协整可以建立起两个或多个特征指标之间的平稳关系，也可以避免回归预测模型的伪回归问题。表5-5展示了八种特征组合与旅游客流之间的协整关系。例如，在组合④中，我们将THI、WEI、BI和HI四个特征视为解释变量，TA特征为被解释变量，将被解释变量TA对其他变量进行回归，Engle-Granger协整检验得到的τ值为-7.551593，概率值为0.0000，因此拒绝原假设，说明TA与第①组特征具有协整关系。同理可知，TA与八组特征进行协整关系检验的概率为0.0000，表明每一种特征组合与游客到达量之间都存在长期的协整关系。这些研究结果表明，采用以上提出的特征组合方法从计量经济学的角度预测四姑娘山的游客到达量是可行的。

表5-5 多种协整测试

特征组合	依赖	τ值	概率[b]
①BI	BI	-8.498238	0.0000
	TA	-7.333596	0.0000

续表

特征组合	依赖	τ值	概率[b]
②BI + HI	BI	-11.60707	0.0000
	HI	-6.045343	0.0000
	TA	-6.946904	0.0000
③THI + BI + HI	THI	-6.355482	0.0000
	BI	-11.55053	0.0000
	HI	-6.643319	0.0000
	TA	-7.539338	0.0000
④THI + WEI + BI + HI	THI	-7.091051	0.0000
	WEI	-9.991710	0.0000
	BI	-11.53906	0.0000
	HI	-6.645106	0.0000
	TA	-7.551593	0.0000
⑤THI + WEI + ICL + CID + BI + HI	THI	-9.581593	0.0000
	WEI	-8.815333	0.0000
	ICL	-8.936158	0.0000
	CID	-11.81807	0.0000
	BI	-11.54179	0.0000
	HI	-6.620006	0.0001
	TA	-7.888875	0.0000
⑥THI + WEI + ICL + CID + HI	THI	-9.682692	0.0000
	WEI	-8.736049	0.0000
	ICL	-8.897498	0.0000
	CID	-11.83794	0.0000
	HI	-6.511998	0.0001
	TA	-7.392465	0.0000
⑦THI + WEI + ICL + CID + BI	THI	-9.450730	0.0000
	WEI	-8.804809	0.0000
	ICL	-8.971509	0.0000
	CID	-11.84710	0.0000
	BI	-8.637086	0.0000
	TA	-8.089444	0.0000

续表

特征组合	依赖	τ 值	概率[b]
⑧THI + WEI + ICL + CID	THI	-9.620345	0.0000
	WEI	-8.722756	0.0000
	ICL	-8.938158	0.0000
	CID	-11.85343	0.0000
	TA	-8.375368	0.0000

注:[b]表示 MacKinnon (1996) p – values。

(四) 预测

山岳型景区短期游客到达量预测属于时间序列预测问题。我们结合多维特征组合和长短期记忆网络进行预测。预测过程包括三个阶段，如图 5-6 所示，我们进行了游客到达量历史数据和相关特征值的采集，并进行数据处理。第一阶段，将时间序列数据转型为适用于监督学习的数据，并将历史客流到达数据集划分为训练集、验证集和测试集用于模型的训练与预测，其中不同的特征组合数据划分为不同的训练集；第二阶段，监督学习模型的训练，确定长短期记忆网络层数、损失函数，优化

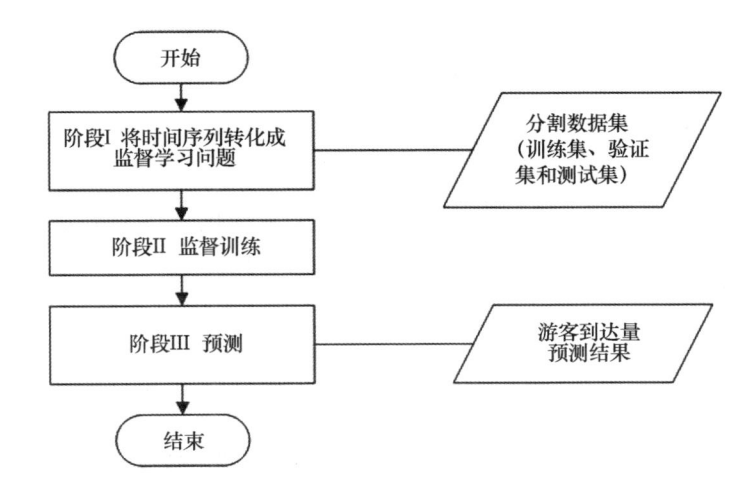

图 5-6 山岳型风景区短期游客到达量的预测过程

器,以及训练迭代次数和批处理数据等参数;最后阶段,预测山岳型景区的短期游客到达量并评估预测性能。

试验使用了 TensorFlow 系统作为后端,保证了模型训练和执行方面的高性能[①],并调用了 keras,numpy,pandas 和 sklearn 包。神经网络的设计用到 keras 中的 Sequential 模型,在这之中可调整 LSTM 的参数,选择 mae 损失函数和 adam 优化算法,减少训练过程中的内存消耗和计算量,提高训练优化速度。model.fit( ) 函数用于训练模型,model.predict( ) 函数用于最终预测。

(五) 模型评价指标

为了验证预测的准确性,采用三个评价指标来判断预测性能:R 方检验 (R – Square)、均方根误差 (Root Mean Squared Error) 和绝对平均误差 (Mean Absolute Error)。

$$R^2 = \frac{\sum_i (\widehat{y_i} - \bar{y})^2}{\sum_i (\widehat{y_i} - y_i)^2} \qquad (5-8)$$

$$RMSE = \sqrt{\frac{1}{m} \sum_{i=1}^{m} (y_i - \widehat{y_i})^2} \qquad (5-9)$$

$$MAE = \frac{1}{m} \sum_{i=1}^{m} |(y_i - \widehat{y_i})| \qquad (5-10)$$

其中,y_i 是数据集中真实的每日旅游客流量,$\widehat{y_i}$ 是根据 y_i 提出的模型预测的四姑娘山每日旅游客流量,$\bar{y}$ 是预测的平均每日旅游客流量,m 是训练数据集的数量。

三 实验结果

本节首先验证各个时间序列特征集的平稳性,进而验证各个特征与预测标签值的格兰杰因果关系,及验证各个特征组合方式与预测标签值

[①] Abadi, M., Barham, P., Chen, J., et al. "TensorFlow: A System for Large Scale Machine Learning", *12th USENIX Symposium on Operating Systems Design and Implemention*, 2016, pp. 265 – 283.

的协整关系。其次,将 LSTM 深度学习模型与另外三种预测模型进行对比,评估每种模型的预测准确率和性能。最后,分析所有预测模型的鲁棒性。

(一) 基准模型

我们对比了四种预测模型,LSTM 模型是本研究使用的深度学习模型,SVR、RF 和 LR 分别为支持向量机回归模型、随机森林回归模型和多元线性回归模型的简称,均为机器学习模型。

1. SVR(支持向量机回归)

SVR 是支持向量机(SVM)的回归情况[1]。游客到达量预测属于时间序列和回归分析问题,因此可以使用支持向量机模型。在回归情况下,为了引入不敏感的损失函数,可以定义当预测值与真实值之间的差小于或等于给定值 ε 时,损失为零,即使预测结果与实际值并不完全相等。本研究使用线性支持向量回归(SVR)进行客流量预测,并通过引入核函数将其推广到高维空间中。考虑到四姑娘山的客流数据集是有限维的,即特征数量是有限的,那么可以假设存在一个高维特征空间,使得训练样本在这个空间中是可分的。因此,可以将训练样本映射到这个高维特征空间中,并在这个空间中求解优化问题以构建决策超平面,从而建立预测模型。

2. RF(随机森林回归)

RF 以决策树为基础学习器,通过将若干个模型所得到的结果进行综合得到一个预测模型[2],客流预测结果由所有模型的预测结果平均而得,如图 5-7 所示。

---

[1] Fan G. F., Peng L. L., Hong W. C., et al., "Electric Load Forecasting by the SVR Model with Differential Empirical Mode Decomposition and Autoregression", *Neurocomputing*, Vol. 173, 2016, pp. 958–970.

[2] Speiser J. L., Miller M. E., Tooze J., et al., "A Comparison of Random Forest Variable Selection Methods for Classification Prediction Modeling", *Expert Systems with Applications*, Vol. 134, 2019, pp. 93–101.

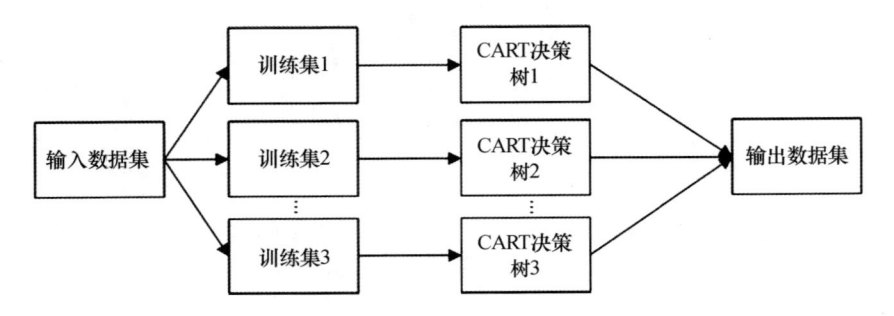

图 5-7　随机森林算法的训练过程

3. LR（多元线性回归）

LR 的基本形式是给定由 d 个特征描述的示例 $x = (x_1, x_2, \cdots, x_d)$，其中 x_d 是 x 在第 d 个特征上的取值，线性模型试图学得一个通过特征的线性组合来进行客流预测的函数，即：

$$f(x) = w_1 x_1 + w_2 x_2 + \cdots + w_d x_d + b \qquad (5-11)$$

一般用向量形式写成：

$$f(x) = w^T x + b \qquad (5-12)$$

其中 $w = (w_1, w_2, \cdots, w_d)$。$w$ 和 b 学得之后，预测模型就得以确定。

（二）多特征组合的预测结果比较

本研究通过 R^2、RMSE 和 MAE 指数来评估不同特征组合在机器学习和深度学习算法模型下的预测结果。在实际预测中，训练集和测试集的数量总是有限的，因此无法使用真实值，而只能用可信度最高的值来代替。RMSE 对数据集中的特大或特小误差非常敏感，因此可以很好地反映测量的精确程度。较低的 RMSE 值表示较高的精确度。另外，MAE 是预测值与真实值之间绝对偏差的平均值，它避免了误差相互抵消的问题，能够准确反映实际预测误差的大小。与 RMSE 类似，较小的 MAE 值表示较小的误差，表明预测模型效果较好。

训练数据集被指定为表 5-6 中详细列出的八种类型。表中粗体值是每种特征组合方案四种模型对比后的最佳结果。后三种机器学习模型的输入参数都是通过反复试验确定的，以最小化样本预测误差。

表 5 – 6　　　　　　　　八种特征组合的性能比较

特征组合	模型	R² （%）	RMSE （%）	MAE （%）
①BI	LSTM	**83.010**	**5.588**	**3.196**
	SVR	80.141	6.035	3.257
	RF	71.416	9.900	6.797
	LR	81.319	5.872	3.292
②BI + HI	LSTM	**91.527**	**3.946**	**2.252**
	SVR	80.786	5.890	3.167
	RF	76.870	9.025	5.992
	LR	81.925	5.653	3.114
③THI + BI + HI	LSTM	**90.201**	**4.244**	**2.491**
	SVR	80.684	5.918	3.202
	RF	78.958	9.193	5.999
	LR	82.139	5.838	3.441
④THI + WEI + BI + HI	LSTM	**91.592**	**3.931**	**2.329**
	SVR	80.712	5.926	3.213
	RF	75.821	8.895	6.165
	LR	81.787	6.024	3.717
⑤THI + WEI + ICL + CID + BI + HI	LSTM	**89.671**	**4.357**	**2.629**
	SVR	80.395	5.942	3.239
	RF	75.840	9.037	6.199
	LR	81.729	6.071	3.716
⑥THI + WEI + ICL + CID + HI	LSTM	**84.541**	**5.331**	**2.763**
	SVR	79.133	6.280	3.333
	RF	75.885	12.565	8.249
	LR	79.918	6.507	3.856
⑦THI + WEI + ICL + CID + BI	LSTM	**83.446**	**5.516**	**3.306**
	SVR	79.540	6.076	3.329
	RF	74.134	10.826	7.183
	LR	81.089	6.079	3.640

续表

特征组合	模型	R^2 (%)	RMSE (%)	MAE (%)
⑧THI + WEI + ICL + CID	LSTM	**80.062**	**6.054**	**3.375**
	SVR	78.686	6.352	3.381
	RF	59.565	17.354	11.653
	LR	78.971	6.547	3.747

如表5-6所示，LSTM模型在不同的特征组合方式下的三种评估指数都是相对较优的，拟合优度均在80%以上，其中以第④组得到的预测结果的R^2检验最高，为91.592%，第②组次之，为91.527%，在同样的LSTM模型下，可以明显看出，使用"THI + WEI + BI + HI"的特征组合方法预测的拟合优度和效率是最优的，R^2检验值为91.592%，RMSE和MAE检验值分别为3.931%，2.329%。图5-8的结果可以明显看出，与另外三种模型相比，随机森林回归模型预测的拟合优度相对较低，且RMSE和MAE值都很高，从算法角度分析，主要原因是随机森林对于输入特征数M特别多的情况预测结果才会更好[①]，四姑娘山客流数据集中只有六个特征点，根据SVR与LR模型理论，它们并没有要求特征点越多越好，因此使用随机森林回归模型预测的拟合优度没有使用其他两种机器学习模型做出的预测拟合优度高。

结果表明，在LSTM模型下第④组训练集数据预测的拟合优度最高，且RMSE和MAE值都是很低的，说明LSTM对于本研究数据集做时间序列预测分析的效果最好。

图5-9展示了第④组最佳特征组合数据集在四种模型下的游客到达量预测结果，红色曲线为游客到达量的真实值（即2018-10对应游客到达量最多的曲线），其余线条对应各自的模型标签颜色，在预测程序中，我们将前一天的游客到达数据作为特征实现滚动预测，因此除去原始测试集的第一天和最后一天的游客到达量，最终测试集共248条数据。

---

① Speiser J. L., Miller M. E., Tooze J., et al., "A Comparison of Random Forest Variable Selection Methods for Classification Prediction Modeling", *Expert Systems with Applications*, Vol. 134, 2019, pp. 93-101.

(a) R方测试结果

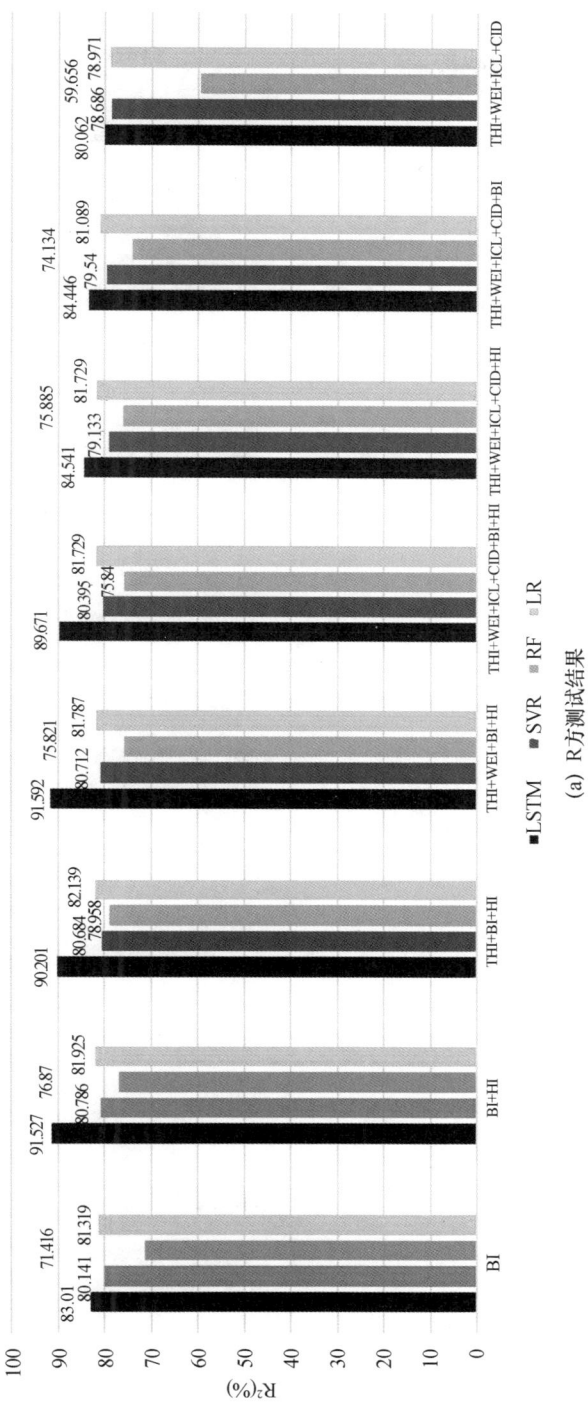

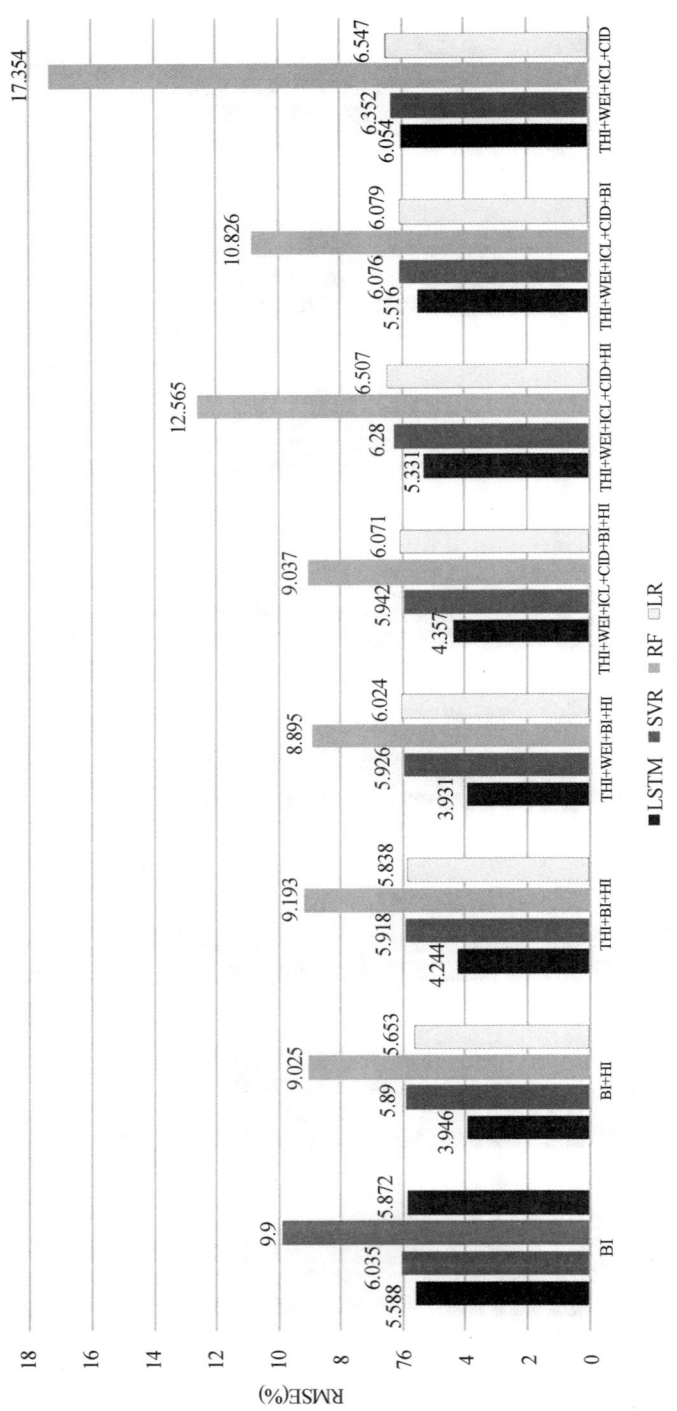

(b) RMSE测试结果

(c) MAE测试结果

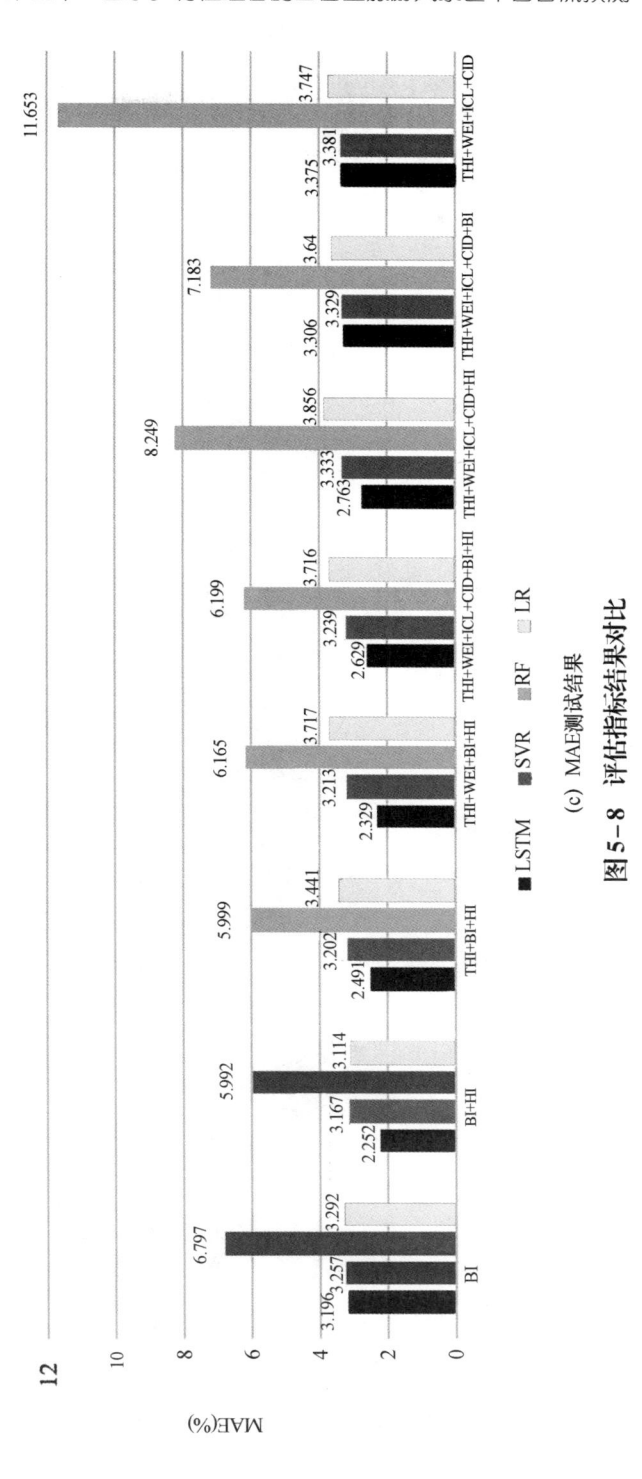

图 5-8 评估指标结果对比

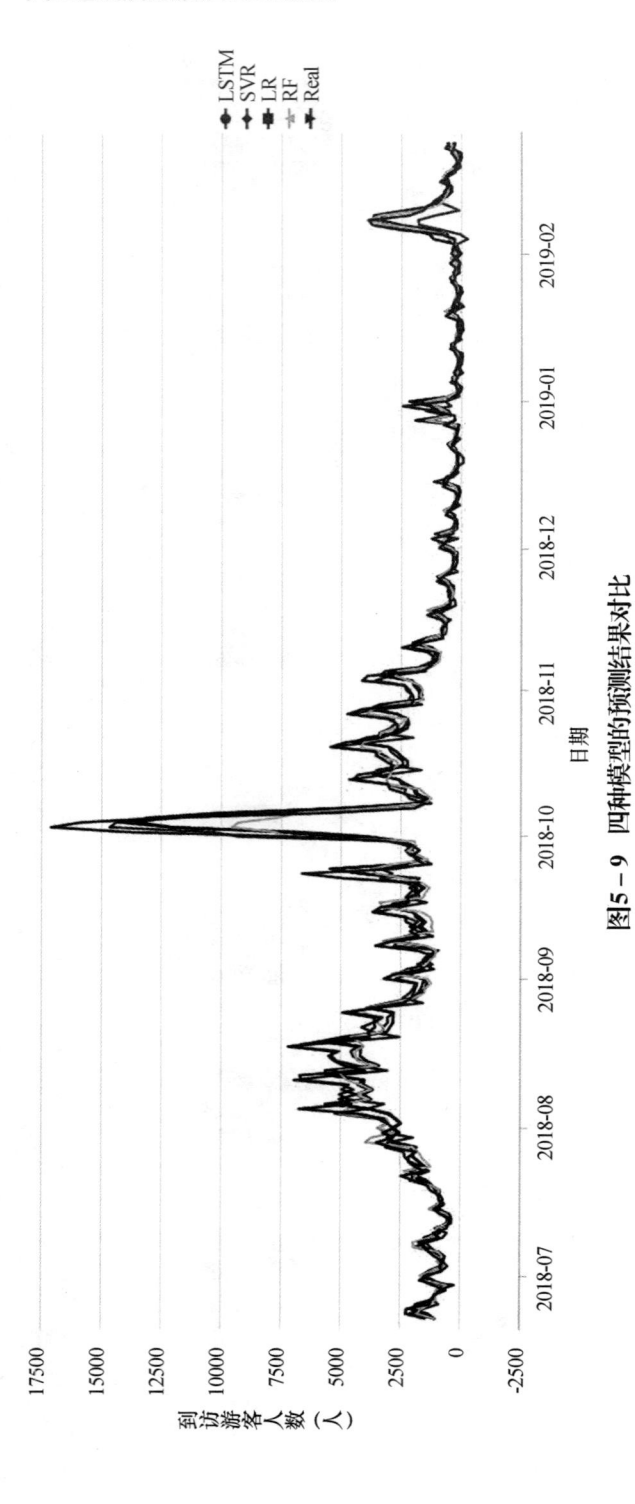

图5-9 四种模型的预测结果对比

通过观察红色真实游客到达曲线，我们发现由于双休日，客流每五天左右有一个小幅度的增长，从大约第 23 个测试数据点起，客流开始稳步提升，在第 45 个测试点时达到一个小高峰，客流接近 7000 人/天，主要原因是此时正值周末和暑假，有许多家长带着孩子或学生们组队登山游玩。"十一"黄金周的客流达到最高峰 17000 人/天，"十一"的前一周是中秋节，也迎来了一个客流小高峰。"十一"之后，客流量立刻回落，但仍保持在 2000—6000 人/天的水平。之后进入了冬季，天气渐冷，登山者越来越少，每天的客流仅有几百人。然而到了元旦，客流又迎来了一个小高潮，最后一个客流的高峰期是春节的七天小长假，春节是中国人最重要的节日，更是万家团圆的日子，增长的客流说明除了走亲访友，有更多的人选择和家人一起去旅游，感受四姑娘雪山的壮美。

通过不同模型下的游客到达预测曲线图，我们可以直观地感受到不同模型预测结果的差别，图 5-10 中表现出 LSTM 模型预测结果的优越性，尤其体现在游客到达较高时段的预测，九月和十月包含中国节日中的中秋节和国庆节，是游客到达最高峰的两个月，因此我们以这两个月为例绘制预测图 5-10。

如图 5-10 所示，LSTM 模型的预测值与真实值最为接近，8 个峰值点中，分析 LSTM、SVR、LR 和 RF 预测值与真实值的残差，九月一日真实值为 3164，预测残差分别为 480、1652、1623 和 1805，九月八日真实值为 3518，预测残差分别为 768、1942、1867 和 2100，九月十五日真实值为 3637，预测残差分别为 150、1720、1663 和 2041，九月二十三日真实值为 6585，预测残差分别为 3752、2463、2372 和 3100，十月三日真实值为 17071，预测残差分别为 2442、5006、5078 和 7544，十月十三日真实值为 4459，预测残差分别为 181、1892、1860 和 1378，十月二十日真实值为 5419，预测残差分别为 67、2417、2442 和 1261，可以看出，在 8 个峰值点的预测中，LSTM 在 7 个点的预测值是最优的。

绘制九月和十月的预测残差图 5-11，可以更直观地掌握每个预测样本的误差分布，如图 5-11，LSTM 模型相较于其他三种模型，期望误差是随机分布的，同时残差也随机分布于中心线附近且摆动幅度较小。

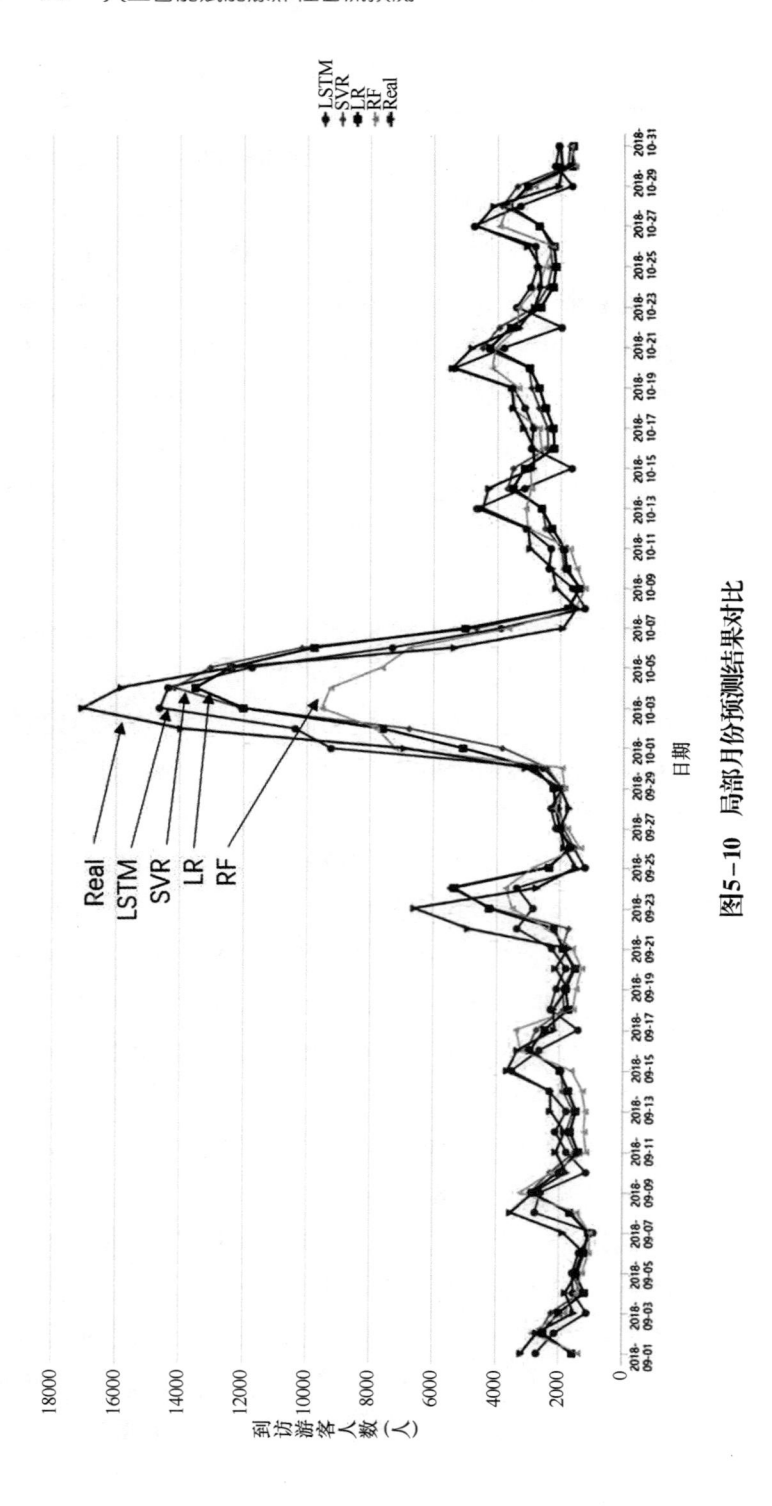

图5-10 局部月份预测结果对比

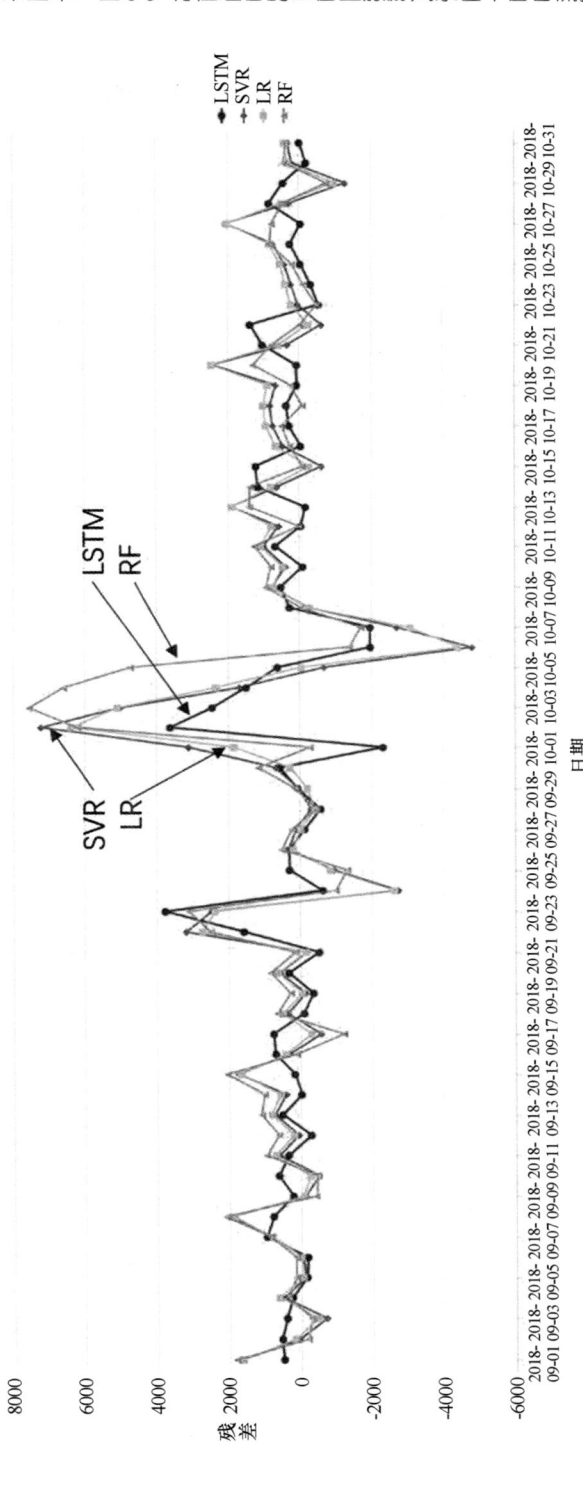

第五章 基于多特征组合的山岳型旅游风景区单日客流预测　135

图5-11　局部月份预测残差结果对比

综上所述，LSTM 模型对于山岳型风景区短期客流预测在拟合优度、预测误差和峰值点的残差分析中是最优的。

（三）鲁棒性分析

前面我们证明了 LSTM 模型对于山岳型风景区短期客流预测具有更高的精度和更小的误差，我们还需评估八种特征数据集在 LSTM 模型中运行的鲁棒性，由于 LSTM 网络内部初始权重参数设置具有随机性，因此我们将不同特征组合的数据集在超参数设定相同的 LSTM 模型中分别运行 20 次，并根据 R^2、RMSE 和 MAE 的标准偏差分析鲁棒性（见表 5-7）。

表 5-7 鲁棒性分析

特征组合	R^2 标准偏差	RMSE 标准偏差	MAE 标准偏差
①BI	0.003097	0.000524	0.000141
②BI + HI	0.003089	0.000696	0.00038
③THI + BI + HI	0.003906	0.000851	0.000487
④THI + WEI + BI + HI	0.004329	0.000974	0.000577
⑤THI + WEI + ICL + CID + BI + HI	0.004869	0.001111	0.000823
⑥THI + WEI + ICL + CID + HI	0.003792	0.000653	0.000353
⑦THI + WEI + ICL + CID + BI	0.004877	0.00083	0.000461
⑧THI + WEI + ICL + CID	0.005653	0.000842	0.000598

数据显示，所有评估指标的标准差值都较小且差距不大，说明 LSTM 模型运行不同特征组合数据集的预测结果都是较稳定的，模型具有一定的鲁棒性。其中，通过"BI + HI"特征集预测值的 R^2 的标准差最小，通过"BI"单一特征集预测值的 RMSE 和 MAE 的标准差最小。

四 结果讨论

（1）根据格兰杰因果检验结果，对比所有特征与游客到达之间的关系，百度指数与游客到达的格兰杰因果关系最强，其次是节假日指数、温湿指数、风效指数和舒适度，穿衣指数与游客到达之间没有明显的格兰杰因果关系。

（2）根据协整检验的实验结果，表明本研究提出的八种特征组合从计量经济学的角度预测到访四姑娘山的客流是可行的。

（3）本研究对比了深度学习的长短期记忆模型和三种机器学习模型，根据最终的游客到达预测结果的效率和准确性表明，长短期记忆网络是相对最优的，说明在预测四姑娘山的游客到达方面，LSTM 深度学习模型比机器学习模型更加合适。

（4）根据格兰杰因果关系检验结果，百度指数和节假日指数与游客到达标签的格兰杰因果关系最强，即这两种特征对游客到达的影响最为显著，使用预测模型进行测试，并观察预测模型的相关评估指标后，更加印证了这一点，八种特征组合不论使用何种预测模型，当任意组合中缺少百度指数或节假日指数这两个特征后，模型的预测准确性将显著降低。因此，在天气因素难以收集的情况下，建议风景区管理者通过百度指数和节假日指数进行短期游客到达预测，同样能得到较为准确的预测结果。

（5）根据在 LSTM 模型下分别使用八种不同特征组合得到的预测结果，游客到达预测值相较于真实值会有不同程度的滞后，分析原因，可能是本研究中的百度指数特征点的滞后期选择不是很精准导致的，我们选择了当天的百度指数对应当天的客流，这会产生一些问题，比如，很多游客在某一天上网搜索了四姑娘山的相关信息，但是并不在当天游玩，而是提前做好旅游攻略，这就会对预测结果造成滞后影响。

本章小结

本研究使用了基于特征组合与 LSTM 的方法来预测山岳型旅游风景区的客流量，并将其预测性能与其他传统的机器学习方法进行比较，验证了单特征与景区客流的格兰杰因果关系及多特征组合与的协整关系。结果表明，长短期记忆网络可以显著提高预测性能。该方法可以解决在不同因素影响下的山岳型景区客流量预测方面的困难，为景区的日常管理提供科学有效的参考支持。

第 六 章

基于降维搜索指数的山岳型
旅游风景区爆炸性客流预测

搜索指数关键词所代表的数据具有一定的共线性,使用大量搜索指数数据进行模型运算可能会导致过拟合的问题,而使用单一数据项又可能不足以完全体现搜索指数的各项特征趋势。本章提出了一种基于降维搜索指数的山岳型旅游风景区爆炸性客流预测方法。该方法融入了网络特征大数据,对山岳型旅游风景区的搜索指数进行降维处理,构建短期爆炸性客流预测的组合模型,分析降维前后的预测效果变化可为山岳型旅游风景区爆炸性客流管理实践提供重要决策依据。

第一节 问题提出

现有研究主要依靠历史客流数据来预测未来的旅游客流,无法有效处理突发事件。此外,很少有研究关注短期的客流预测,大部分研究偏向于预测长期的客流。然而,互联网的普及使得旅游行业的信息汇总和交易主要通过网络进行,因此留下了大量的电子痕迹,其中包括海量的旅游数据,如旅行前的规划、信息搜索和预订数据,旅行后的体验分享和推荐数据,以及照片上传和其他社交媒体互动活动数据。这些庞大、非结构化和复杂的电子痕迹构成了旅游大数据。然而,这些数据并非都是有用的,过多的数据维度反而会降低预测精度和效果,因此有必要对数据进行降维,以期准确预测客流。

为了探索可行的预测模型，本章使用了 GBR、RF 和 LSTM 三类单一非线性预测模型展开探索性预测，根据基于 GBR、RF 和 LSTM 三类单一非线性预测模型的拟合优度及方差设置权重，将 GBR、RF 和 LSTM 两两组合，研究 GBR 与 LSTM、RF 与 LSTM 两种组合对山岳型旅游风景区的常规客流预测效果以及对爆炸性客流的预测效果。在此基础上，对山岳型旅游风景区的搜索指数进行降维处理，针对搜索指数融合问题，用主成分分析和广义动态因子分析两种方式实现，然后分析降维前后的预测效果变化，取得了良好结果。通过专注于研究考虑网络关联特征的短期爆炸性客流预测模型，我们为山岳型旅游景区的爆炸性客流管理提供了重要的决策依据。通过综合利用历史数据和网络特征大数据，我们准确地预测和应对短期内的客流变化。这些研究为山岳型旅游风景区提高景区服务质量、优化游客体验、保障游客安全和实现可持续发展提供数据支撑。

第二节　模型准备

一　RF、GBR、LSTM 模型预测

本研究选择随机森林模型（Random Forest，RF）作为旅游客流预测模型之一，是因为 RF 模型可以通过对决策树节点的选择以划分特征，在更高的维度上仍可以避免性能的损失。旅游客流量预测所设置的特征维度很高，使用 RF 模型能很好地去做模型回归。然而，RF 模型也有自身的缺点，噪声会导致 RF 模型出现过拟合现象，无效的特征会影响到 RF 模型，降低该模型的预测效果。因而在设置和处理特征变量时，都会尽量简化数据分层，同时对数据进行降噪处理。选择长短期记忆网络模型（Long Short – Term Memory，LSTM）作为本章的客流预测模型，主要是因为该模型具有时序处理能力，可以随着时间推移进行顺序处理。历史客流是客流预测的核心特征，而 LSTM 利用过去输入的一系列数据进行预测，能够很好地利用历史客流这一特征。虽然 LSTM 计算耗时，但是在本

章中的序列需求量级并不高,且数据较少,可以使用。然而 LSTM 的预测结果并不稳定,因此需要进行多次预测试验以提高预测精度。梯度提升回归(Gradient Boosting Regression,GBR)模型集成了多个模型,该模型在集成的过程中会不断调优,因此预测结果误差相对较小,很适合用于预测非线性数据。

三类模型训练学习过程使用 Python 构建代码完成,同时 702 个数据样本中前 468 个为训练集,后 234 个数据为测试集。具体来说,该训练集预测项的数据为 2016—2017 年某景区旺季客流量及相关变量,而测试集则是该景区 2018 年旺季客流量及相关变量。进行模型训练学习前,为了模型数据稳定,将各类数据归一化到 [0.15,0.85] 的区间内,并在模型预测后进行还原。

RF 模型中各个参数大多按照回归问题中需要的推荐设置,但由于本章的数据量不是很大,因而将决策树最大棵数取值为 1500,分支特征变量个数设置为 8,子树数量设置为 5000,深度设为最大,并执行交叉验证方法。在 GBR 模型中,弱学习器设置为 200 的最大迭代次数,权重设置为 0.1,从而得到一个既不过拟合又不欠拟合的效果,另外算法中的损失函数设置为适合回归模型的"ls"。GBR 模型的最大深度和最大特征数均设置为默认值 None,使得在做划分时考虑所有特征数并不会限制子树深度。其他设置大多执行默认设置。LSTM 模型中将时间步长设置为 1,代数设置为 100,冗长设置为 2,其他保持默认值。由于 LSTM 和 GBR 模型在预测客流量时候具有一定的波动性,因而本章通过训练集进行训练后用测试集数据进行多次预测获得预测结果,排除掉异常值,取最优值作为预测结果,从而得到三类单一模型的预测值。

本研究通过两阶段四个评估指标对三个单一模型的预测结果展开分析。四大评估指标包括均方误差(Mean-Square Error,MSE)、平均绝对误差(Mean-Absolute Error,MAE)、方差得分(Explained_Variance_score,EV)和拟合优度(R_Square_score,R^2)。其中 MAE 和 MSE 用来描述预测误差,结果越小,模型拟合得越好;方差得分 EV 和拟合优度

R^2 从不同角度解释方差得分，范围在 [0, 1]，其值越大，预测结果越接近真实值。

本研究先对所有的旺季客流预测结果进行分析后，截取预测结果中高于真实日平均客流值的数据展开进一步分析，这样处理能够更好地表现三个单一模型对爆炸性客流数据的预测情况，预测结果如下。

图 6-1 为 RF 模型的预测结果图，从图中明显发现，日平均客流线以上的大部分的高峰期客流趋势都被很好地预测出来，其中多个周末客流及节假日客流预测非常准确，比如，五一假期和端午假期。而十一假期的预测结果并不是非常准确，可能是由于十一假期客流量在三年内的增速过快，模型未能很好地模拟其变化规律。其次有两个区域预测拟合度较差，一个是暑假期间，另一个是十一后的半个月时间。

图 6-2 为 GBR 模型的预测结果图，GBR 模型的拟合情况较 RF 模型要好一点，日平均客流线以上的大部分的高峰期客流趋势也都被很好地预测出来，周末的波动趋势和客流量预测相当准确，清明等小长假的预测都相对准确，但十一假期的预测结果并不是非常理想，暑假期间的预测还是比较差，十一前的小波动也未能准确预估。

图 6-3 为 LSTM 模型的预测结果图，LSTM 的峰值整体预测效果要相对优于其他两个模型。在多个节假日峰值的预测上准确度高于其他单一模型，比如，十一节假日。但是 LSTM 在周末峰值波动的预测结果相对较差，并且有一点点偏移的情况出现，在暑假和十一后的时间区间预测结果则是三个模型中最差的，即该模型在大部分极高峰值的预测效果较好，但在小范围波动的峰值处预测较差。

表 6-1 列出了三个单一模型的不同阶段的四大分析评估指标，对模型的优劣情况进行说明。第一阶段是对所有旺季数据的数据分析，LSTM 模型的四个评估指标均好于其他两个单一模型，而 GBR 模型要相对优于 RF 模型，二者差距不大。在第二阶段集中分析超过日平均客流值的数据区间，LSTM 模型仍然要优于其他两个模型，而 RF 模型的大部分数据分析结果要好过 GBR 模型。

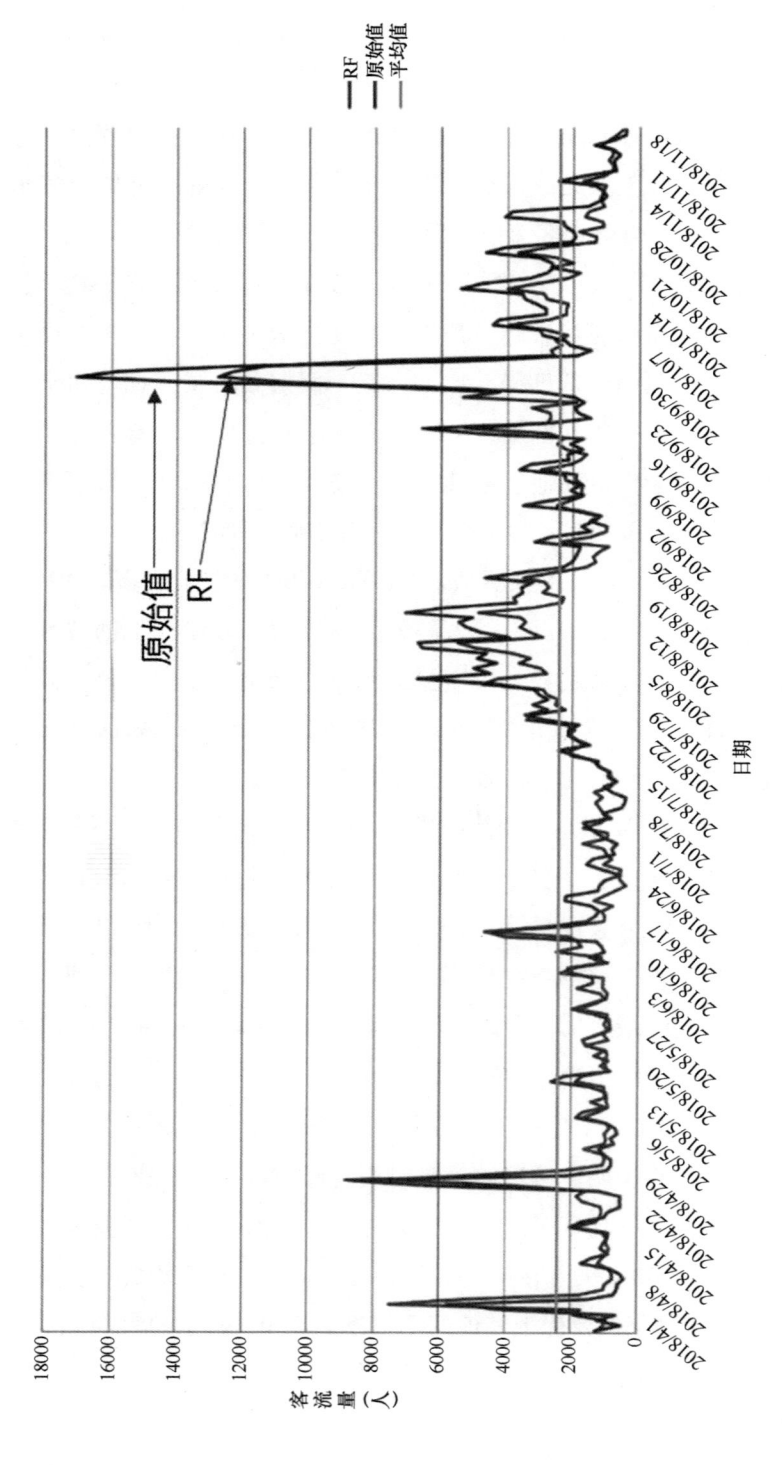

图6-1　RF模型预测结果

图6-2 GBR模型预测结果

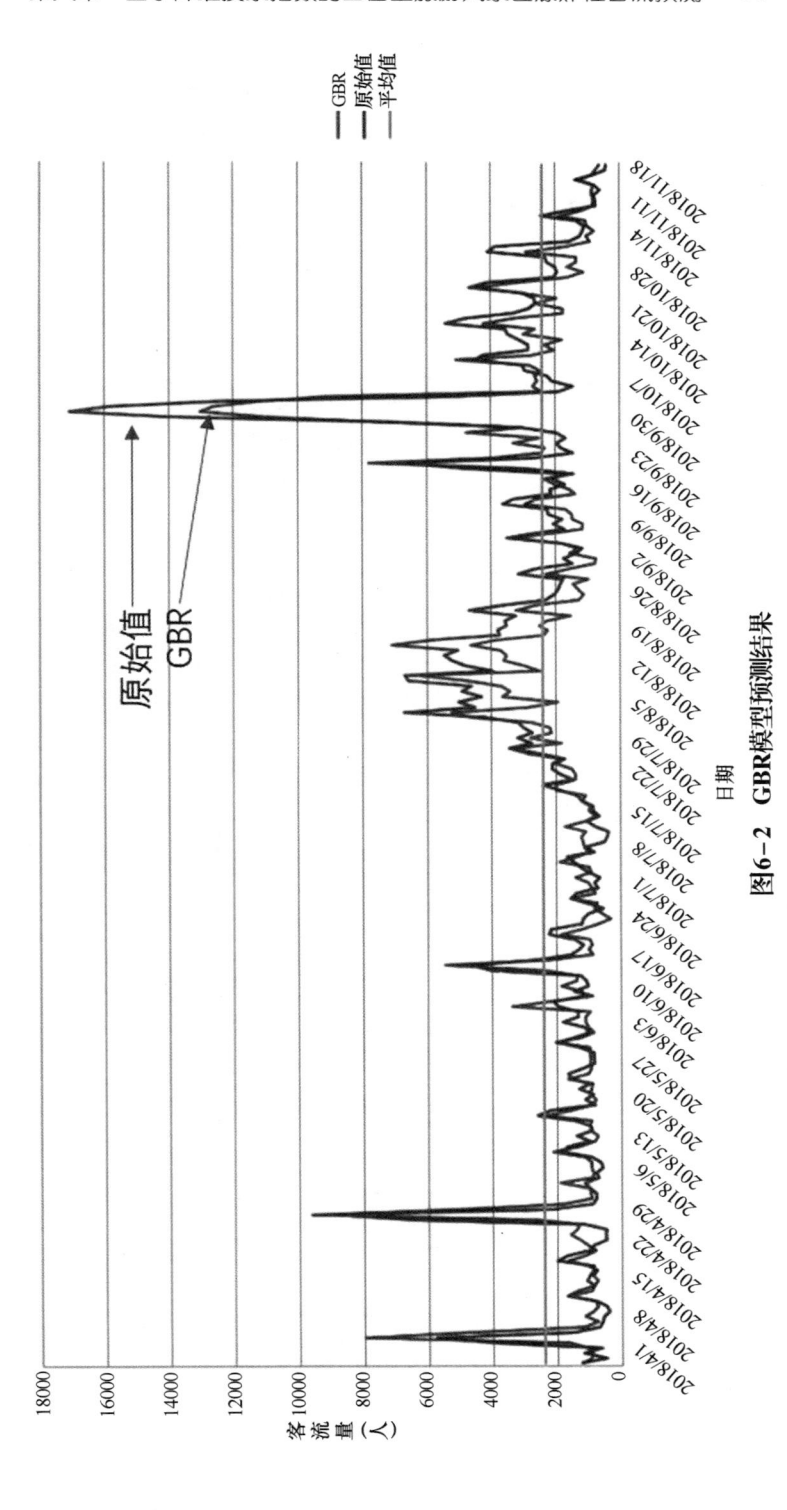

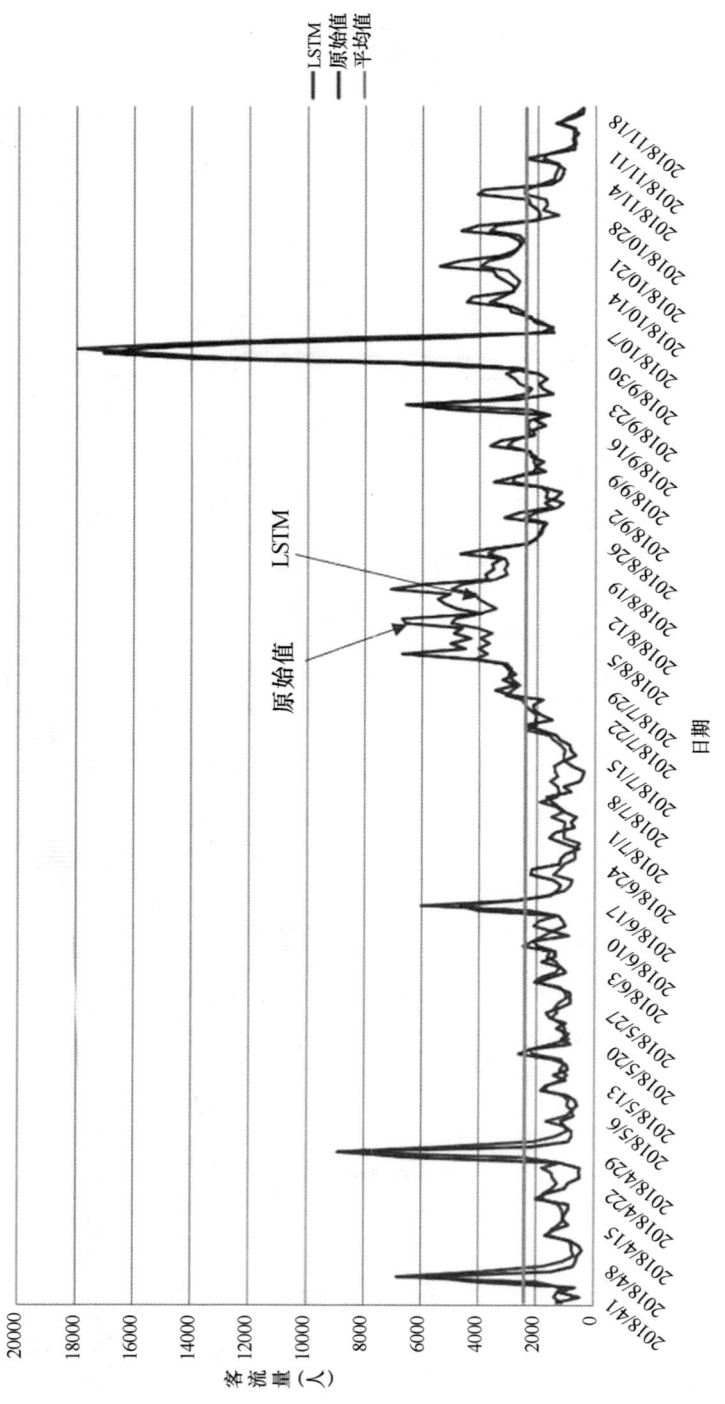

图6-3　LSTM模型预测结果

表 6-1　　　　　　　　RF、GBR、LSTM 预测结果分析

旺季数据预测结果	MAE	MSE	EV	R^2
RF 模型	697.360772	104307.1	0.813647	0.797879
GBR 模型	688.794486	101566.9	0.818252	0.803189
LSTM 模型	542.510	689575.242	0.867135	0.866378
爆炸性客流预测结果	MAE	MSE	EV	R^2
RF 模型	1232.127295	2229448	0.841970	0.706519
GBR 模型	1215.402109	2272586	0.809070	0.700840
LSTM 模型	895.353	1492304.961	0.848955	0.743555

二　不同组合模型预测

（一）组合模型设计

本研究比较发现 RF、GBR 以及 LSTM 在进行旺季客流预测及爆炸性客流预测的时候都有自己的优缺点。从整体拟合度来看，LSTM 模型的拟合效果要高于 RF 模型和 GBR 模型预测的效果，但 RF 和 GBR 模型在某些峰值上的预测效果要好于 LSTM 模型。而通常来讲，组合模型可以取长补短，使得各个模型互补，其预测结果相对较好且稳定，因而本研究通过将上文的单一模型进行权重组合的方式来提高预测的准确度。

各种权重组合方式应依据数据集内数据的具体特性进行选择。针对旅游景区在旺季短暂的高客流量呈现的唯一非线性特征，我们将 GBR、RF、LSTM 三种单一非线性预测模型通过权重进行配对结合，以此来优化旅游景区旺季日客流量的预测效果。其中权重组合方式包括线性组合模型（LCM）以及加权几何平均模型（GEOM - WTD）两种，线性组合模型（LCM）是最简单的一种组合方式，其通过权值大小将多个模型的预测结果进行线性加权处理，使得权值更大的模型拥有更好的表现能力，而权值较小的模型的预测结果将会被弱化处理，这种组合方式较为温和，可以在原有较好效果模型的基础上进行某些数值的修正。加权几何平均模型（GEOM - WTD）同样通过权值大小处理预测结果，然而其

变化方式为指数变化,相对于线性组合模型(LCM)则会出现较大的变化趋势,可能会导致整体拟合效果下降但多个峰值描述提升的情况。线性组合模型(LCM)和加权几何平均模型(GEOM – WTD)。具体的公式见下文:

线性组合模型(LCM):

$$Y_t = w_1 y_{t(1)} + w_2 y_{t(2)} \quad (6-1)$$

加权几何平均模型(GEOM – WTD):

$$Y_t = [y_{t(1)}]^{w_1} + [y_{t(2)}]^{w_2} \quad (6-2)$$

两种组合模型中的权重 w_1 和 w_2 为权重值,相加结果为1。y_1 和 y_2 分别为两种不同模型经过训练后预测的客流值。

在确定了组合方式后,要进行模型组合还需要确定不同模型的权重大小。预测模型的优劣可以通过拟合优度和方差的高低来判断,这两个参数的作用是衡量预测客流量与实际客流量的接近程度。拟合优度(Goodness of Fit,GF)权重的计算方式如下,R_1 和 R_2 为拟合优度 R^2,上文曾经用过。

$$w_1 = \frac{R_1^2}{R_1^2 + R_2^2}, w_2 = 1 - w_1 \quad (6-3)$$

均方误差(Mean – Square Error,MSE)是反映预测值与真实值之间差距的一种度量,其值越小说明拟合效果越好,即预测客流的误差越小。使用均方误差作为权重可以从误差的角度对模型预测数据进行组合。具体的公式见下文:

$$w_1 = \frac{MSE_2}{MSE_1 + MSE_2}, w_2 = 1 - w_1 \quad (6-4)$$

使用两种权重可以从不同的角度较好地描述 LSTM、GBR 等模型的拟合情况,进而可以进行模型组合。权重组合模型的权重依据可选择基于拟合优度高低和方差权重两种。不同的权重确定方法直接影响最终的预测结果。

(二)组合模型预测

本研究预测得出 RF – GBR、RF – LSTM 以及 GBR – LSTM 三种组合模

型中不同情况下的拟合优度权重和均方差权重。

计算所得拟合优度权重及均方差权重见表 6-2，RF 模型和 GBR 模型组合的权重较为接近，其他两种组合模型的方差权重差距较大。而 LSTM 模型所占的权重较大，而权值的大小代表其拟合优度大小和均方差大小，所以反映出 LSTM 模型的预测结果稳定，预测误差较小且误差波动较小。将所得到的两种权重数据使用后，本章获得六类拟合优度权重组合模型及六类均方差权重模型。

表 6-2　组合模型中单一模型的拟合优度权重及均方差权重

权重	RF-GBR		RF-LSTM		GBR-LSTM	
	w_1（RF）	w_2（GBR）	w_1（RF）	w_2（LSTM）	w_1（GBR）	w_2（LSTM）
GFW	0.46594	0.53505	0.32778	0.67221	0.35851	0.64148
MSEW	0.49334	0.50665	0.39563	0.60436	0.40201	0.59798

表 6-3 将六类拟合优度权重模型在旺季时间区间内的预测结果进行了比较，表 6-4 则是对将六类拟合优度权重模型在超过日流量平均线部分的预测结果数据进行了分析和比较。我们将采用四种评估指标进行评估，其中包括均方误差 MSE、平均绝对误差 MAE、方差得分（Explained_Variance_Score，EV）和判定系数（R^2_score，R^2）。从表中数据可以看出，旺季时间区间内，针对 MAE，LCM 组合下的 GBR-LSTM 模型效果最佳，为 543.749，而 GEOM-WTD 组合下的 GBR-LSTM 模型及 LCM 组合下的 RF-LSTM 模型与其相差不到 10 个单位。针对 MSE，LCM 组合下的 GBR-LSTM 模型同样达到了最佳效果，为 543.749。EV 和 R^2 也出现相同的情况，说明从旺季时间区间看，LCM 组合下的 GBR-LSTM 模型预测效果最好。而在截取日客流平均值以上数据后进行分析，发现排序发生了较大变化，LCM 组合下 RF-LSTM 模型在各个方面都要优于 GBR-LSTM 模型，但相差并非很多，说明针对爆炸性客流情况，LCM 组合下 RF-LSTM 模型所预测的效果最好。选择构成组合模型的单一模型对预测结果的影响相当显著。RF-GBR

模型在两种组合模式下的效果都相对偏差，而 RF – LSTM 和 GBR – LSTM 模型的组合预测效果基本不相上下，都要比 RF – GBR 模型组合的效果要好。而在针对高峰值的预测效果上，RF – LSTM 模型组合的效果要好过 GBR – LSTM 模型组合。

表 6 – 3　　拟合优度权重模型旺季数据预测结果分析

模型	组合方式	MAE	MSE	EV	R^2
RF – GBR	LCM	676.047	985235	0.82447	0.80908
	GEOM – WTD	676.275	985792	0.824387	0.80897
RF – LSTM	LCM	550.587	690746	0.86955	0.86615
	GEOM – WTD	558.114	705806	0.86746	0.86323
GBR – LSTM	LCM	543.749	685743	0.87075	0.86712
	GEOM – WTD	548.034	694948	0.86955	0.865336

表 6 – 4　　拟合优度权重模型爆炸性客流数据预测结果分析

模型	组合方式	MAE	MSE	EV	R^2
RF – GBR	LCM	1184.371	2153660	0.837030	0.716495
	GEOM – WTD	1184.700	2152035	0.837987	0.716709
RF – LSTM	LCM	938.392	1474493	0.875526	0.805900
	GEOM – WTD	954.791	1502411	0.877510	0.802225
GBR – LSTM	LCM	941.673	1504811	0.866745	0.801909
	GEOM – WTD	950.434	1526647	0.866463	0.799035

图 6 – 4 将拟合优度权重模型中表现较好的 RF – LSTM 模型及 GBR – LSTM 模型预测趋势图展示出来，总体来看包括"十一"黄金周在内的节假日和大部分周末的预测效果已经非常优秀了，而暑假期间的预测情况依旧不尽如人意。此外四类数据间相差不大，在某些点上的数据预测有一定差异，导致四大评估指标值有些许不同，预测精度也出现区别。

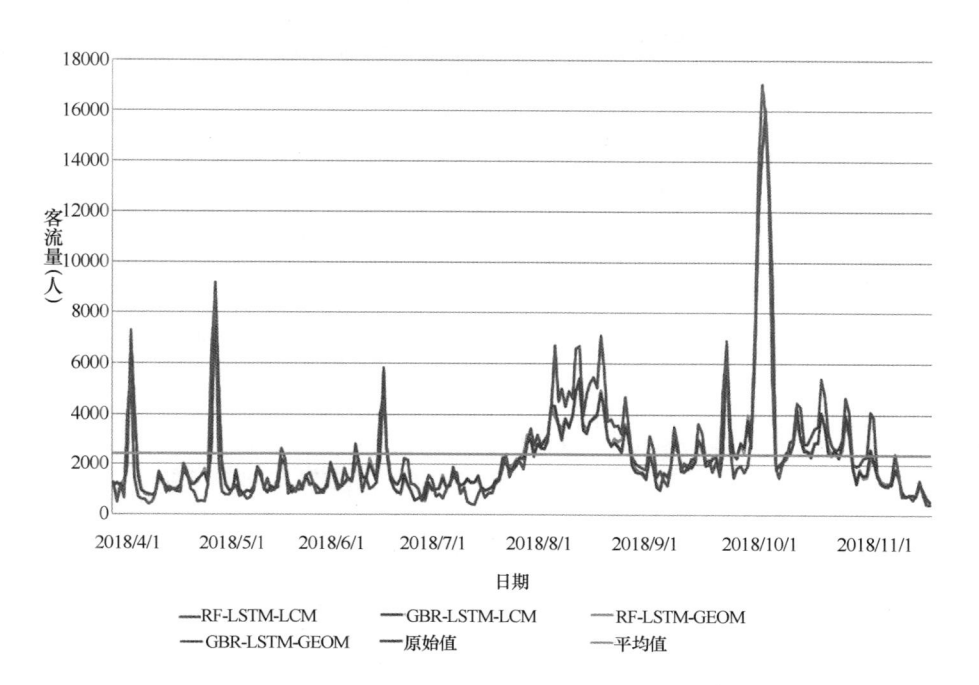

图 6-4 拟合优度权重模型预测

表 6-5 将六类均方差权重模型在旺季时间区间内的预测结果进行了比较，表 6-6 则是将六类均方差权重模型在超过日流量平均线部分的预测结果数据进行了分析和比较，从表中数据可以看出，旺季时间区间内，三类模型中 LCM 组合下的 GBR – LSTM 模型效果依旧是拟合效果最好的模型。说明从旺季时间区间看，LCM 组合下的 GBR – LSTM 模型预测效果最好。而在截取日客流平均值以上数据后进行分析，LCM 组合下 RF – LSTM 模型也成为拟合效果最好的模型，在各个方面都要优于 GBR – LSTM 模型，但相差并非很多，说明针对爆炸性客流情况，LCM 组合下 RF – LSTM 模型所预测的效果最好。

表 6-5　　均方差权重模型旺季数据预测预测结果

模型	组合方式	MAE	MSE	EV	R^2
RF – GBR	LCM	677.616	990533	0.82427	0.80805
	GEOM – WTD	678.344	991188	0.82416	0.80793
RF – LSTM	LCM	552.562	695787	0.86931	0.86517
	GEOM – WTD	562.220	712377	0.86709	0.86195
GBR – LSTM	LCM	548.864	695102	0.86990	0.86530
	GEOM – WTD	555.672	705812	0.86840	0.86323

表 6-6　　均方差权重模型爆炸性客流数据预测结果分析

模型	组合方式	MAE	MSE	EV	R^2
RF – GBR	LCM	1189.830	2172707	0.837689	0.713988
	GEOM – WTD	1191.707	2171483	0.838617	0.714149
RF – LSTM	LCM	947.767	1501389	0.875926	0.802359
	GEOM – WTD	969.059	1535051	0.877649	0.797928
GBR – LSTM	LCM	955.263	1539361	0.866664	0.797361
	GEOM – WTD	970.309	1565256	0.866128	0.793952

图 6-5 将均方差权重模型表现较好的 RF – LSTM 模型及 GBR – LSTM 模型预测趋势图展示出来，总体拟合效果依旧很优秀，暑假期间预测结果还是很糟糕，四类模型预测趋势在大体上相对一致，某些细节上有些许变化。总的来讲，LCM 模型组合方式的预测效果要相对优于 GEOM – WTD 模型组合方式，而 RF – LSTM 模型和 GBR – LSTM 模型各有各自的优劣势，在对整个旺季时间区域进行预测时，GBR – LSTM 模型能够得到最好的预测效果，而在预测爆炸性客流，即高峰值客流时候，RF – LSTM 模型的预测效果相对较优。可以推测在当前状况条件下，LCM 模型组合方式下的 RF – LSTM 模型适用于预测山岳型景区爆炸性客流。

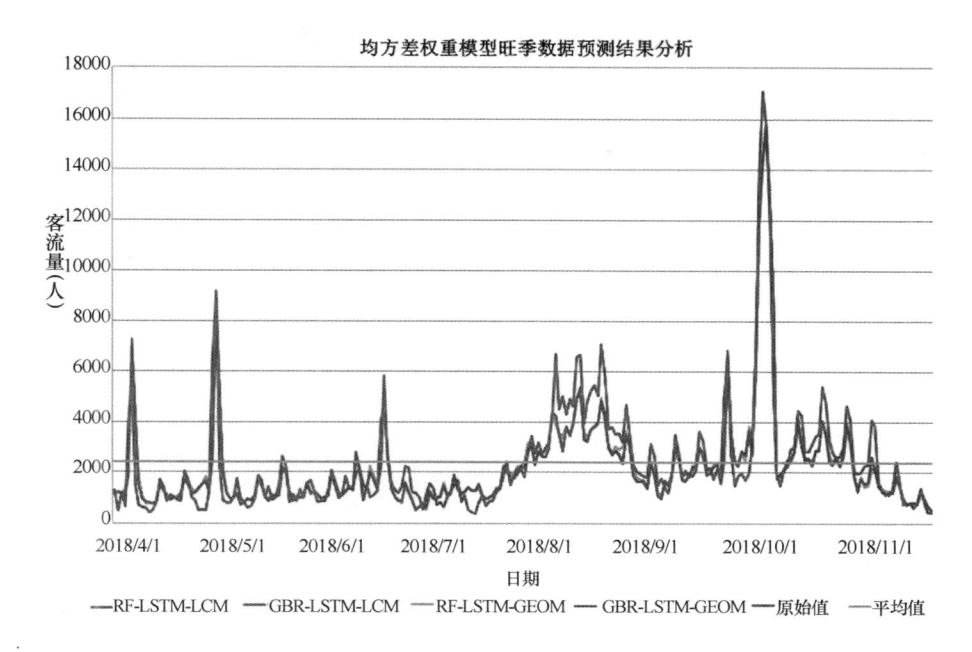

图 6-5 均方差权重模型预测

三 结果讨论

本小节对单一模型和组合模型的预测结果进行分析和讨论。数据及趋势图见表6-7、表6-8及图6-6，单一模型中效果最好的为 LSTM 模型，效果最差的为 RF 模型。将组合模型和单一模型进行对比，除了 MAE 评估指标 LSTM 模型略好一点外，其他评估指标组合模型要优于单一模型，相比采用均方差权重进行组合的模型，使用拟合优度权重组合的模型在预测效果上表现得更出色。在旺季数据模型预测过程中，单一模型 LSTM 模型的数据值 542.51，仅仅比拟合优度权重下的 GBR-LSTM-LCM 模型低了 1 个单位，在其余各值上，拟合优度权重下的组合模型 GBR-LSTM-LCM 模型均要好过单一模型 LSTM。而在取日平均客流以上值的时间区间内数据，研究爆炸性客流预测结果时候，单一模型 LSTM 的 MAE 数据要明显优于组合模型，证明其在爆炸客流的预测结果更为稳定。而 EV 值和 R^2 值上，拟合优度权重下的组合模型 GBR – LSTM – LCM 模型要优于单一模型 LSTM 很多，这一点证明其在爆炸客流的预测上更为准确。EV 值最好的模型是均方差下的组合模型 GBR – LSTM – LCM 模型，但与拟合优度权重下的组合模型 GBR – LSTM – LCM 模型数值相差极小，可以认为在 EV 值上预测效果基本相同。

表 6 – 7　　　单一模型和组合模型旺季数据预测预测结果

模型	权重方式	MAE	MSE	EV	R^2
RF		697.360	104307	0.813647	0.797879
GBR		688.794	101566	0.818252	0.803189
LSTM		542.510	689575	0.867135	0.866378
RF – LSTM – LCM	拟合优度	550.587	690746	0.86955	0.86615
GBR – LSTM – LCM	拟合优度	543.749	685743	0.87075	0.86712
RF – LSTM – LCM	均方差	552.562	695787	0.86931	0.86517
GBR – LSTM – LCM	均方差	548.864	695102	0.86990	0.86530

表 6 – 8　　　单一模型和组合模型爆炸性客流数据预测结果分析

模型	权重方式	MAE	MSE	EV	R^2
RF		1232.127	2229448	0.841970	0.706519
GBR		1215.402	2272586	0.809070	0.700840
LSTM		895.353	1492304	0.848955	0.743555
RF – LSTM – LCM	拟合优度	938.392	1474493	0.875526	0.805900
GBR – LSTM – LCM	拟合优度	941.673	1504811	0.866745	0.801909
RF – LSTM – LCM	均方差	947.767	1501389	0.875926	0.802359
GBR – LSTM – LCM	均方差	955.263	1539361	0.866664	0.797361

观察图 6 – 6 发现，单一模型 LSTM 和拟合优度权重下的组合模型 GBR – LSTM – LCM 模型的走势基本相同，在某些细节值点上如 "十一" 黄金周及某些周末峰值上，拟合优度权重下的组合模型 GBR – LSTM – LCM 模型的预测结果更为接近真实值，而暑假期间和 10 月后半段的预测效果都较差。在比较四个组合模型时候，使用拟合优度权重后模型各方

面预测效果一般要优于同等情况下均方差权重的预测效果,某些情况下也可以与之效果基本持平。因此,通过模型组合确实能提升预测的精确度和稳定性。如果选择拟合优度权重来组合单一模型进行预测,可以获得更优秀的预测结果。

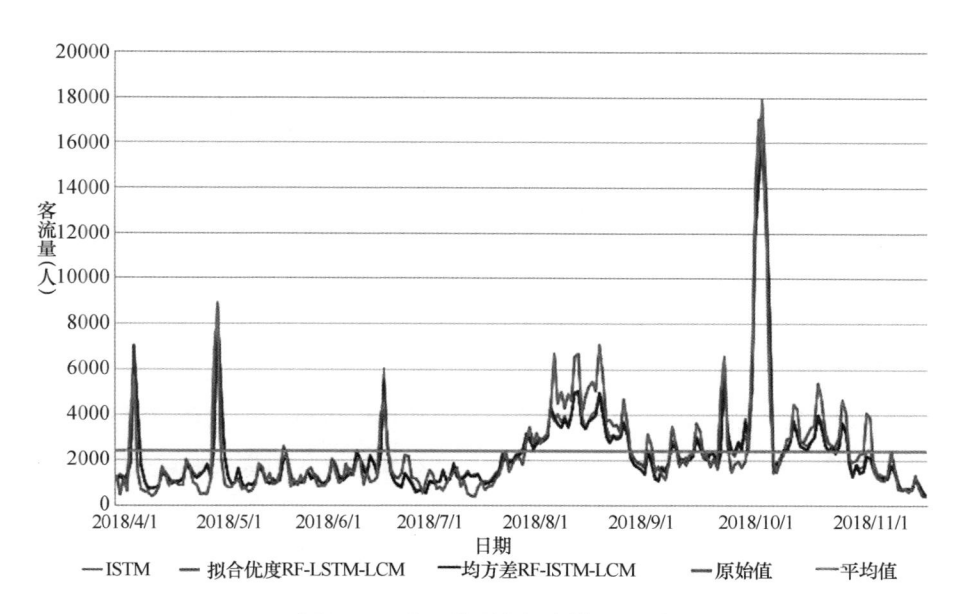

图 6-6 单一模型和组合模型预测

单一模型的整体效果不如组合模型,可能的原因是:在预测结果中,LSTM 模型表现最优,而 RF 模型表现相对最差。在组合模型中,两种单一模型的数据会进行互补,使得组合预测值在这两者之间。由于实际值可能位于两者之间或者靠近其中之一,因此,组合预测值有可能获得更好的结果,而且其结果绝对不会比最差的单一预测结果还差。另外,LCM 和 GEOM－WTD 两种组合方式在数学结构上有相似性,因此,它们的预测结果也相近。由于单一预测模型都有其优缺点,并不能确保某个模型每个点都是最佳预测值,通常情况下,单一模型没有组合模型稳定,并且本研究发现,使用拟合优度权重选取拟合优度权重进行单一模型组合后进行预测,预测结果会比使用均方差权重更好。

第三节　基于降维搜索指数的爆炸性客流预测方法

一　搜索指数降维

搜索指数关键词所代表的数据可能具有一定的共线性，因此，在模型中使用大量搜索指数数据列可能会导致模型过度拟合的问题，而使用单一数据项又可能不足以完全体现搜索指数的各项特征趋势，因而本章考虑从特征融合的角度来解决这一问题。降维作为数据预处理方法，用于清除噪声及高相关无用特征，留下低相关特征。针对搜索指数融合问题，可以用主成分分析（PCA）和广义动态因子分析（GDFM）两种方式实现。

GDFM 在分析带有大量变量的数据时具有两个明显的优势。首先，模型可以动态更新参数，因此可以处理典型的动态问题。其次，GDFM 允许特异成分之间的互相关。具体而言，GDFM 可以生成一个重合索引来表示所观察变量的共同状态。在现有文献中，GDFM 不仅可以反映经济周期或通货膨胀，还可以预测因变量随周期的变化。最近，GDFM 已广泛应用于商业周期的建模和预测，潜在的通货膨胀指标和其他经济指标之中。GDFM 可以作为处理多个与旅游相关的搜索趋势数据系列的选择之一。PCA 在各领域常用且表现较好，也作为本研究处理搜索趋势数据系列的选择之一。

表 6 – 9 对包含不同搜索指数数量的特征融合方法与当日客流进行相关度分析。由于 Pearson 相关系数的使用条件需要线性正态分布的数据，当前数据具有非线性特征，因而使用 Copula 函数来计算其相关性。其中 GDFM 处理后的数据的相关性要高于 PCA 处理后的数据。此外在过多使用多个搜索指数关键词数据的时候，会降低降维后数据与日客流的相关度，分析原因在于过多使用多个搜索指数关键词数据，会导致降维过程中受到无用数据的影响，进而影响到降维度效果。

表6-9　　　　　　　GDFM 及 PCA 处理后与当日客流相关度

搜索指数	日客流相关度
GDFM 处理"四姑娘山天气""四姑娘山""长坪沟""四姑娘山门票""四姑娘山海拔""茶店子客运站""四姑娘山住宿""四姑娘山景区""四姑娘山旅游攻略""茶店子客运站时刻表""四姑娘山旅游""四姑娘山图片""双桥沟"	0.596
GDFM 处理"四姑娘山天气""四姑娘山""长坪沟""四姑娘山门票""四姑娘山海拔""茶店子客运站""四姑娘山住宿"	0.632
GDFM 处理"四姑娘山天气""四姑娘山""长坪沟""四姑娘山门票""四姑娘山海拔"	0.864
GDFM 处理"四姑娘山天气""四姑娘山""长坪沟"	0.853
PCA 处理"四姑娘山天气""四姑娘山""长坪沟""四姑娘山门票""四姑娘山海拔""茶店子客运站""四姑娘山住宿""四姑娘山景区""四姑娘山旅游攻略""茶店子客运站时刻表""四姑娘山旅游""四姑娘山图片""双桥沟"	0.535
PCA 处理"四姑娘山天气""四姑娘山""长坪沟""四姑娘山门票""四姑娘山海拔""茶店子客运站""四姑娘山住宿"	0.618
PCA 处理"四姑娘山天气""四姑娘山""长坪沟""四姑娘山门票""四姑娘山海拔"	0.673
PCA 处理"四姑娘山天气""四姑娘山""长坪沟"	0.685

二　多类模型训练及预测

（一）模型变量设置

结合第三章和第四章的相关分析，本书在第四章设置搜索指数变量的基础上对搜索指数进行降维处理并替代原有输入项。

搜索指数能反应客流量的爆炸性情况。前一节列举了对不同数量搜索指数进行 GDFM 和 PCA 降维处理后与当日客流相关度数据，可以发现，使用不同搜索指数降维方法对不同数量的关键词进行处理会得到不同的相关度数据，其中选择"四姑娘山天气""四姑娘山""长坪沟""四姑娘山门票""四姑娘山海拔"五个关键词使用 GDFM 进行降维处理的相关度最高，达到 0.864，而选择"四姑娘山天气""四姑娘山""长坪沟"三个关键词使用 PCA 进行降维处理的相关度在 PCA 处理中最高，达到 0.685，要低于 GDFM 处理的最高值。则记使用 GDFM 和使用 PCA 进行搜索指数进行降维处理得到的数据分别为 BY_{GDFM}、BY_{PCA}，将其分别代入模型。

最终，山岳型旅游景区爆炸性客流量预测模型的一种输出为 y_{GDFM}，输入项包括 Y_{t-1}、BY_{GDFM}、SS、TQ、H_1、H_2、H_3、W_1、W_2 共 9 个变量。模型函数方程可表示为：

$$y_{GDFM} = F(Y_{t-1}, BY_{GDFM}, SS, TQ, H_1, H_2, H_3, W_1, W_2) \quad (6-6)$$

山岳型景区爆炸性客流量预测模型的另外一种输出为 y_{PCA}，输入项包括 Y_{t-1}、BY_{PCA}、SS、TQ、H_1、H_2、H_3、W_1、W_2 共 9 个变量。模型函数方程可表示为：

$$y_{PCA} = F(Y_{t-1}, BY_{PCA}, SS, TQ, H_1, H_2, H_3, W_1, W_2) \quad (6-7)$$

（二）单一模型预测结果

本章使用三种预测模型对旺季客流进行预测。对结果进行分析后，同样截取预测结果中高于真实日平均客流值的数据展开进一步分析，预测结果如下。

图 6-7 为 RF 模型在使用两种不同降维度方式后的预测结果图，明显可以看出，PCA 进行降维处理后模型的预测结果通常低于对搜索指数数据进行 GDFM 进行降维处理后模型的预测结果及原始值。针对各大节假日的预测效果。"五一""端午"及"十一"节假日方面，GDFM 进行降维处理后模型的预测结果更为贴近当天真实客流，同时针对周末客流，GDFM 进行降维处理后模型的预测结果也较好。模型在暑假客流的预测上依旧不理想，但在这部分 GDFM 进行降维处理后模型的预测结果效果同样较好。

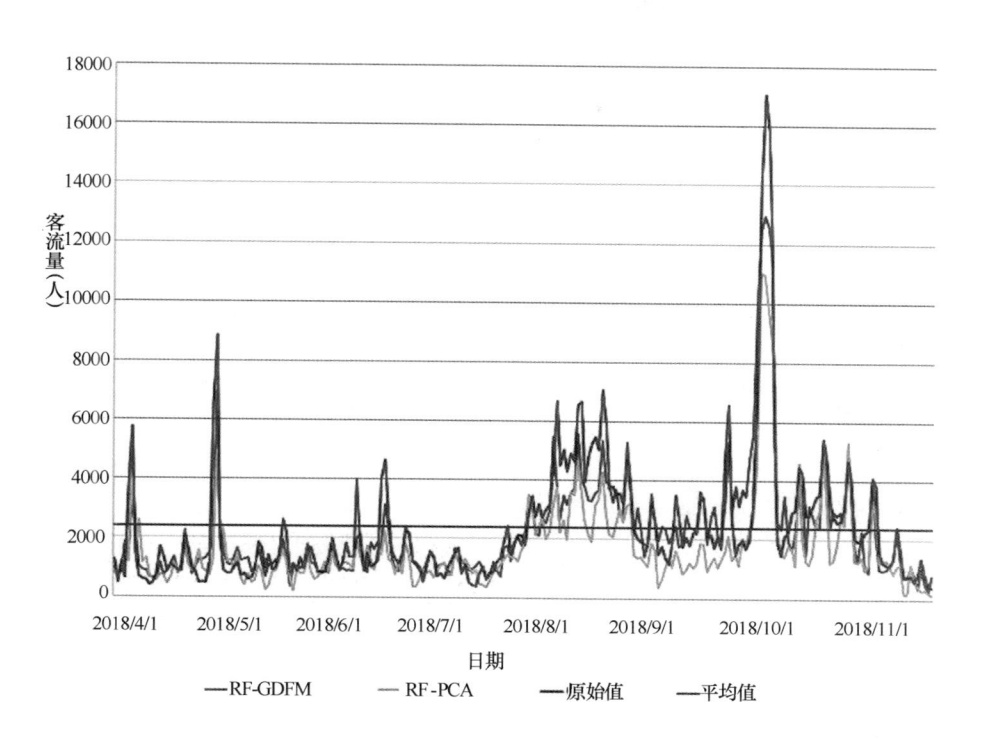

图 6-7　RF 模型预测结果

图 6-8 为 GBR 模型在使用两种不同降维度方式后的预测结果图，明显可以看出，PCA 进行降维处理后模型的预测结果通常低于对搜索指数数据进行 GDFM 进行降维处理后模型的预测结果及原始值。而对搜索指数数据进行 GDFM 进行降维处理后模型的预测结果出现了预测偏高的现象。在针对各大节假日的预测效果，"五一""端午""中秋"及"十一"节假日方面，GDFM 进行降维处理后模型的预测结果更为贴近当天真实客流，"清明"节假日客流预测上，PCA 进行降维处理后模型的预测结果出现了高估的现象。针对周末客流，GDFM 进行降维处理后模型的预测结果较好。模型在暑假客流的预测上同样拟合度不高，但在这部分 GDFM 进行降维处理后模型的预测结果效果同样较好。

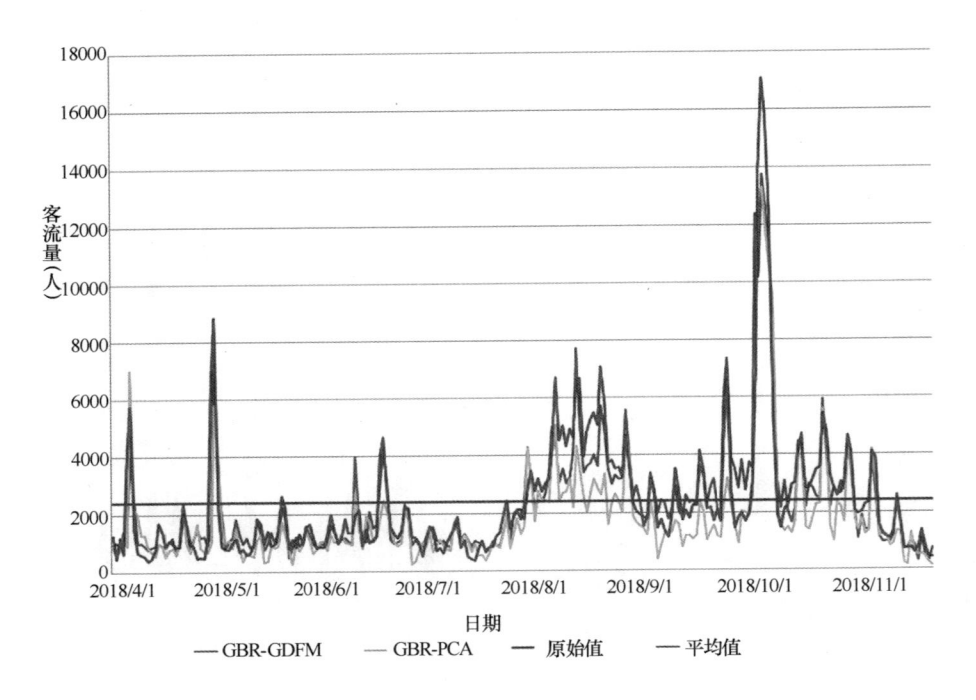

图 6 – 8　GBR 模型预测结果

图 6 – 9 为 LSTM 模型在使用两种不同降维度方式后的预测结果图,可以看出,LSTM 模型下进行预测的结果和当日客流值拟合程度相当好。PCA 进行降维处理后模型的预测结果仍然低于原始值,但在各大峰值的拟合上表现不错。GDFM 进行降维处理后模型的结果非常接近当日客流值,尤其在各大客流高峰值点,暑假等拟合程度同样不错。

表 6 – 10 和表 6 – 11 分别列出了三种经过 PCA 和 GDFM 搜索指数降维处理后的模型在旺季客流及爆炸性客流预测的四大分析评估指标,LSTM 模型依旧是三个模型中效果最好的,此外在 PCA 进行降维处理后模型的预测结果在同一个模型中表现不如 GDFM 进行降维处理后模型的预测结果。

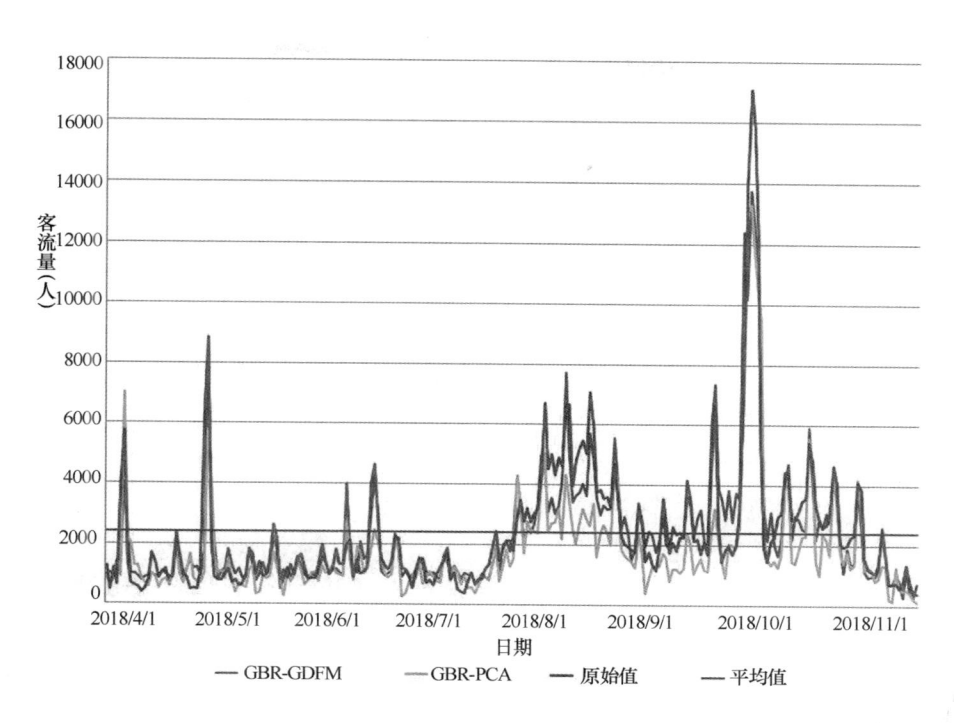

图 6-9 LSTM 模型预测结果

表 6-10　基于 GDFM 搜索指数融合的 RF、GBR、LSTM 预测结果分析

旺季数据预测结果	MAE	MSE	EV	R²
RF 模型	639.365922	936537	0.823337	0.818522
GBR 模型	592.438560	856378	0.834776	0.834055
LSTM 模型	494.948	663128.296	0.872373	0.871502
RF 模型	1088.129346	2112769	0.843248	0.721878
GBR 模型	1001.897580	2018450	0.817857	0.734294
LSTM 模型	820.001	1587404	0.849463	0.791037

表 6-11 基于 PCA 搜索指数融合的 RF、GBR、LSTM 预测结果分析

旺季数据预测结果	MAE	MSE	EV	R^2
RF 模型	884.532577	1731656	0.762958	0.664448
GBR 模型	789.989031	1356105	0.798887	0.737221
LSTM 模型	667.583	1157886	0.828087	0.775630
爆炸性客流预测结果	MAE	MSE	EV	R^2
RF 模型	1755.868462	4639890	0.755772	0.389212
GBR 模型	1519.450883	3571095	0.752699	0.529907
LSTM 模型	1352.399	3168647	0.789698	0.582884

(三) 组合模型预测结果

在组合模型预测阶段，本书分别对 PCA 搜索指数和 GDFM 搜索指数降维处理后的数据进行模型组合。经过公式计算，本书得出 RF-GBR、RF-LSTM 以及 GBR-LSTM 三种组合模型中不同情况下的拟合优度权重和均方差权重。

如表 6-12 所示，我们计算并得出了经过 PCA 搜索指数降维处理的组合模型中单一模型的拟合优度权重以及均方差权重。在进行搜索指数降维处理后，基于不同模型组合和两种权重方式计算得出六种权重分配模式。在 RF-GBR 组合和 RF-LSTM 组合中，RF 的权重占比都相对较低，均方差权重模型下，权重 RF 的占比会高于拟合优度权重下 RF 的权重占比。这说明，针对 RF-GBR 组合和 RF-LSTM 组合，拟合优度权重下模型优劣势更为明显。而在 GBR-LSTM 组合下，两个模型的权重都相对较为接近，且均方差权重模型下 LSTM 的权重更大，在拟合优度权重模型下 GBR 的权重较大。这反映出经过 PCA 搜索指数降维处理后，GBR 模型和 LSTM 的模型的预测效果相对接近。

表 6-12　　PCA 搜索指数降维处理后组合模型中单一模型的
拟合优度权重及均方差权重

权重	RF – GBR		RF – LSTM		GBR – LSTM	
	w_1（RF）	w_2（GBR）	w_1（RF）	w_2（LSTM）	w_1（GBR）	w_2（LSTM）
GFW	0.34768	0.65232	0.34835	0.65164	0.50074	0.49925
MSEW	0.43918	0.56082	0.40071	0.59929	0.460577	0.53943

计算 GDFM 搜索指数降维处理后组合模型中所得拟合优度权重及均方差权重见表 6-13，在进行搜索指数降维处理后，三种模型的权重都相对接近，LSTM 模型仍然占有最多的权重，其次是 GBR 模型，最后是 RF 模型。而权值的大小代表其拟合优度大小和均方差大小，所以反映出 LSTM 模型的预测结果相对稳定，预测误差较小且误差波动较小，而 RF 模型的预测结果产生的误差较大。将所得到的两种权重数据使用后，本章获得六类拟合优度权重组合模型及六类均方差权重模型。

表 6-13　　GDFM 搜索指数降维处理后组合模型中单一模型的
拟合优度权重及均方差权重

权重	RF – GBR		RF – LSTM		GBR – LSTM	
	w_1（RF）	w_2（GBR）	w_1（RF）	w_2（LSTM）	w_1（GBR）	w_2（LSTM）
GFW	0.45226	0.54774	0.41598	0.58402	0.46312	0.53688
MSEW	0.47764	0.52236	0.41335	0.58665	0.43521	0.56479

表 6-14 对经过 PCA 搜索指数降维处理后的六类拟合优度权重模型在旺季时间区间内的预测结果进行了比较。表 6-15 则是对六类经过 PCA 搜索指数降维处理后拟合优度权重模型在超过日流量平均线部分的预测结果数据进行了分析和比较。从表中数据可以看出，旺季时间区间内，GEOM – WTD 组合下的 GBR – LSTM 四个评估指标均为最佳值，但 LCM 组合下的 GBR – LSTM 的各项评估指标与 GEOM – WTD 组合下的 GBR – LSTM 相差非常小，可以认为预测效果类似。在截取日客流平均值

以上数据后进行分析，发现 GEOM – WTD 组合下的 GBR – LSTM 四个评估指标仍然是最佳值，而 LCM 组合下的 GBR – LSTM 的各项评估指标的效果也相当不错。RF – GBR 模型下两种组合模式的预测效果均比较糟糕，RF – LSTM 模型下两种组合模式的预测效果次之。

表 6 – 14　　PCA 搜索指数降维处理后拟合优度权重模型旺季数据预测结果分析

模型	组合方式	MAE	MSE	EV	R^2
RF – GBR	LCM	808.415432	1411319	0.800023	0.726522
	GEOM – WTD	816.214639	1439204	0.797907	0.721118
RF – LSTM	LCM	721.151805	1224488	0.829591	0.762725
	GEOM – WTD	731.647539	1246816	0.827581	0.758398
GBR – LSTM	LCM	700.545678	1094339	0.844919	0.787944
	GEOM – WTD	695.592578	1087388	0.845897	0.789291

表 6 – 15　　PCA 搜索指数降维处理后拟合优度权重模型爆炸性客流数据预测结果分析

模型	组合方式	MAE	MSE	EV	R^2
RF – GBR	LCM	1564.210981	3738243	0.776643	0.507903
	GEOM – WTD	1584.122066	3818465	0.778891	0.497343
RF – LSTM	LCM	1465.382842	3348787	0.816480	0.559171
	GEOM – WTD	1485.650313	3406582	0.816938	0.551563
GBR – LSTM	LCM	1401.084869	2936711	0.828157	0.613416
	GEOM – WTD	1393.541828	2923238	0.829289	0.615189

图 6 – 10 将 PCA 搜索指数降维处理后拟合优度权重模型中表现较好的 RF – LSTM 模型及 GBR – LSTM 模型预测趋势图展示出来，"清明""五一""中秋"等多个节假日的预测效果相对较好，大部分周末的预测效果已经非常准确了，但在"十一"黄金周的峰值数据与当日真实客流则有

所差距。暑假期间的预测情况很差。四类组合模型预测出来的数据间相差并不大，但 EOM – WTD 组合下的 GBR – LSTM 即紫色线条的拟合效果相对稳定。

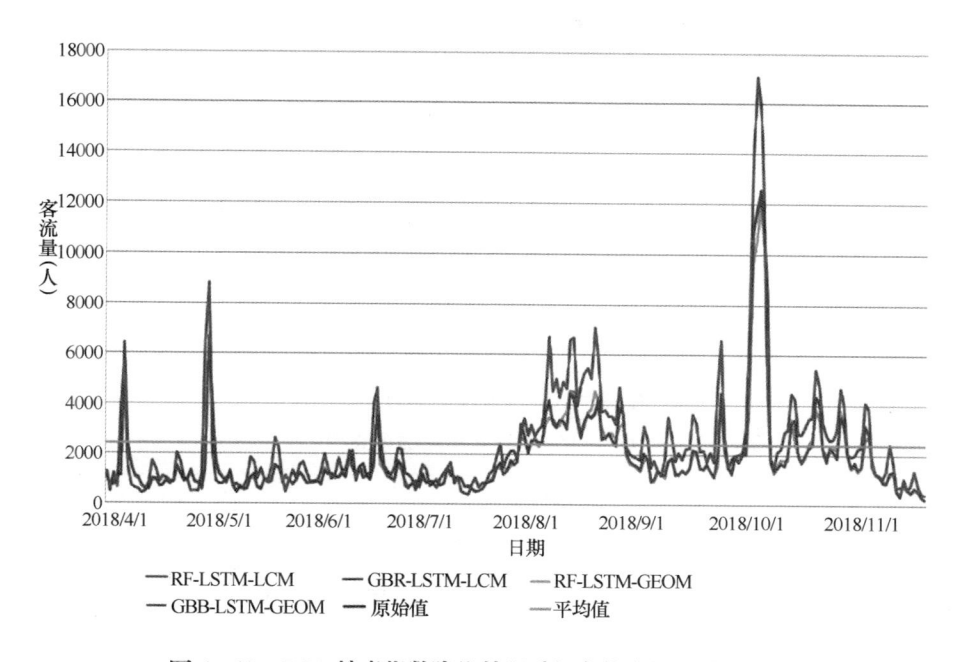

图 6 – 10　PCA 搜索指数降维处理后拟合优度权重模型预测

表 6 – 16 将六类 PCA 搜索指数降维处理后均方差权重模型在旺季时间区间内的预测结果进行了比较，表 6 – 17 则是对将六类 PCA 搜索指数降维处理后均方差模型在超过日流量平均线部分的预测结果数据进行了分析和比较。

从表 6 – 16、表 6 – 17 中数据可以看出，旺季时间区间内，和拟合优度权重模型下结果类似，GEOM – WTD 组合下的 GBR – LSTM 在 MAE、MSE、EV、R^2 上同样取得了最佳数值，LCM 组合下 GBR – LSTM 的 EV 值与其数据差距相当小，可以认为预测结果相近。在截取日客流平均值以上数据后进行分析，发现 GEOM – WTD 组合下的 GBR – LSTM 四个评估指标仍然是最佳值。RF – GBR 模型下两种组合模式的预测效果依旧相对糟糕。

表 6-16 PCA 搜索指数降维处理后均方差权重模型旺季数据预测预测结果

模型	组合方式	MAE	MSE	EV	R^2
RF-GBR	LCM	814.772865	1431297	0.798757	0.722650
RF-GBR	GEOM-WTD	823.330030	1462686	0.796234	0.716568
RF-LSTM	LCM	741.171541	1271822	0.826484	0.753553
RF-LSTM	GEOM-WTD	752.673483	1299000	0.823955	0.748286
GBR-LSTM	LCM	720.122011	1152263	0.839634	0.776720
GBR-LSTM	GEOM-WTD	715.265566	1145241	0.840582	0.778081

表 6-17 PCA 搜索指数降维处理后均方差权重模型爆炸性客流数据预测结果分析

模型	组合方式	MAE	MSE	EV	R^2
RF-GBR	LCM	1580.737759	3798369	0.777759	0.499988
RF-GBR	GEOM-WTD	1602.613627	3888854	0.779598	0.488077
RF-LSTM	LCM	1510.737405	3483574	0.815872	0.541428
RF-LSTM	GEOM-WTD	1533.287998	3554893	0.815703	0.532039
GBR-LSTM	LCM	1448.198604	3100670	0.824908	0.591832
GBR-LSTM	GEOM-WTD	1440.445669	3087249	0.825905	0.593599

图 6-11 将 PCA 搜索指数降维处理后均方差权重模型预测中表现较好的 RF-LSTM 模型及 GBR-LSTM 模型预测趋势图展示出来。从图中可以发现多个拟合曲线在暑假期间的拟合效果仍处于较为糟糕的状态，此外十月中旬以后的预测效果也相对较差。"十一"黄金周的峰值预测上仍有待加强。但是在其他多个节假日和周末客流预测上表现良好，在某些点上完全逼近真实值。四类组合模型预测出来的数据间相差并不大，但 EOM-WTD 组合下的 GBR-LSTM 即紫色线条的拟合效果相对稳定。

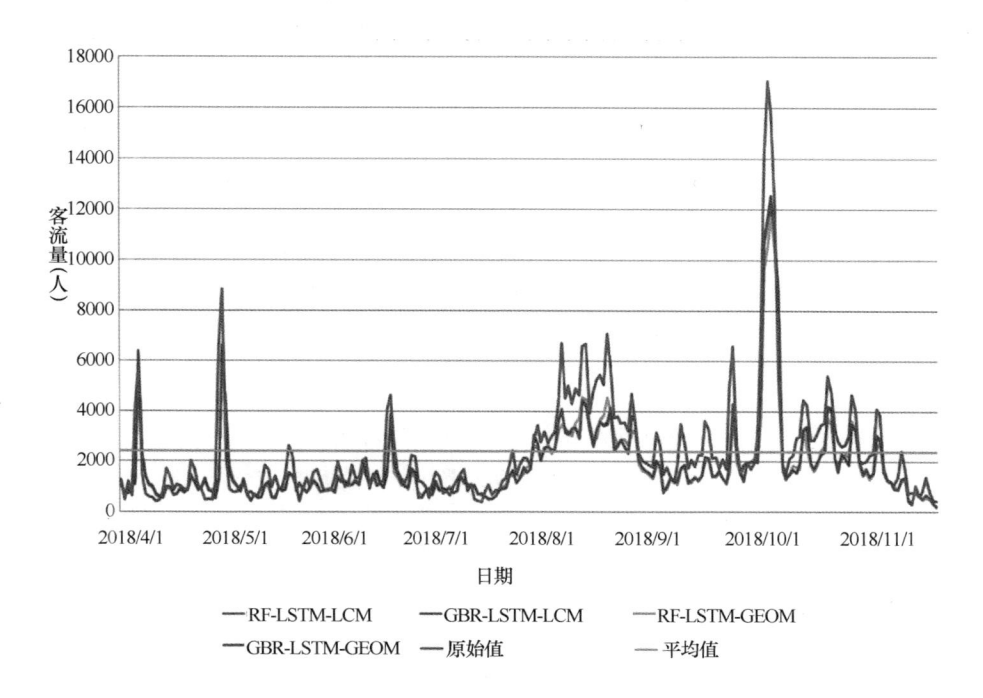

图 6 – 11　PCA 搜索指数降维处理后均方差权重模型预测

表 6 – 18 将六类拟合优度权重模型在旺季时间区间内的预测结果进行了比较，表 6 – 19 则是对将六类拟合优度权重模型在日流量平均线部分的预测结果数据进行了分析和比较。从表中数据可以看出，旺季时间区间内，LCM 组合下的 GBR – LSTM 四个评估指标均为最佳值，但 GEOM – WTD 组合下的 GBR – LSTM 的各项评估指标与 LCM 组合下的 GBR – LSTM 相差非常小，可以认为预测效果类似。在截取日客流平均值以上数据后进行分析，发现 LCM 组合下的 GBR – LSTM 四个评估指标仍然是最佳值，而 GEOM – WTD 组合下的 GBR – LSTM 的各项评估指标的效果也相当不错。

表6-18　　GDFM 搜索指数降维处理后拟合优度权重模型旺季数据预测结果分析

模型	组合方式	MAE	MSE	EV	R^2
RF-GBR	LCM	586.818865	832677	0.840772	0.838648
RF-GBR	GEOM-WTD	588.057130	834281	0.840562	0.838337
RF-LSTM	LCM	492.841510	627895	0.880389	0.878330
RF-LSTM	GEOM-WTD	492.482922	627439	0.880468	0.878418
GBR-LSTM	LCM	465.360674	582922	0.887807	0.887044
GBR-LSTM	GEOM-WTD	466.765290	583353	0.886501	0.886736

表6-19　　GDFM 搜索指数降维处理后拟合优度权重模型爆炸性客流数据预测结果分析

模型	组合方式	MAE	MSE	EV	R^2
RF-GBR	LCM	588.171022	834042	0.840827	0.838383
RF-GBR	GEOM-WTD	589.400798	835915.	0.840574	0.838020
RF-LSTM	LCM	494.125962	630004	0.881007	0.877921
RF-LSTM	GEOM-WTD	493.833696	629559	0.881079	0.878007
GBR-LSTM	LCM	465.954213	582092	0.888590	0.887205
GBR-LSTM	GEOM-WTD	466.240356	582319	0.888327	0.887149

图6-12 将拟合优度权重模型中表现较好的 RF-LSTM 模型及 GBR-LSTM 模型预测趋势图展示出来，总体来看包括"清明""五一""中秋"在内的节假日和大部分周末的预测效果已经非常准确了，但在"十一"黄金周的峰值数据与当日真实客流则有所差距。暑假期间的预测情况不太理想。四类组合模型预测出来的数据间相差并不大，仅在某些时间节点上的数据预测有一定差异。

表6-20 将六类均方差权重模型在旺季时间区间内的预测结果进行了比较，表6-21 则是对将六类均方差模型在日流量平均线部分的预测结果数据进行了分析和比较。从表中数据可以看出，旺季时间区间内，LCM 组合下的 GBR-LSTM 在 MAE、MSE、R^2 上为最佳值，GEOM-WTD 组合下的 RF-LSTM 在 EV 值上为最佳值，但 LCM 组合下的 GBR-LSTM、RF-

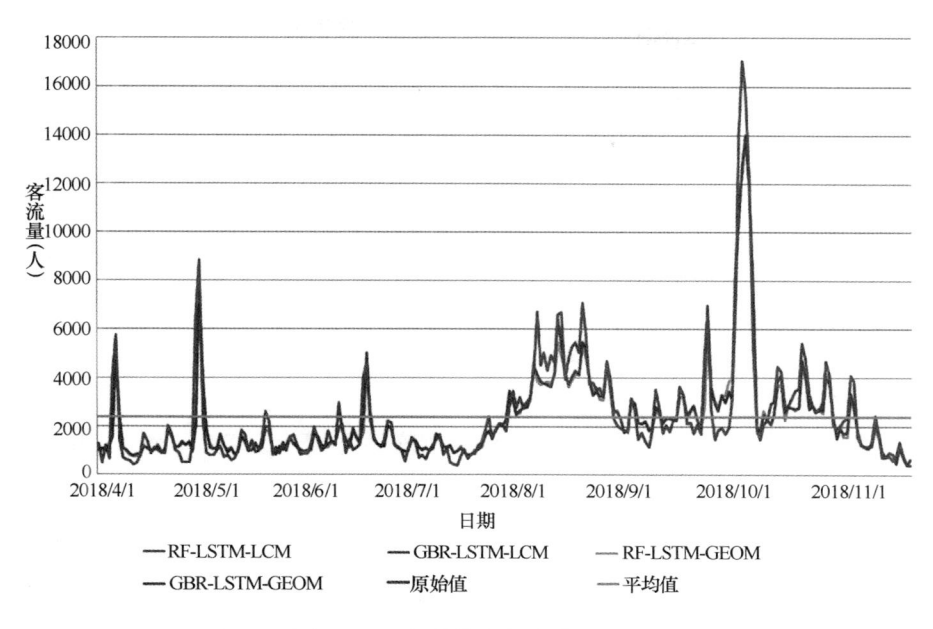

图 6-12 拟合优度权重模型预测

LSTM 以及 GEOM-WTD 组合下 GBR-LSTM 的 EV 值与其数据差距相当小,可以认为预测结果相近。在截取日客流平均值以上数据后进行分析,发现 LCM 组合下的 GBR-LSTM 三个评估指标仍然是最佳值,而 EV 值与最佳 EV 值相差非常小。

表 6-20　　　　GDFM 搜索指数降维处理后均方差权重模型旺季数据预测结果

模型	组合方式	MAE	MSE	EV	R^2
RF-GBR	LCM	974.731080	1901126	0.802343	0.749739
	GEOM-WTD	976.888009	1902371	0.803374	0.749575
RF-LSTM	LCM	843.150840	1489055	0.865735	0.803983
	GEOM-WTD	842.252436	1488260	0.865757	0.804088
GBR-LSTM	LCM	769.630696	1370355	0.861307	0.819608
	GEOM-WTD	767.530128	1373077	0.861713	0.818567

表 6-21　　GDFM 搜索指数降维处理后均方差权重
模型爆炸性客流数据预测结果分析

模型	组合方式	MAE	MSE	EV	R^2
RF-GBR	LCM	979.717743	1908368	0.804101	0.748785
	GEOM-WTD	982.172707	1910473	0.805063	0.748508
RF-LSTM	LCM	857.080152	1513705	0.868565	0.800738
	GEOM-WTD	856.527683	1512930	0.868570	0.800840
GBR-LSTM	LCM	778.716881	1380138	0.865853	0.818321
	GEOM-WTD	779.217456	1381099	0.866508	0.818589

图 6-13 将拟合优度权重模型中表现较好的 RF-LSTM 模型及 GBR-LSTM 模型预测趋势图展示出来，总体来看除了在"十一"黄金周的峰值数据与当日真实客流则有所差距，"清明""五一""中秋"等节假日的预测效果很好。极少数周末的客流预测数据出现高估的现象，且暑假期间的预测情况不太理想。四类组合模型预测的数据拟合效果相近。

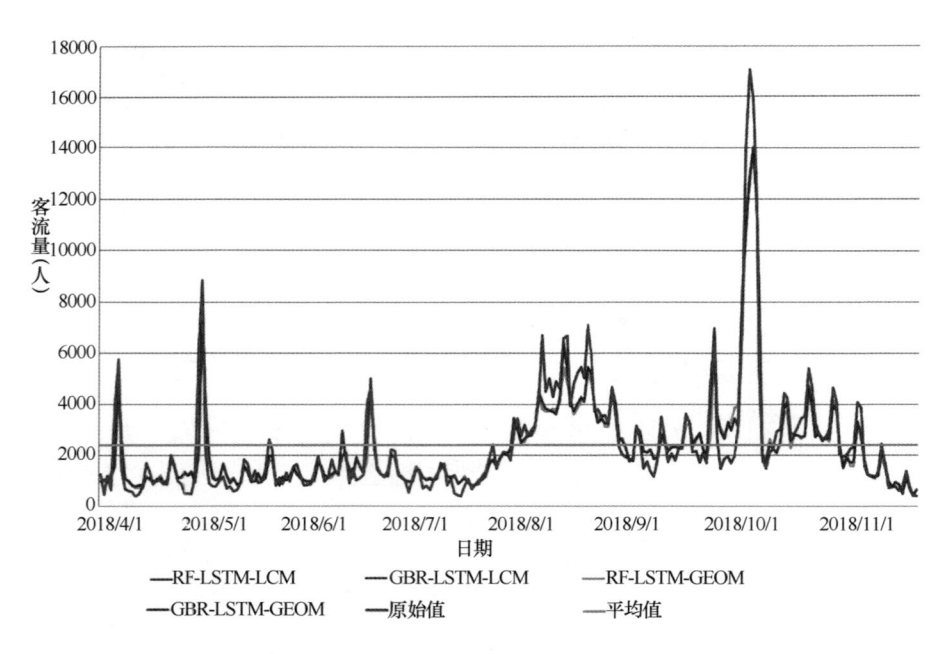

图 6-13　均方差权重模型预测

表 6-22 为两种降维模式下 GBR-LSTM 组合模型预测效果四大指标的旺季数据预测结果对比。在旺季客流数据区间内，拟合优度下，经过 GDFM 降维处理的数据预测结果要远远优于经过 PCA 降维处理后的预测结果。经过 GDFM 降维处理的数据预测结果 MAE 均在 500 以下，MSE 的值在 60 万以下，而经过 PCA 降维处理后的预测结果 MAE 超过 700，MSE 值超过 130 万。针对 EV 值经过 GDFM 降维处理的数据预测结果也超过经过 PCA 降维处理后的预测结果，高 0.04 左右。针对 R^2 值经过 GDFM 降维处理的数据预测结果也超过经过 PCA 降维处理后的预测结果 0.1 左右。均方差权重下，经过 GDFM 降维处理的数据预测结果与经过 PCA 降维处理后的预测结果接近，MSE 的值略低于经过 PCA 降维处理后的预测结果的 MSE 值，针对 EV 值经过 GDFM 降维处理的数据预测结果也超过经过 PCA 降维处理后的预测结果 0.04 左右。针对 R^2 值经过 GDFM 降维处理的数据预测结果也超过经过 PCA 降维处理后的预测结果 0.04 左右。在旺季客流数据区间下经过 GDFM 降维处理 LCM 组合下拟合优度权重的各项预测结果为所有预测值中的最佳值。在使用经过 PCA 降维处理的数据的各类组合模型中，GEOM-WTD 组合下拟合优度权重的各项预测结果为最好值。

表 6-22　　两种降维方式旺季数据预测结果

模型	MAE	MSE	EV	R^2
GBR-LSTM-LCM 拟合优度-PCA 降维处理	700.545678	1094339	0.844919	0.787944
GBR-LSTM-LCM 拟合优度-GDFM 降维处理	465.360674	582922	0.887807	0.887044
GBR-LSTM-GEOM-WTD 拟合优度-PCA 降维处理	695.592578	1087388	0.845897	0.789291
GBR-LSTM-GEOM-WTD 拟合优度-GDFM 降维处理	466.765290	583353	0.886501	0.886736

续表

模型	MAE	MSE	EV	R^2
GBR – LSTM – LCM 均方差权重 – PCA 降维处理	720.122011	1152263	0.839634	0.776720
GBR – LSTM – LCM 均方差权重 – GDFM 降维处理	769.630696	1370355	0.861307	0.819608
GBR – LSTM – GEOM – WTD 均方差权重 PCA 降维处理	715.265566	1145241	0.840582	0.778081
GBR – LSTM – GEOM – WTD 均方差权重 GDFM 降维处理	767.530128	1373077	0.861713	0.818567

表 6 – 23 为两种降维模式下 GBR – LSTM 组合模型预测效果四大指标的爆炸性客流数据预测结果对比。爆炸性客流数据区间内，拟合优度下，经过 GDFM 降维处理的数据预测结果要远远优于经过 PCA 降维处理后的预测结果。经过 GDFM 降维处理的数据预测结果 MAE 均在 500 以下，MSE 的值在 60 万以下，而经过 PCA 降维处理后的预测结果 MAE 高达 1400，MSE 值接近 300 万。针对 EV 值经过 GDFM 降维处理的数据预测结果，也超过经过 PCA 降维处理后的预测结果，高 0.04 左右。针对 R^2 值经过 GDFM 降维处理的数据预测结果也超过经过 PCA 降维处理后的预测结果 0.25 左右。均方差权重下，经过 GDFM 降维处理的数据预测结果 MAE 均在 800 以下，MSE 的值在 140 万以下，而经过 PCA 降维处理后的预测结果 MAE 高达 1400，MSE 值超过 300 万。针对 EV 值经过 GDFM 降维处理的数据预测结果也超过经过 PCA 降维处理后的预测结果 0.04 左右。针对 R^2 值经过 GDFM 降维处理的数据预测结果也超过经过 PCA 降维处理后的预测结果，高 0.2 左右。

表6-23 两种降维方式爆炸性客流数据预测结果分析

模型	MAE	MSE	EV	R^2
GBR – LSTM – LCM 拟合优度 – PCA 降维处理	1401.08486	2936711	0.828157	0.613416
GBR – LSTM – LCM 拟合优度 – GDFM 降维处理	465.954213	582092	0.888590	0.887205
GBR – LSTM – GEOM – WTD 拟合优度 – PCA 降维处理	1393.54182	2923238	0.829289	0.615189
GBR – LSTM – GEOM – WTD 拟合优度 – GDFM 降维处理	466.240356	582319	0.888327	0.887149
GBR – LSTM – LCM 均方差权重 – PCA 降维处理	1448.19860	3100670	0.824908	0.591832
GBR – LSTM – LCM 均方差权重 – GDFM 降维处理	778.716881	1380138	0.865853	0.818321
GBR – LSTM – GEOM – WTD 均方差权重 PCA 降维处理	1440.44566	3087249	0.825905	0.593599
GBR – LSTM – GEOM – WTD 均方差权重 GDFM 降维处理	779.217456	1381099	0.866508	0.818589

总的来看，GDFM 降维处理的预测效果在旺季客流数据区间和爆炸性客流数据区间的表现均好于经过 PCA 降维处理后的预测效果，尤其是在爆炸性客流数据区间内，GDFM 降维处理的预测效果远优于经过 PCA 降维处理后的预测效果。经过 GDFM 降维处理 LCM 组合下拟合优度权重的各项预测结果为最佳值。而在使用经过 PCA 降维处理的数据的各类组合模型中，GEOM – WTD 组合下拟合优度权重的各项预测结果为最好值。

图 6-14 为两种降维模式下基于 GBR – LSTM 模型最好的组合方式的预测数据，总体来看 GDFM 降维处理的预测效果要优于经过 PCA 降维处理后的预测效果。在各个节假日黄金周的峰值和周末峰值的描述上，GDFM 降维处理的预测效果要优于经过 PCA 降维处理后的预测效果，当然两者在十月中旬以后及暑假期间的预测结果都不太理想。

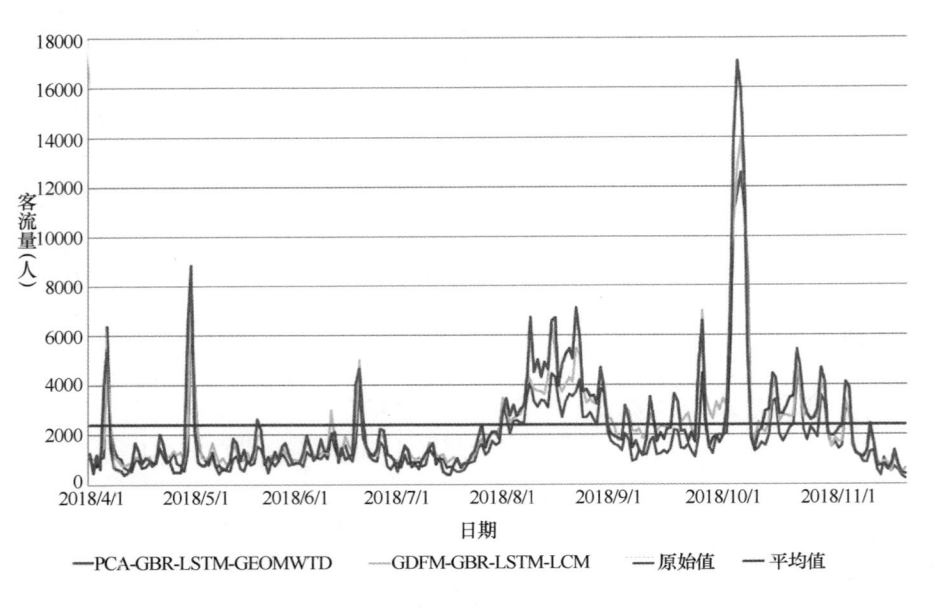

图 6–14 两种降维模式下模型预测

三 结果讨论

上文知 GDFM 降维处理的预测效果要优于经过 PCA 降维处理后的预测效果,在结果讨论部分本章主要谈论各个模型在使用 GDFM 降维前后预测结果对比。

本小节结合前一章和本章中各类模型的预测结果,对搜索指数降维的效果进行分析和讨论。数据见表 6–24、表 6–25,图 6–15 绘制了 LSTM 单一模型和拟合优度下 LCM 组合的 GBR–LSTM 组合模型的降维前后的预测结果。不论是单一模型还是组合模型,使用经过搜索指数降维处理后的数据进行模型训练预测的结果要优于未经过搜索指数降维处理后的数据。针对单一模型,在旺季数据模型预测过程中,RF 模型在降维处理前后,MAE 和 MSE 数据减少了接近 10%,说明经过降维处理后,该模型的预测误差减小了很多。GBR 模型在降维处理后的提升相对更为明显,所有评估指标的提升接近 15%,LSTM 作为单一模型中表现最好的模型,在使用包含经过 GDFM 降维处理的搜索指数的数据后,整体的预测效果有一个飞跃式的进步，MAE 值和 MSE 值均减少了接近一半，而 EV 和 R^2 也要较大提升。而在取日平均客流以上值的时间区间内数据，研究爆炸性客流预测结果时候，对比降维处理前的预测结果，三个单一模型在处理后的预测结果的 EV 值发生了些许下降，而其他值都有显著提升，说明降维后有些峰值的预测效果有略微削弱，但整体的稳定性大幅提高。这样的提升说明针对单一模型使用经过搜索指数降维处理后的数据进行模型训练预测的结果要优于未经过搜索指数降维处理后的数据。

表 6–24　　单一模型和组合模型旺季数据使用 GDFM 降维前后预测结果对比

模型	MAE	MSE	EV	R^2
RF	697.360	104307	0.813647	0.797879
RF – 降维处理	639.3659	936537	0.823337	0.818522
GBR	688.794	101566	0.818252	0.803189
GBR – 降维处理	592.4385	856378	0.834776	0.834055
LSTM	895.353	1492304	0.848955	0.743555
LSTM – 降维处理	494.948	663128.296	0.872373	0.871502
RF – LSTM – LCM 拟合优度	550.587	690746	0.86955	0.86615
RF – LSTM – LCM 拟合优度 – 降维处理	492.841	627895	0.880389	0.878330
GBR – LSTM – LCM 拟合优度	543.749	685743	0.87075	0.86712
GBR – LSTM – LCM 拟合优度 – 降维处理	465.3606	582922	0.887807	0.887044

表 6–25　　单一模型和组合模型爆炸性客流数据使用 GDFM 降维前后预测结果对比

模型	MAE	MSE	EV	R^2
RF	1232.127	2229448	0.841970	0.706519
RF – 降维处理	1088.1293	2112769	0.843248	0.721878
GBR	1215.402	2272586	0.809070	0.700840

续表

模型	MAE	MSE	EV	R²
GBR - 降维处理	1001.8975	2018450	0.817857	0.734294
LSTM	895.353	1492304	0.848955	0.743555
LSTM - 降维处理	820.001	1587404	0.849463	0.791037
RF - LSTM - LCM 拟合优度	938.392	1474493	0.875526	0.805900
RF - LSTM - LCM 拟合优度 - 降维处理	494.1259	630004	0.881007	0.877921
GBR - LSTM - LCM 拟合优度	941.673	1504811	0.866745	0.801909
GBR - LSTM - LCM 拟合优度 - 降维处理	465.954213	582092	0.888590	0.887205

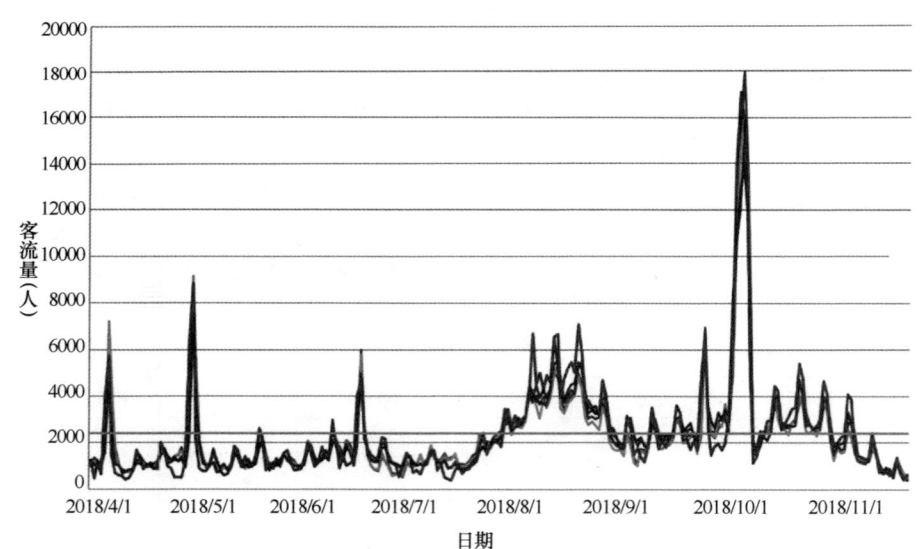

图 6 – 15　GDFM 单一模型和拟合优度下 LCM 组合的
GBR – LSTM 组合模型的降维前后的预测结果

针对组合模型，在旺季数据模型预测过程中，对于选取的两个组合模型，四大评估指标均有小幅度的提升，其中采用拟合优度 LCM 的 GBR –

LSTM 模型的提升效果最大，也是所有组合模型中拟合效果最好的模型。其中 MAE 值降低到了 465 的水平，MSE 则降低到 582922，均比降维处理前降低了 10%，EV 值和 R^2 也分别提升了 0.01 和 0.02 左右。在预测效果已经很好的情况下还能够有所提升，说明搜索指数降维处理能够提升模型的预测效果。而在取日平均客流以上值的时间区间内数据，研究爆炸性客流预测结果时候，对于选取的两个组合模型，MAE 值和 MSE 值均有大范围的降低，其中 MAE 值降低到了 465 的水平，相比降维前的 941，降低了几乎一半；同样的情况在 MSE 评估指标上也得以体现，MSE 从降维前的 1504811 降低为 582092，大幅度降低了爆炸性客流预测时的误差率，另外 EV 和 R^2 也有所提升。数值上的差异清楚地说明，使用组合模型采用搜索指数降维处理后对于爆炸客流的预测有极大的帮助。

本章小结

本章针对山岳型旅游旺季爆炸性客流量中的非线性特征，选取对爆炸性客流最有利的变量，首先使用 GBR、RF 和 LSTM 三类单一非线性预测模型进行初始的预测探索。随后，基于这三种模型的拟合优度和方差来设定权重，然后对 GBR、RF 和 LSTM 进行两两组合。我们期望这种组合能够提高山岳型景区爆炸性客流量的预测效果。在此基础上，对山岳型景区搜索指数进行降维处理，分析降维前后的预测效果变化。首先对搜索指数降维的相关工作进行了阐述，而后进行了单一模型和组合模型的预测工作，最后对比了降维前后的预测效果。

第 七 章

基于日期特征量化的山岳型旅游风景区爆炸性客流预测

针对山岳型旅游景区爆炸性客流预测的实际需求,本章提出了一种基于日期特征量化的客流预测方案。该方法先使用量化模型,对日期因素进行量化处理,形成量化特征,再使用 LSTM 作为预测模型,我们将量化的日期特征融入 LSTM 原始特征集合中,并通过训练 LSTM 模型,成功构建了一个在客流爆发峰值位置拟合效果优良的预测模型。实验证明了日期特征量化后能够提高对爆炸性客流峰值预测的精确度。

第一节 问题提出

在游客数量的爆发期中,最重要和最难的是爆发性游客数量的峰值预测,只有提高峰值预测的准确度,才能充分对爆发性游客做出预估,提前规划应对措施。现有研究虽然可以保证整体较好的预测精度,但还不能做到在爆发性客流峰值上有好的预测。无论是时间序列模型[1],还是计量经济学模型[2],还是机器学习模型[3],都只考虑影响游客旅游效果的

---

[1] Chu F. L., "Forecasting Tourism Demand with ARMA – Based Methods", *Tourism Management*, Vol. 30, No. 5, 2009, pp. 740 – 751.

[2] Lin V. S., Liu A., Song H., "Modeling and Forecasting Chinese Outbound Tourism: An Econometric Approach", *Journal of Travel & Tourism Marketing*, Vol. 32, 2015, pp. 34 – 49.

[3] Song H., Li G., "Tourism Demand Modelling and Forecasting—A Review of Recent Research", *Tourism Management*, Vol. 29, No. 2, 2008, pp. 203 – 220.

因素，同时平等对待所有天的数据。然而，这些模型都忽视了游客旅游行为在日期上的集中性，无法体现出旅游爆发期的时间特征对客流量的影响，导致现有模型在游客数量的爆发期的预测效果不理想。此外，现有模型的预测周期大多为月或周①，但客流的爆发期往往只持续几天，这使得景区使用这些模型预测的客流存在较大偏差。

  针对这一旅游预测现状，我们提出了一种新的组合模型，通过将日期对游客数量的影响量化为一个新的特征值，来充分地考虑日期与游客数量之间的相关性。这种处理方法使得模型在保留原本 LSTM 模型较好的整体预测效果的基础上，能更好地预测出游客数量的爆发点。该组合模型主要分为两部分。第一部分是只考虑天气等旅游效果影响因素的量化模型，通过模型将得到一个能够充分表示日期对游客数量影响的新特征值。第二部分则使用新的特征值与相关因素作为训练集，输入到 LSTM 模型中。与以往研究不同的是，我们的模型以天为预测单位，从而能够精确地预测游客数量的爆发值。实验结果表明，所提出的模型不但能够保证较好的整年趋势拟合结果，同时还能较好地预测游客数量的爆发点，符合当前的旅游现状和游客数量的预测需求。

第二节　基于日期特征量化的爆炸性客流预测方法

一　客流特征选择

如果要对游客数量做出准确预测，尤其是在爆发期峰值上达到较好的拟合效果，我们就不能再像其他模型一样，平等对待相关特征。结合现有的研究，必须对它们做出合理的分析，考虑它们的异同，以便在模型中区别地构建它们的处理方法。

---

① Prosper F. B., Ryan W. S., "Can Google Data Improve the Forecasting Performance of Tourist Arrivals? Mixed – Data Sampling Approach", *Tourism Management*, Vol. 46, 2015, pp. 454 – 464.

游客对旅游行为的决策受两方面的影响：旅游效果因素[①]和日期因素[②]。

旅游效果因素指的是影响游客旅游体验感的因素。游客会根据这些因素预估自己将来的旅游体验，如果游客预估自己的旅游体验会较差，那么他们可能就会放弃或修改旅行计划；如果游客预估自己的旅游体验会很好，那么他们就会坚定旅游的念头，甚至寻找更多的同伴来旅游。现有研究对这类的因素的研究比较充分全面，主要包括天气情况、交通便捷、酒店住所等。同时，现在的用户也在逐渐开始相信互联网指数等。

日期因素指的是游客的旅游行为往往受可用时间影响。按照游客的旅游习惯，更多的人愿意在固定时间去旅游，也就是说游客的旅游活动具有集群性与在特定时间的爆发性[③]。这种爆发性和每年的特定时间如假期等密切相关，所以需要突出每年特定的日期对游客数量的相关性，这样才能更好地实现游客数量爆发点的预测。

旅游效果影响因素与游客数量之间的相关性不难考虑。只需要将旅游效果因素对应的相关信息，如天气指标，百度系数等作为特征值代入模型中，就可以较为充分地考虑旅游效果因素。但是日期因素与游客数量的相关性却不容易在模型中充分实现，原因有两个：一是日期相关性往往潜藏在以往的旅游信息中，不能够找到一个现成的特征来较充分地描述日期因素，而找到一个能够将日期因素提取出来的模型和方法并不容易；二是即使将日期因素与游客数量的相关性在一个模型中实现，日期因素的相关性也很难在预测模型中使用，这样就限制了日期因素在各种预测模型中的广泛使用，降低了可用性。

现有模型往往不能够很好地解决上面两点问题。他们或考虑游客旅

[①] Craig C. A., Feng S., "A Temporal and Spatial Analysis of Climate Change, Weather Events, and Tourism Businesses", *Tourism Management*, Vol. 67, 2018, pp. 351–361.

[②] Riganti P., Nijkamp P., "Congestion in Popular Tourist Areas: A Multi–Attribute Experimental Choice Analysis of Willingness–to–Wait in Amsterdam", *Tourism Economics*, Vol. 14, No. 1, 2008, pp. 25–44.

[③] Chen R., Liang C. Y., Hong W. C., et al., "Forecasting Holiday Daily Tourist Flow Based on Seasonal Support Vector Regression with Adaptive Genetic Algorithm", *Applied Soft Computing*, Vol. 26, 2015, pp. 435–443.

游行动的季节性①，或使用 LSTM 模型②，将前几天的相关信息作为扩展的训练信息进行模型训练。这些模型虽然相比于未考虑日期特征的模型而言，具有更好的拟合程度，但由于并没有足够充分的使用日期因素，所以这些模型在爆发点处的预测依旧达不到好的预测效果。

  本研究提出了先将日期特征量化，再进行预测的组合模型，来应对游客数量在爆发点处的预测需求。组合模型的逻辑流程如图 7-1 所示。我们首先使用旅游效果特征集训练日期量化模型，得到训练后的模型。再将量化集输入到日期量化模型中，得到日期特征。最后，我们将日期特征与其他旅游效应特征一同用于训练 LSTM 预测模型。一旦训练完成，就可以使用这个组合模型进行游客数量的预测。

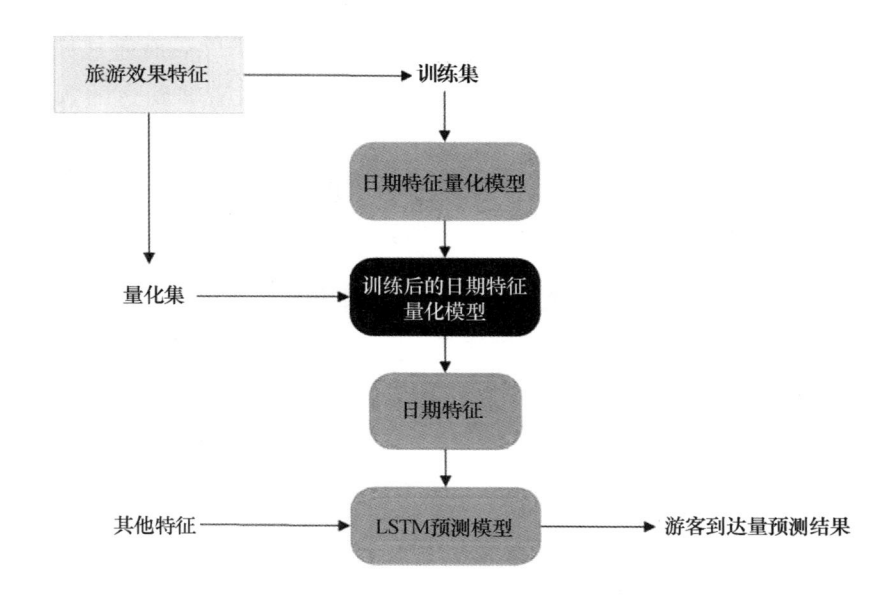

图 7-1 组合模型的逻辑流程

---

① Chen R., Liang C. Y., Hong W. C., et al., "Forecasting Holiday Daily Tourist Flow Based on Seasonal Support Vector Regression with Adaptive Genetic Algorithm", *Applied Soft Computing*, Vol. 26, 2015, pp. 435–443.

② Li Y., Cao H., "Prediction for Tourism Flow Based on LSTM Neural Network", *Procedia Computer Science*, Vol. 129, 2018, pp. 277–283.

二 日期特征量化模型

日期特征量化模型将作为组合模型的先行模型，它能够充分地提取出日期因素，并且将日期因素转化为一个量化的特征，称为量化日期特征。只要将这个量化日期特征作为预测模型的新的特征值，加入原特征值集合中，就能够在预测模型中充分地考虑日期因素对游客数量的影响。

由于景区对游客的承受能力是有限的，所以景区的管理人员对这些时间点的关注远超平常日期。游客少时，旅游景点的承受能力完全可以应对游客的需求，但是在旅游高峰时期，游客数量过高会对旅游景点的工作产生困难，甚至对景点产生不可逆的损坏，所以旅游景点的管理人员必须提前对旅游高峰时段做出准备，提前采取预防措施。而通过日期特征的专门量化处理所形成的组合模型可以提高峰值游客到达的预测性能。

日期特征量化模型本质上依旧是一个游客数量预测模型，但是该预测模型其必须满足以下两点要求：一是该模型的训练集剔除了日期特征相关因素，包括假期和假期天数等，只能包含旅游效果影响因素。因为日期特征量化模型的作用是将日期特征进行提取与量化，也就是说这个模型是只在与旅游效果因素（不包含日期因素）相关的情况下，将预测结果与实际的游客数量相比较并处理，我们才能够完整地将日期对游客数量的影响提取出来。二是我们选择的模型在预测某天的游客数量的时候，只能使用当天的相关信息。原因和上面一样，模型的输出要尽量避免日期因素产生的影响，这样才能充分提取出日期因素。

有很多模型满足上面的两点要求，这样的模型往往具有一个通性：单独使用这个模型来预测游客数量的话，预测效果往往很差。在这些模型中，我们选择了随机森林，因为随机森林具有很强的并行计算能力，同时允许特征遗失，鲁棒性高。

基于随机森林的日期特征量化模型如图 7-2 所示。在 RF 算法中，我们在由某些天的旅游数据构成的训练集中随机地选择 n 天作为一个样本

集合 S_n①,这个样本被称为 bootstrap。这样做是为了避免使用太多数据来创建多个独立树,而在原始数据中随机选择数据样本的方法,称为装袋②。之后针对每个随机选出的 bootstrap,执行回归树(Regression Tree,RT)方法。

在 RT 方法中,使用旅游效果特征的阈值和规则,迭代将数据分为两组③,构建了一组关于旅游效果特征的决策规则。这样,根据旅游效果特征就能将数据划分为具有二进制分裂的比较小组。选择预测器和阈值或分组以最大化所得组中相应值的均匀性。然后将每个组分成两个子组,依此类推。所得到的最终组被称为叶子,并且每个叶子都对应一个游客数量。最终预测的游客数量就是叶子的值的平均值。该过程生长最大树,然后使用交叉验证等技术将过度拟合的树修剪成最佳大小,得到一个决策树 T_i。

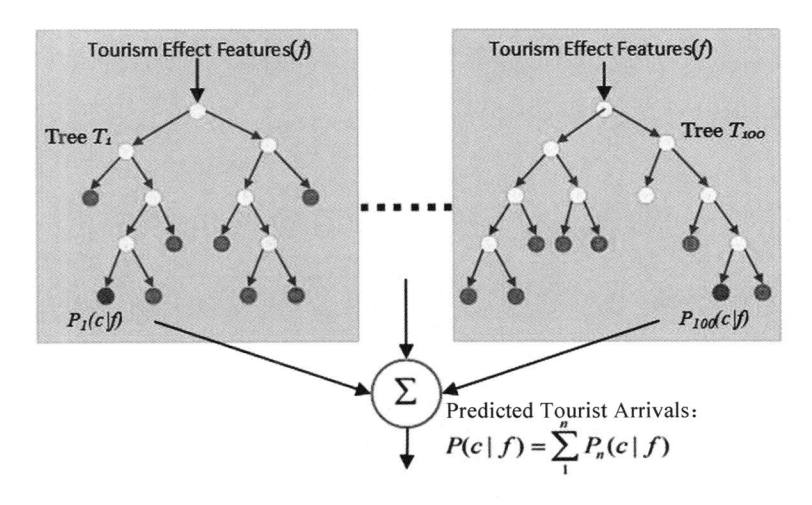

图 7-2 基于随机森林的日期特征量化模型

---

① Breiman L., "Random Forests", *Machine Learning*, Vol. 45, No. 1, 2001, pp. 5-32.
② Voyant C., Notton G., Kalogirou S., et al., "Machine Learning Methods for Solar Radiation Forecasting: A Review", *Renewable Energy*, Vol. 105, 2017, pp. 569-582.
③ Zamo M., Mestre O., Arbogast P., et al., "A Benchmark of Statistical Regression Methods for Short-Term Forecasting of Photovoltaic Electricity Production, Part I: Deterministic Forecast of Hourly Production", *Solar Energy*, Vol. 105, 2014, pp. 792-803.

再为一个 bootstrap 建立 RT 以后，会继续执行装袋操作，直至得到 100 个 bootstrap，形成 100 个 RT。这 100 个 RT 形成了一个森林。随机森林的预测结果就是这 100 棵树的预测值 P_i 的平均值 P。

三　日期特征处理

由于日期特征量化模型本质上只是一个预测模型，所以将只包含旅游效果因素的特征集合 X_{train} 作为训练数据训练模型，就会得到一个预测效果较差的预测模型。之后再将多年的旅游信息，作为量化集 X_{qua}，输入到模型中，得到模型预测的游客数量 Y_{pre}。请注意，量化集同样应该只包含旅游效果影响因素，这样得到的预测结果，就只由旅游效果因素决定。

量化集 X_{qua} 具有对应的实际游客数量 Y_{qua}，这个值是实际情况下的游客数量，其中不但受旅游效果因素的影响，还受到日期因素的影响。所以只要将 Y_{pre} 与 Y_{qua} 相比，就能够提取并量化日期与游客数量的相关性。比例值向量的求解如下式所示：

$$k = \frac{Y_{\text{qua}}}{Y_{\text{pre}}} \tag{7-1}$$

同时，由于每年只有 365 天（2 月 29 日近似认为与 2 月 28 日相同），所以日期对游客数量的影响也只有 365 种，也就是说量化的日期特征向量的长度应该是 365。所以必须对比例值向量以年为单位进行合并。合并比例值向量并求解量化日期特征的公式如下所示：

$$x_{\text{date}}[n] = \frac{N}{365} \sum_{i=0}^{\frac{N}{365}-1} k[n + i \cdot 365] \tag{7-2}$$

式中，n 是量化日期特征向量 x_{date} 的索引值，N 是比例值向量的长度，应为 365 的整数倍值，否则向下取整。量化的日期特征将会作为新的特征值，加入后续模型的训练集中，使得预测结果在爆发点处具有更好的拟合效果。

四　预测模型

日期特征量化模型只能用来提取和量化日期特征，并不能用来预测

第七章　基于日期特征量化的山岳型旅游风景区爆炸性客流预测　◀◀　183

游客数量。为了得到游客数量的预测结果，我们必须引入一种后继在日期量化模型后的最终预测模型。这个模型将使用原特征集合的一部分特征以及量化的日期特征来预测游客数量。我们在实验了多种模型后，从中选择了 LSTM 模型。

LSTM 是 RNN 循环神经网络的特殊版本。由于传统神经网络会将数据进行独立训练，造成信息丢失，所以我们尝试使用 RNN 在每个前后不同的输入 – 输出对之间建立链接，预测游客数量。图 7 – 3 显示了简单 RNN 的游客数量预测模型图。

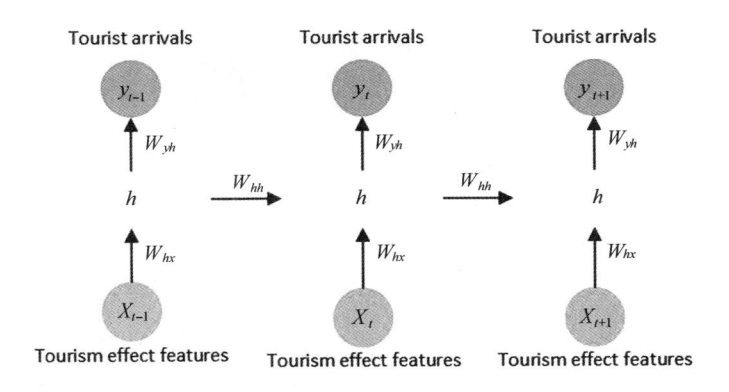

图 7 – 3　RNN 旅客到达量预测模型

其中 X 和 y 表示输入和输出数据，X 中既包含旅游效果特征，又包含量化日期特征；h 表示隐藏状态；W_{hx}，W_{yh}，W_{hh} 分别表示描述 X 和 h，h 和 y，h 和 h 之间关系的权重矩阵。输出 y_t 同时取决于 X_t 和上一个的隐藏状态 h_{t-1}。但是，简单的 RNN 的隐藏状态只有一个，使得它只对短期投入很敏感。为了在时间序列中捕获长期依赖性，LSTM 单元包含两个隐藏状态 h_t 和 c_t，分别用于保存短期信息和长期信息。LSTM 游客到达量预测模型如图 7 – 4 所示。

隐藏状态 c 需要特别处理，实现战略性地忘记与当前时间的无关信息。为了保留长期信息，在 LSTM 单元中引入了三个控制门，如图 7 – 4 所示。分别是遗忘门 f_t，输入门 i_t 和输出门 o_t。

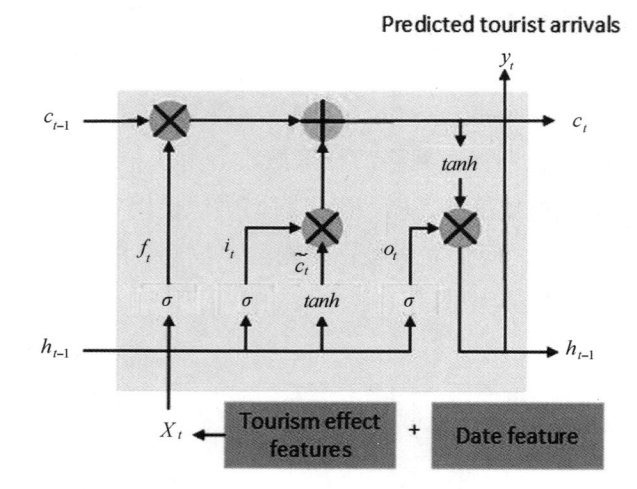

图 7-4 LSTM 游客到达量预测模型

在 LSTM 模型的应用中,我们需要对每一个时间步骤进行预测,目标的预测值就是游客的数量。在每个时间步骤中,同时输入旅游效果特征与量化日期特征。每个时间步骤的 LSTM 层都会得到一个游客数量预测结果。因此 LSTM 的隐藏神经元中应该包含对应的时间步骤的游客数量预测相关信息。先前时间步骤中的游客数量预测信息可以结合到后续时间步骤的游客数量预测中。这样,某一天的游客数量预测,就不只由这一天的旅游信息影响,还受到前几天的游客数量预测信息的影响。

从图 7-4 中可以得出:LSTM 由一个输入门,一个遗忘门和一个输出门构成。第 t 天的旅游信息,作为 X_t 输入到模型中。X_t 和前一天的状态量 c_{t-1} 一起被遗忘门处理。这个处理结果再加上输入门处理前一天预测的游客数量 h_{t-1} 得到的总和,就是当天的状态量 c_t:

$$f_t = \sigma(W_f \cdot [h_{t-1}, X_t] + b_f) \quad (7-3)$$

$$i_t = \sigma(W_i \cdot [h_{t-1}, X_t] + b_i) \quad (7-4)$$

$$\tilde{c}_t = \tanh(W_c \cdot [h_{t-1}, x_t] + b_c) \quad (7-5)$$

$$c_t = f_t \cdot c_{t-1} + i_t \cdot \tilde{c}_t \quad (7-6)$$

$\sigma(\cdot)$ 和 $\tanh(\cdot)$ 分别表示 S 型和 tanh 激活函数；X_t 是模型的输入特征集合，包括旅游效果特征和量化的日期特征；f_t 和 i_t 代表时间 t 的遗忘门矢量和输入门矢量；h_{t-1} 表示时间 $t-1$ 的输出矢量；b_f 和 b_i 分别表示时间 t 的遗忘门偏差和输入门偏差；W_f 和 W_i 分别是遗忘门和输入门的权重矩阵；$[\cdot]$ 是矢量连接运算符；c_t 表示当天的状态量。之后，前一天预测的游客数量经过输出门处理以后，得到输出门矢量 o_t。o_t 与当天的状态量 c_t 结合，就可以得到当天的游客数量预测结果 h_t：

$$o_t = \sigma(W_o \cdot [h_{t-1}, X_t] + b_o) \quad (7-7)$$

$$h_t = o_t \cdot \tanh(c_t) \quad (7-8)$$

第三节　实验过程与结果

本小节说明了数据的来源与处理方式，同时展示了实验执行的具体细节。我们的组合模型包含前后两个模型，包括日期特征量化模型和游客数量预测模型，为了简化论文，我们将日期特征量化模型称为先行模型，将游客数量预测模型称为后续模型。

一　数据集

本研究采用 2015 年 9 月 25 日至 2019 年 2 月 25 日时期内四川四姑娘山旅游数据集。客流量为四姑娘山官方网站公布的每日游客数量（https://www.sgns.cn/info/number）。

二　模型评估指标

为了验证不同模型使用不同数据集的预测准确性，就必须使用评价指标，来衡量模型的拟合效果。我们选择了三个常用指标来体现模型预测性能：拟合优度 R^2，均方根误差 RMSE，平均绝对误差 MAE。

此外，由于旅游景点的管理人员在所有日子的客流预测中，更加重点地关注客流爆发期内对客流的预测，以提前采取合适的措施，所以模型对客流峰值的预测效果，就成为了一种很重要的模型评价指标。为了体现不同模型对爆发性游客的预测效果,我们必须建立一种针对峰值预测的特有的评价指标。我们可以认为在游客数量超过一定的界限 y_P 时,都算作峰值。按照这个假设,我们针对游客数量大于 y_P 的天,使用 R^2,RMSE,MAE 三个指标,形成峰值预测效果指标:峰值 R^2(Peak R^2,PR^2),峰值均方根误差(Peak Root Mean Squared Error,PRMSE),峰值平均绝对误差(Peak Mean Absolute Error,PMAE)。其中 y_P 是按照具体的旅游景点的具体要求设定的,没有固定的确定方式,需要旅游管理人员按照旅游景点对游客的承受能力来确定。

$$PR^2 = 1 - \frac{\sum_{i \in \{y_i > y_P\}} (y_i - \widehat{y_i})^2}{\sum_{i \in \{y_i > y_P\}} (y_i - \bar{y_i})^2} \quad (7-9)$$

$$PRMSE = \sqrt{\frac{1}{m_P} \sum_{i \in \{y_i > y_P\}} (y_i - \widehat{y_i})^2} \quad (7-10)$$

$$RMAE = \frac{1}{m_P} \sum_{i \in \{y_i > y_P\}} |(y_i - \widehat{y_i})| \quad (7-11)$$

其中,m_P 表示测试集中 y_i 大于 y_P 的数据项数目;y_i 表示实际的游客数量;$\widehat{y_i}$ 表示预测的游客数量;$\bar{y_i}$ 表示实际客流的平均值。

三 日期特征量化

虽然日期特征量化模型能够很好地做到提取并量化日期特征,但是考虑量化日期特征的本质,在进行日期特征的量化过程中,我们还可以通过优化数据项,从而进一步强化量化模型提取日期因素的能力。

日期特征量化是通过将日期特征量化模型的预测值和实际游客数量比较,提取出不同日期对游客数量的影响。大体上,旅游旺季时,日期特征较高;旅游淡季时,日期特征较低。如果我们使用全年的数据进行训练,会在一定程度上发生过拟合。尤其是在某些旅游效果因素具有一定的日期特性或季度特性的时候,模型会针对这些特征在峰值处提高预测值,以拟合原数据。这会导致我们的模型求出的量化日期特征在爆发期和淡季期的特征值的区别变小,引起量化的日期特征在爆发期不够高。

所以我们提出了模型的进一步改进：在日期特征量化时，训练集只使用淡季期的数据，量化集使用全年的数据。这样就能明显地拉大爆发期与淡季期的量化的日期特征，使最后的预测结果更准确。

同时，为了体现日期特征的重要性，可以将日期特征在 LSTM 训练集中重复，使得数据集中有两个日期特征。这样能够使 LSTM 模型充分衡量日期特征对客流量的影响。

四　实验结果

我们探索性地使用三种经典模型预测客流，观察他们的预测效果。这三种经典模型为线性回归模型、ARIMA 模型以及 RF 模型。模型的训练集包含了第四章第一节的全部特征。预测的时间段从 2018 年 2 月 26 日至 2019 年 2 月 25 日，为整一年的时间。三种模型预测客流的拟合曲线如图 7-5 所示，预测结果如表 7-1 所示。可以看出，单纯地使用三个经典模型时，在 150 到 250 天之内的预测结果与实际客流数量相差很大，甚至会出现负值，拟合效果不佳。表 7-1 的结果表明这三个模型中 RF 的拟合效果最好，但是从图 7-5 中看出，RF 仍然存在预测客流峰值偏离实际峰值较大的情况。图 7-5 表明了三个模型在淡季的拟合效果较好，但在极高的峰值处的拟合效果不理想。虽然存在上升的趋势，但是上升的幅度不够，没有达到实际客流数量的高度，误差很大。所以单纯使用三种经典模型预测游客数量，效果很难令人满意。

表 7-1　　　　　　　　　传统模型在三种评价指标上的比较

模型	R^2	RMSE	MAE
ARIMA	0.4319	1553.6580	957.3090
RF	0.5942	1313.1880	775.7330
LR	0.4491	1529.9880	888.2480

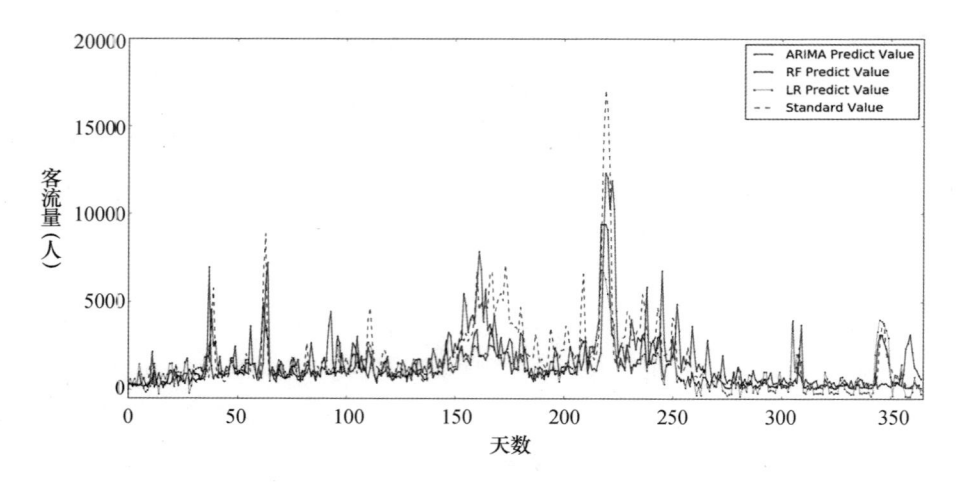

图 7-5　使用三种传统模型预测游客到达量

基于 RF 模型预测的有效性，我们尝试添加前一天的客流量作为新的特征加入原本的特征集①，使得该模型更符合客流预测的时间序列特性。预测结果如图 7-6 所示。同时，表 7-2 显示了改进前后 RF 模型的预测结果。很明显，改进后 RF 模型的预测效果有明显提升，并在峰值处的误差也有明显降低。但是仍然存在一些问题，比如，模型在极高峰值处的预测效果依旧不好。所以改进的单独 RF 模型依旧不能满足峰值预测的要求。

为了解决 RF 模型的局限性，我们单独使用 LSTM 预测游客数量。由于 LSTM 是基于时间向量进行预测的，所以 LSTM 模型也会将前一天的信息作为预测的相关值，这样也会考虑日期特征因素。LSTM 的预测结果如图 7-7 所示。

表 7-2 可以看出，充分考虑了日期特征的 LSTM 与将前一天的游客数量作为特征值的 RF 模型相比，预测效果有了明显提升。其中预测效

---

① Yin C. Y., Poon P., Su J. L., "Yesterday Once More? Autobiographical Memory Evocation Effects on Tourists' Post‐Travel Purchase Intentions Toward Destination Products", *Tourism Management*, Vol. 61, 2017, pp. 263–274.

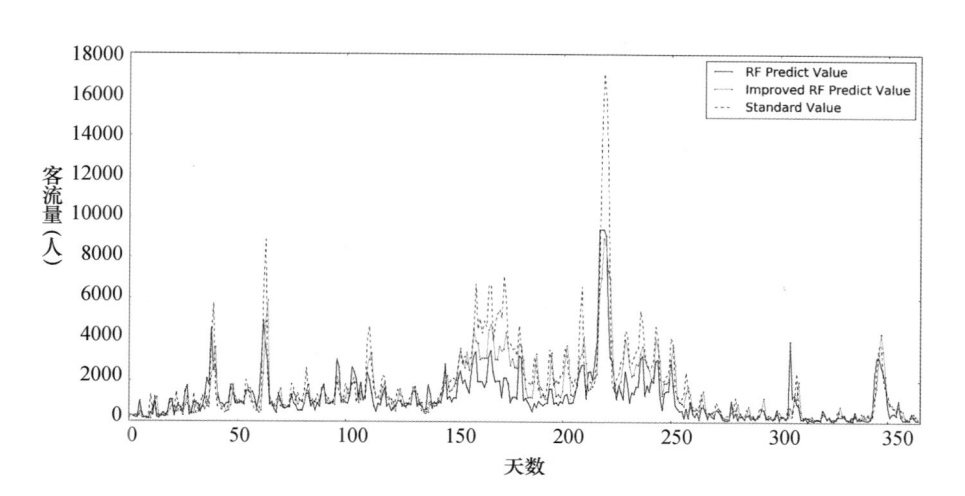

图 7-6　基于随机森林的预测游客到达量模型改进前后的性能比较

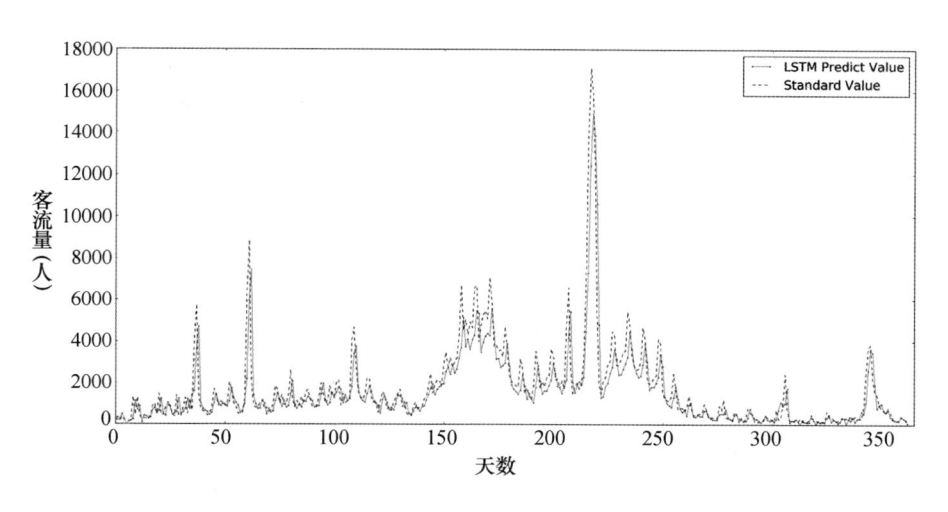

图 7-7　使用单独的 LSTM 模型预测游客到达量

最好的是 LSTM 模型。这证明了日期因素对游客数量具有很强的影响能力。结果同时证明了在游客数量预测时，更加充分地考虑日期因素与游客数量的相关性，对预测性能的提高非常关键。

考虑日期因素与游客数量的相关性的方法包括将前一天的游客数量作为新的特征值，或者使用 LSTM 模型。这里面，效果最好的是 LSTM 模型,但是 LSTM 模型依旧存在一些问题。比如,预测的峰值点会偏后,以及 RMSE 和 MAE 较大等。所以我们必须提出更好地体现日期因素与游客数量相关性的方法。

表 7-2　　　　　　　　单独模型在不同评价指标上的比较

模型	R^2	RMSE	MAE
RF Before improvement	0.5941	1313.2483	776.0885
RF After improvement	0.7355	1060.0973	538.5698
LSTM	0.7857	955.5480	527.9370

为了更精确地预测高峰期的客流量,我们采用组合模型来估计,这与第六章类似。由于 RF 模型具有良好的抗过拟合能力,在决定类别时,它能够评估变数的重要性,能够区别众多特征的重要性,所以我们使用随机森林模型作为组合模型中的日期量化模型;由于 LSTM 在单独模型中预测效果最好,同时本身 LSTM 模型就常用于时间序列的特征工程中,所以使用 LSTM 作为组合模型中的客流预测模型。组合模型中日期特征量化模型使用的训练集都包含全部日子数据项,所以形成组合模型:随机森林 LSTM 全年数据日期特征量化组合模型[RF-LSTM(ALL)]。由于单独模型中,预测效果最好的是 LSTM 模型,所以我们将 LSTM 的预测结果作为基础对照,比较组合模型的预测效果。图 7-8 是上述组合模型的拟合曲线对比图。可以看出,组合模型的拟合曲线比单独的 LSTM 的拟合曲线更高,更加接近标准值。

同时,为了体现出组合模型在峰值处的预测效果,我们将峰值处的数据提取出来,形成对比图。按照具体的客流以及具体的使用要求,设置峰值的阈值,我们的客流峰值阈值使用的是 3000,这也被用于区分淡季和旺季,客流数量大于 3000 的日子属于旺季,反之属于淡季。如图 7-9 所示,观察拟合效果。我们将组合模型与 LSTM 单独模型进行对照,观察日期特征量化对峰值预测的改善能力。能够明显地看出,组合模型在峰值处的预测值比单独的 LSTM 的预测值要高不少,与标准值之间的差距也明显缩短了。

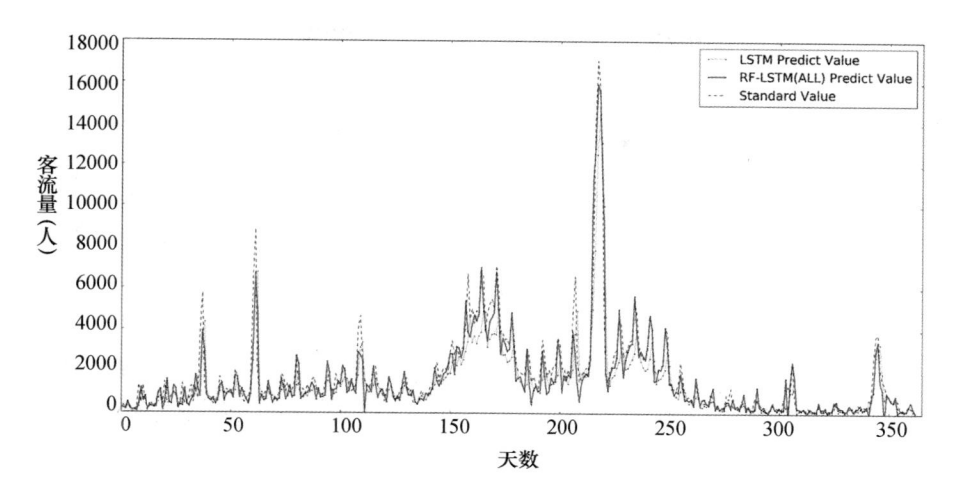

第七章 基于日期特征量化的山岳型旅游风景区爆炸性客流预测

图 7-8 RF-LSTM（ALL）预测全年游客到达量

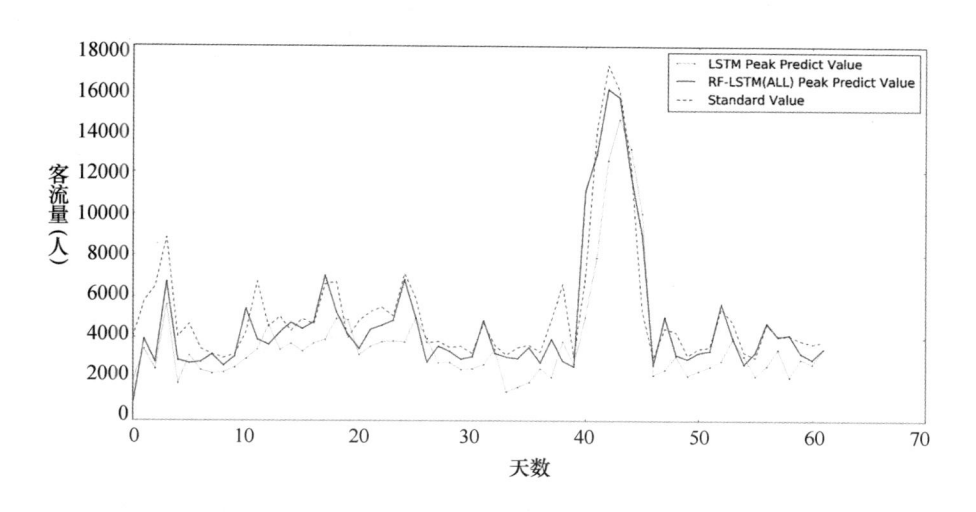

图 7-9 RF-LSTM（ALL）预测峰值处游客到达量

从图 7-8 与图 7-9 中可以发现：使用日期特征量化的组合模型，与单独的 LSTM 相比，虽然在极高的峰值处的预测效果略微降低，但是在其他较低的峰值处的预测效果却要比单独的 LSTM 要好很多。而且由于组合模型加入了日期特征，所以模型在峰值处的上升主要是因为日期特征引起的，而非过拟合。

表7-3是模型的预测结果评价指标的对照表。我们从表中，能够看出无论是全年的预测评价指标，还是峰值的预测评价指标，组合模型都要比单独的LSTM要优秀。在全年预测效果中，R^2升高了0.0845的拟合效果，拟合准确度更高。RMSE和MAE在原值的基础上分别下降了22.86%和16.86%，误差明显降低。而在峰值处的预测上，组合模型在拟合效果的提高更加明显。在峰值预测中，PR^2升高了0.2181的拟合效果，PRMSE和PMAE在原值的基础上分别下降了20.57%和24.19%。由此，能够发现组合模型在预测方面的优势，尤其是在峰值处的预测优势。这证明，日期因素是游客数量预测时一个非常重要的相关因素。同时，日期特征量化是充分考虑日期因素的一个非常优秀的手段。

表7-3　　　　组合模型与传统模型在不同评价指标上的比较

	模型	RF-LSTM	LSTM
全年的预测评价指标	R^2	0.8688	0.7843
	RMSE	739.6508	958.8294
	MAE	429.4320	516.5116
峰值的预测评价指标	PR^2	0.7067	0.4886
	PRMSE	1541.4762	1940.5815
	PMAE	1117.9480	1474.6784

此外，我们对组合模型进行改进。组合模型的日期特征量化模型的训练集使用的不再是全年数据，而是淡季数据。这样日期量化模型就能够更明显地区别在爆发期和淡季期内的日期因素。通过调整量化模型训练集，组合模型会分别衍生为RF-LSTM淡季数据量化日期特征组合模型［RF-LSTM（SLACK）］。将改进后的组合模型和改进前的模型进行比较，可以得到对比曲线图。图7-10和图7-11分别是整年预测和峰值预测的拟合效果对比。不难看出，虽然改进前后的模型的拟合曲线整体上十分相似，但是在每段爆发期内的峰值处，改进后的拟合曲线会更加接

近标准值。

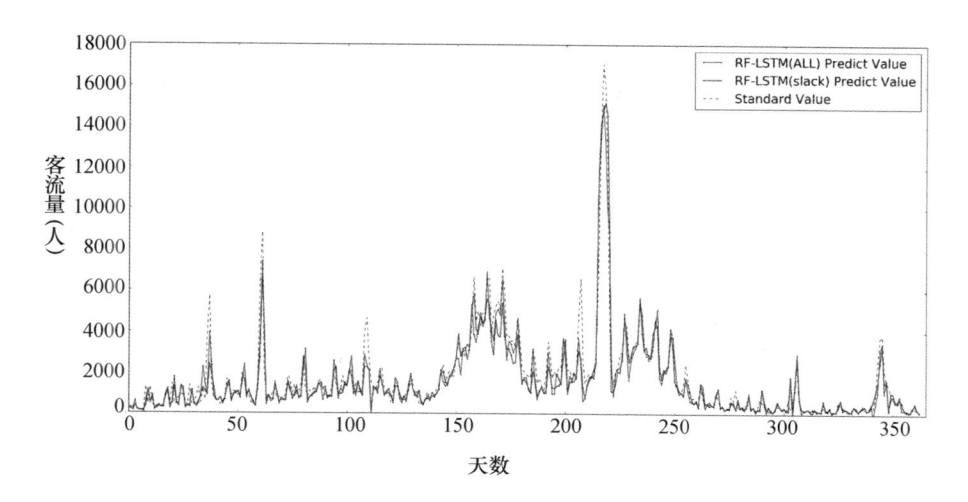

图 7-10 使用 RF-LSTM（ALL）和 RF-LSTM（SLACK）
进行游客到达量的年度预测

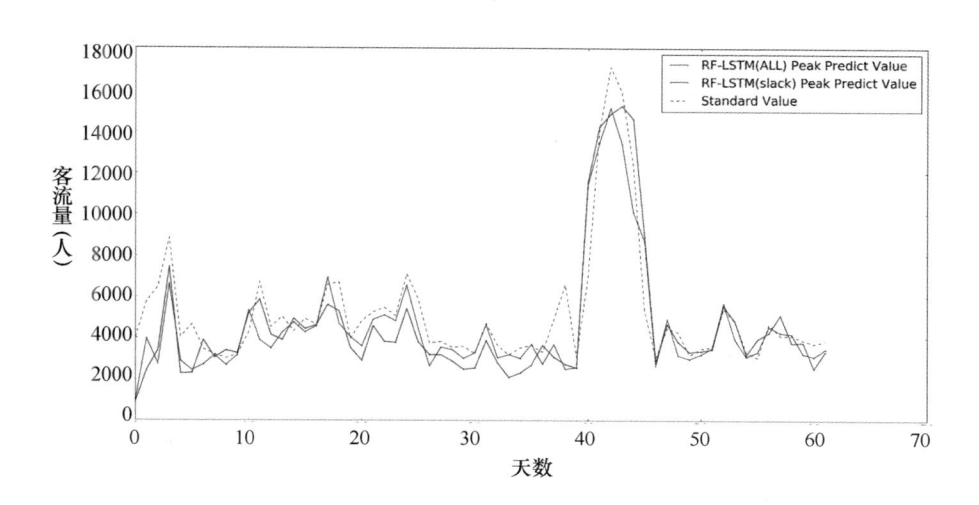

图 7-11 使用 RF-LSTM（ALL）和 RF-LSTM（SLACK）
进行游客到达量的峰值预测

表7-4是我们将全部模型的评价指标统计起来以后形成的对照表，从中我们能够更全面地分析模型在整年预测和峰值预测方面的拟合效果。我们发现当日期特征量化模型的训练集使用淡季数据时，无论是全年的预测评价指标，还是峰值的预测评价指标，都有所提高。在全年预测中，R^2升高了0.0028的拟合效果，RMSE和MAE在原值的基础上分别下降了1.61%和1.29%，指标近乎相同。但是在峰值预测中，PR^2升高了0.0207的拟合效果，PRMSE和PMAE在原值的基础上分别下降了3.59%和7.67%。证明在日期特征量化模型中只使用淡季数据对峰值预测的准确度还是有较明显的提升。

表7-4　　　　　　　　所有模型在不同评价指标上的比较

模型		RF-LSTM（ALL）	RF-LSTM（SLACK）	LSTM
全年预测的指标	R^2	0.8688	0.8716	0.7843
	RMSE	739.6508	727.7198	958.8294
	MAE	429.4320	423.8950	516.5116
峰值预测的指标	PR^2	0.7067	0.7274	0.4886
	PRMSE	1541.4762	1486.1220	1940.5815
	PMAE	1117.948	1032.1992	1474.6784

从上述实验中，我们能够得到一些结果。首先，在组合模型中，模型在峰值处的拟合效果都比在对全年的拟合效果差。此外，我们能够看出通过限制组合模型的日期量化模型，只使用淡季的数据进行训练对组合模型整年和峰值处的预测效果具有改善作用，但是改善的程度较小。这主要是因为虽然在日期特征量化中加大了在爆发期与淡季期的日子的日期特征，但是这样也引起了日期特征量化模型使用的数据不全面。这造成了日期特征的准确度下降的问题，这会引起模型最终预测结果的不准确。

我们把所有已有的数据分成两部分，一部分用于日期特征的量化模型训练和形成日期特征，而另一部分则用于训练LSTM峰值预测模型。这种方式可能会导致模型的过拟合问题变得更为严重。但是由于游客数量预测问题的应用场景是以一个景区的数据作为训练集,所以训练后的模型将用于同一个景区。也就是说,模型的训练场景和应用场景是相似的。那么适当的过拟合会在模型使用时重现,比如,每年同一天的天气具有相似性。在这种情况下,模型的精度反而可能会得到一定的提高。

本章小结

针对山岳型旅游风景区爆炸性客流预测的需求,本研究提出了一种量化日期特征的爆炸性客流预测模型。客流量不但与旅游效果影响因素,如天气、交通、旅店等有关,且与当日的游客旅游习惯有关。本研究使用量化模型对日期因素进行量化处理,形成量化特征,将量化的日期特征添加到 LSTM 原特征集合中,训练 LSTM 模型,得到了一个在爆发性客流峰值处拟合效果较好的预测模型。实验结果表明日期特征量化后能够较好地提高在客流量峰值处的预测精确度。

第 八 章

基于 mRMR – LSTM 的山岳型旅游风景区滚动多步爆炸性客流预测

本章提出了一种基于 mRMR – LSTM 的滚动多步预测方法，依据 mRMR 算法在特征选择上的优势及 LSTM 模型有长时记忆功能和在序列建模问题上的优势，该方法预测值的累计误差小且输出为标量，类似于 1 步预测，简单易行，最终成功得到了客流量时间序列的 1 步预测和多步预测结果。而且由于 LSTM 模型输入数据的顺序到达，该方法经仿真研究，表现出了自适应学习的特点，便于应用在不同山岳型旅游风景区的客流预测。

第一节 问题提出

利用多步预测技术预测未来的客流量，相比预测单日的客流能更有效地支持个人旅行计划和管理决策。因此，多步客流量预测的重要性不言而喻。先前研究提出了一些时间序列多步预测方法，包括迭代预测、直接预测、多输入—多输出及组合形式。

迭代预测方法是最经典的时间序列多步预测方法，该方法通过对多次 1 步预测过程的预测值进行连续的组合，可得到多步预测结果。然而，由于每次前一回 1 步预测的预测值都被作为后一回预测过程的输入，而不是真实值，随着预测步数的增加，累计预测误差将逐步增大，从而影响多步预测的准确性。尽管迭代预测方法自始至终只需训练单个模型，操作较为简单，但在长期预测中其存在一定的局限性；直接预测方法则根据输入集的不同建立多个模型同时训练，可以直接预测多个相互独立的值，不会像迭代预测方法一样产生累计误差。然而，该方法需要多个模型来支撑，使得多步预测的整体过程变得十分烦琐，不利于实际应用；直接迭代法将每一步的预测值自动扩充进输入集，并训练多个时间序列预测模型，以解决迭代预测方法的累积误差问题。该方法可以较好地平衡预测精确度和建模过程的复杂度，但仍需要处理多个模型；多输入—多输出方法则可以体现出独立预测值之间的相关性，它可以直接输出连续多步的预测值。然而，由于涉及更多的输入和输出，其计算量将会大大提升。因此，为了最大程度平衡预测的精确度和建模过程的复杂度，使二者尽可能达到最佳平衡，并考虑到 LSTM 网络模型本身对于"长时间"记忆能力的特性和预测单日客流量的优越性，本章选择了迭代预测方法和多输入—多输出预测方法的组合。同时，构建基于 mRMR 特征选择算法和 LSTM 深度学习网络的滚动多步客流预测模型，以提高预测结果。

第二节 基于 mRMR – LSTM 滚动多步爆炸性客流预测方法

本研究提出的 mRMR – LSTM 滚动多步爆炸性客流预测方法的设计思路如下：首先，收集与日客流量预测相关的多元数据，主要包括历史客流量、搜索引擎数据、天气和节假日数据等，并将其作为多元数据输入层的输入变量；其次，通过关键特征识别层，在输入的多元变量中识别出对客流量存在重要影响的关键特征，剔除多余或不重要的特征，以避免特征之间因多重共线性而导致的模型过拟合问题；再次，基于特征选择结果，将识别出的关键特征输入深度网络学习层中，用于训练深度神经网络；最后，进行日客流量多步向前滚动预测，通过预测结果输出层输出多日客流量的预测结果。图 8 – 1 展示了 mRMR – LSTM 滚动多步爆炸性客流预测方法的框架。

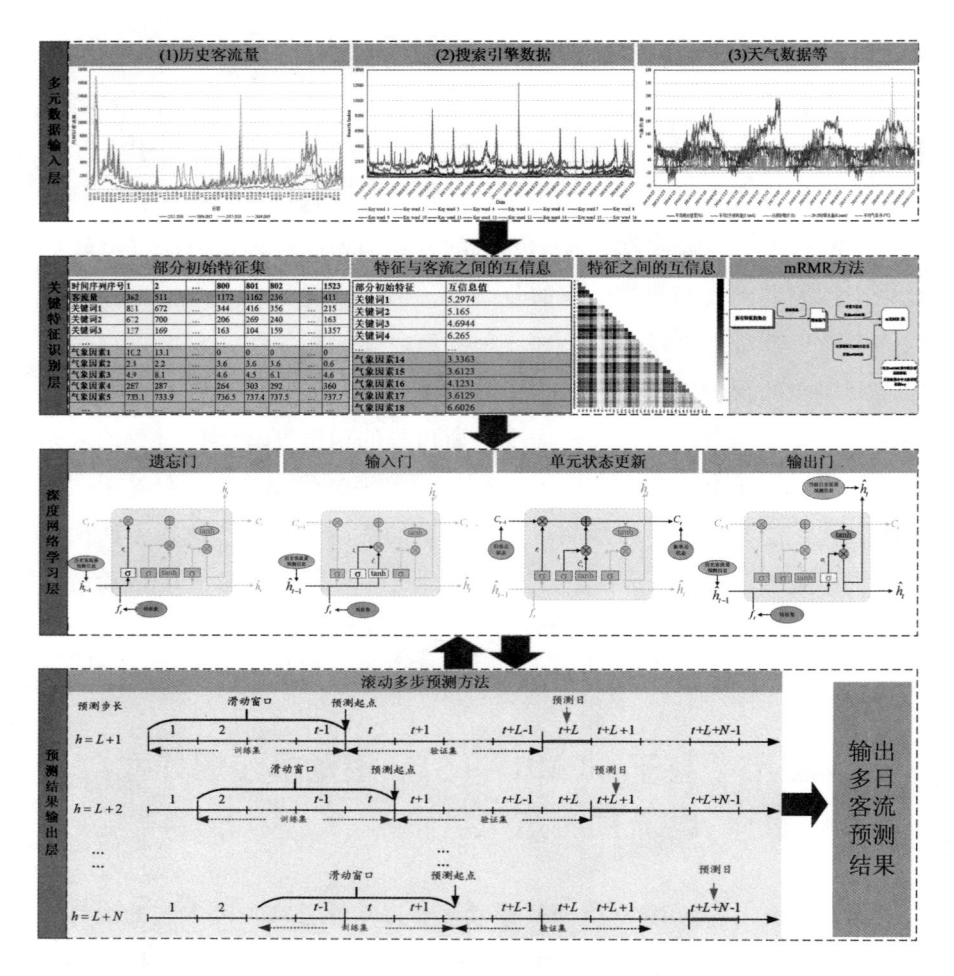

图 8–1　mRMR – LSTM 模型框架

一　多元数据输入层

多元数据输入层是 mRMR – LSTM 模型的第一个层级，其目的在于将收集得到的历史客流量数据、搜索引擎数据、天气数据和节假日数据这些与客流量预测相关数据，作为多元特征变量输入模型中，实现多元数据融合。

二 关键特征识别层

考虑到从 mRMR – LSTM 模型中多元数据输入层得到的多元变量维度较大,为了从众多变量中获得对日客流量预测精度最有效的特征,从而实现特征空间维度的降维,并降低预测模型的学习和训练难度,我们将收集到的所有数据进行关键特征的识别,即特征选择,目的是获取一组使得预测模型误差最小化的预测特征。虽然前文使用的特征融合算法 PCA 实现了数据降维,在最大程度上保留了原有的样本特征,也让预测模型的预测性能有了一定程度的提升,但是,利用主成分解释的样本含义不如原始样本完整,存在一定的模糊性,且对存在着多重共线性的特征进行降维容易导致预测模型过拟合。因此,需要一种可以有效识别搜索引擎数据、天气和节假日等多元高维数据中关键影响特征的算法,即特征选择算法,希望它可以有效避免关键特征间的多重共线性以及模型过拟合等问题。

从信息论的角度出发,特征选择的目的在于从原始特征集合 $F_{raw} = \{f_i\}_{i=1}^N$ 中确定影响日客流量的关键特征子集 $F_{key} = \{f_i\}_{i=1}^n (n \leq N)$,使得 F_{key} 与日客流量 h_t 之间表示最大依赖度的互信息 $MI(F_{key};h_t)$ 最大,将 F_{key} 与 h_t 互信息 $MI(F_{key};h_t)$ 定义为:

$$MI(F_{raw};h_t) = \sum_{i=1}^{N} p(f_i,h_t) \log \frac{p(f_i,h_t)}{p(f_i)p(h_t)} \quad (8-1)$$

在实际预测问题中,随着特征数量的增加,正确估计概率密度变得越来越困难,进而使得互信息值的计算也变得异常复杂。为了解决这一问题,Pong H. 等人[①]通过近似法计算最大依赖度,提出了基于最大相关最小冗余(Min – Redundancy and Max – Relevance,mRMR)方法,该方法的重要思路在于最大化特征与标签的相关性和最小化特征与特征的冗余性,优势在于在选择特征子集时既有效又高效。结合实验数据,特征

---

① Peng H., Long F., Ding C., "Feature Selection Based on Mutual Information Criteria of Max – Dependency, Max – Relevance, and Min – Redundancy", *IEEE Transactions on Pattern Analysis and Machine Intelligence*, Vol. 27, No. 8, 2005, pp. 1226 – 1238.

集 F_{raw} 中的各个特征 f_i 与日客流量 h_t 之间的所有互信息的平均值定义如下，即最大相关度准则：

$$\max D(F_{raw}, h_t); \quad D(F_{raw}, h_t) = \frac{1}{|F_{raw}|} \sum_{f_i \in F_{raw}} MI(f_i, h_t) \quad (8-2)$$

通过最大相关度准则依次选择出来的特征很大程度上具有较多冗余，因此在最大相关度准则的基础上加入最小冗余准则来相互选择特征[①]，即计算特征 f_i 和特征 f_j 之间的所有互信息的平均值，要求 $i \neq j$，定义如下：

$$\min R(F_{raw}); \quad R(F_{raw}) = \frac{1}{|F_{raw}|^2} \sum_{f_i, f_j \in F_{raw}} MI(f_i, f_j) \quad (8-3)$$

mRMR 方法是上面给出的两种措施的组合，这个方法的关键思想是要尽量增大特征与标签的关联度，同时减小特征之间的冗余性：

$$\begin{aligned} mRMR &= \max D(F_{raw}, h_t) - \min R(F_{raw}) \\ &= \max \left[\frac{1}{|F_{raw}|} \sum_{f_i \in F_{raw}} MI(f_i, h_t) - \frac{1}{|F_{raw}|^2} \sum_{f_i, f_j \in F_{raw}} MI(f_i, f_j) \right] \end{aligned} \quad (8-4)$$

利用 mRMR 算法选择候选特征集的流程如图 8-2 所示：

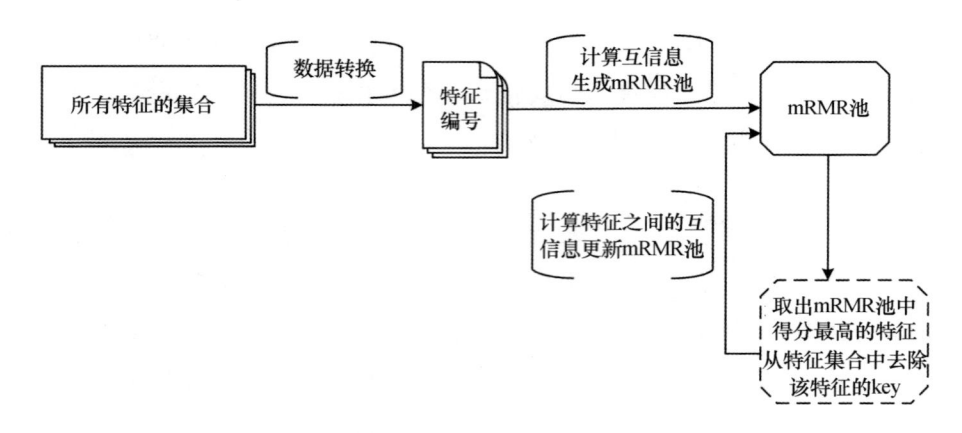

图 8-2　mRMR 算法流程

[①] Yu P. S., Yang T. C., Chen S. Y., et al., "Comparison of Random Forests and Support Vector Machine for Real - Time Radar - Derived Rainfall Forecasting", Journal of Hydrology, Vol. 552, 2017, pp. 92 - 104.

基于上述 mRMR 方法，结合日客流量预测，给出关键特征识别的过程如下：

步骤 1：初始化 $F_{key} = \{f_i\}_{i=1}^{n} (n \leqslant N)$ 为空集；

步骤 2：对原始特征集合 $F_{raw} = \{f_i\}_{i=1}^{N}$ 中的数据进行标准化，消除量纲影响，便于计算数据之间的联合分布和概率分布；

步骤 3：对 F_{raw} 中的所有特征 f_i，计算 f_i 与对应日客流量 h_t 的互信息值 $MI(f_i; h_t)$，并建立一个 mRMR 池，将所有互信息值的计算结果加入其中；记 f^* 为满足 $\max D(F_{raw}, h_t)$ 条件的首个特征，将其从 mRMR 池中去掉，并将该特征加入 F_{key} 集；

步骤 4：计算 $F_{raw} - \{f^*\}$ 集中剩余 f_i 与 f^* 的互信息值 $MI(f_i; f^*)$，选择满足 $\min R(S)$ 与 $\max \Phi(D, R)$ 的特征 f_i，并将该特征加入 F_{key} 集。从选择第二个特征开始到选择第 n 个特征结束，在有已选择的 $m - 1$ 个特征的基础上，使用增量搜索方法按式（8 - 5）从集合 $F_{raw} - F_{key}$ 中选择第 m 个特征加入特征子集 F_{key}；

$$\max_{f_j \in F_{raw} - F_{key(m-1)}} \left[MI(f_j; h_t) - \frac{1}{m-1} \sum_{f_i \in F_{key(m-1)}} MI(f_j; f_i) \right] \quad (8-5)$$

步骤 5：重复步骤 4，直到 F_{raw} 为空集，则得到特征按 $MI(f_j; h_t) - \frac{1}{m-1} \sum_{f_i \in F_{key(m-1)}} MI(f_j; f_i)$ 的值的大小从高到低排列的特征子集 F_{key}。

三 深度网络学习层与预测结果输出层

深度网络学习层即为 LSTM 网络的构建和训练过程。不同于前文预测单日客流，本章将预测多日客流，因此，若预测今日之后 N 日的客流，需设定前 N 日对应的旅游特征数据作为 LSTM 网络的输入。例如，要预测从今日起的 2 日客流量，模型的训练学习将需要前 2 天的旅游特征数据；预测从今日起的 7 日客流量，模型的训练学习将需要前 7 天的旅游特征数据。在实验结果的展示中，简化表示为 (N, N)。

日客流量数据是一种随时间的延长而顺序排列的数据流。实验将使用擅于处理时间序列数据流的时间滑动窗口模型来验证 mRMR - LSTM 模型的性能。设旅游信息序列中某一时间点 T，滑动窗口的时间宽度为 w，则模型考察的序列范围可以表示为 $[h_{T-w},\cdots,h_T]$。在滑动窗口模型中，新的旅游信息会持续加入窗口，而旧的旅游信息会因超过有效期而被排除在窗口外。基于滑动窗口模型的滚动多步预测方法如图 8-3 所示。

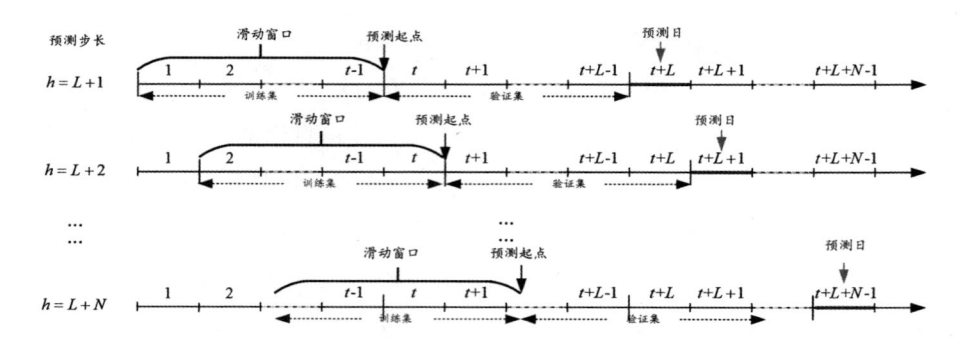

图 8-3　基于滑动窗口模型的滚动多步预测过程

基本过程如下：初始当预测步长为 1 时，训练集长度为 $[1, t-1]$，其对应序列为滑动窗口，验证集长度为 $[t, t+L-1]$，模型预测第 $t+L$ 天的日客流量。当预测步长为 2 时，滑动窗口向后滚动相应的步长，第 $t+L$ 天的日客流量预测值将作为预测 $t+L+1$ 天的输入。同理，当预测步长为 3 时，第 $t+L$ 天和第 $t+L+1$ 天的日客流量预测值将作为预测 $t+L+2$ 天的输入。通过上述方式，模型即可得到多日客流预测结果。

第三节　实验过程与结果

一　数据集

本章从四姑娘山官网"每日客流发布"（https：//www.sgns.cn/info/number）一栏中获取自 2015 年 9 月 25 日至 2019 年 11 月 25 日 1523 天的历史日旅游数据，用以评估日旅游量预测模型的准确性。并从百度索引数据库（http：//index.baidu.com）中获得试验所需的有关四姑娘山的百度日搜索指数。

二 参数设置

mRMR – LSTM 模型是一个多输入—多输出模型，模型中参数的设置包括特征识别的参数设置和深度网络学习的参数设置。

第一，本研究将对不同预测步长的每个移动窗口中的训练子集的特征利用 mRMR 算法进行特征选择，程序的输入分别包括特征集矩阵、对应的日旅游量数据和初步筛选的特征。本试验中待选的特征为 26 种，筛选的特征个数参数设置为 16。

第二，本研究使用了 TensorFlow 系统作为后端，保证了模型训练和执行方面的高性能，并使用 Keras 库搭建 LSTM 网络结构。预测模型的网络结构设计如下：使用一层 LSTM 网络作为隐藏层处理输入，然后通过一层全连接的 Dense 网络进行输出。在实验中，我们将 Dense 层的激活函数设定为线性函数，模型的损失函数采用了均方误差（MSE），而优化函数则选择了 Adam。模型外部的超参数有 4 项，如表 8 – 1 所示，包括延迟步长隐藏层节点数（记为 lstm_layer）、神经网络正则化设置（Dropout）、模型训练的迭代次数（epochs）和训练数据批尺寸（batch_size），其数值均由网格搜索法确定。隐藏节点个数 lstm_layer = 50 代表每一个 1 维特征输入经过隐藏层计算后输出一个 50 维的特征；神经网络正则化设置 Dropout = 0.4 代表丢弃 40% 的神经网络层的输入单元，这将有助于防止过拟合；epochs = 1000 表示将训练数据进行 1000 次迭代计算；batch_size = 100 表示批处理样本数为 100，即指定进行梯度下降时每个 batch 包含 100 个样本数，训练时一个 batch 的样本会被计算一次梯度下降，使目标函数优化一步。

表 8 – 1　　　　　　　mRMR – LSTM 网络模型超参数

参数名	意义	参数值
feature_number	识别特征个数	6
Dropout	丢弃神经网络层的输入单元比例	0.4
lstm_layer	隐藏层个数	50
epochs	一次训练的迭代次数	1000
batch_size	一次训练的样本数目	100

关于滚动窗口的选择，将训练集窗宽固定为800，验证集窗宽固定为100，测试集窗宽固定为140，模型根据多步预测的 N 值不同，将窗口偏移对应的天数。我们将样本分为9个子集，每个子集相对于前一个子集，都是顺延了两个月的时间序列。

三 实验结果

迭代预测方法容易引起误差传播，产生累计误差，因此实验将整个样本集分为9个样本子集，对每个样本子集进行预测步长为1至7天的短期预测，以避免较大误差，并综合各个样本子集的预测结果对 mRMR – LSTM 模型的预测性能进行评估。

以样本子集1为例：

第一，多元数据输入层。mRMR – LSTM 模型的输入，包括38种影响因素数据和对应的历史客流量数据，在模型中通过变量符号代替，如表8-2所示。

表8-2　　　　　　　　多元影响因素列表

变量符号	变量名称	变量符号	变量名称
x_1	"茶店子客运站"搜索量	x_{21}	平均气压
x_2	"茶店子客运站时刻表"搜索量	x_{22}	平均2分钟风速
x_3	"双桥沟"搜索量	x_{23}	平均气温
x_4	"四姑娘山"搜索量	x_{24}	平均水气压
x_5	"四姑娘山海拔"搜索量	x_{25}	平均相对湿度
x_6	"四姑娘山景区"搜索量	x_{26}	日照时数
x_7	"四姑娘山旅游"搜索量	x_{27}	最低气压
x_8	"四姑娘山旅游攻略"搜索量	x_{28}	最低气温
x_9	"四姑娘山门票"搜索量	x_{29}	最高气压
x_{10}	"四姑娘山天气"搜索量	x_{30}	最高气温
x_{11}	"四姑娘山图片"搜索量	x_{31}	蒸发
x_{12}	"四姑娘山住宿"搜索量	x_{32}	最大风速
x_{13}	"长坪沟"搜索量	x_{33}	最大风速的风向
x_{14}	"海螺沟"搜索量	x_{34}	最小相对湿度

续表

变量符号	变量名称	变量符号	变量名称
x_{15}	"成都到四姑娘山"搜索量	x_{35}	是否工作日
x_{16}	"四姑娘山在哪里"搜索量	x_{36}	是否周末
x_{17}	20–20时降水量	x_{37}	是否三至五天小长假
x_{18}	蒸发(大型)	x_{38}	是否七天长假
x_{19}	极大风速	y	历史客流量
x_{20}	极大风速的风向		

第二,关键特征识别层。由于节假日特征设置为虚拟变量,因此不对其进行特征识别。其余34种数据之间的互信息值如图8-4所示。

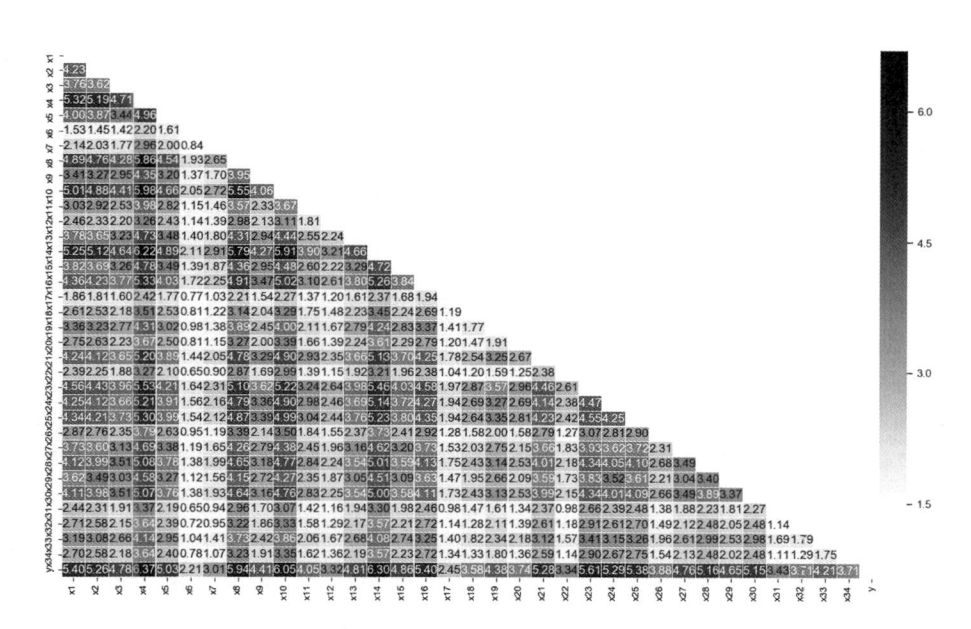

图8-4 样本子集1特征数据之间的互信息矩阵

得到互信息矩阵后,结合mRMR算法,特征重要性的排序结果如表8-3所示。

表 8-3　　　　　　　　基于 mRMR 算法的特征排名

排名	特征序号	排名	特征序号
1	x_4	18	x_{20}
2	x_{12}	19	x_{30}
3	x_{14}	20	x_{28}
4	x_8	21	x_{23}
5	x_1	22	x_{27}
6	x_{10}	23	x_7
7	x_2	24	x_{29}
8	x_{16}	25	x_{21}
9	x_5	26	x_{24}
10	x_{15}	27	x_{19}
11	x_3	28	x_{26}
12	x_{13}	29	x_6
13	x_{25}	30	x_{18}
14	x_{33}	31	x_{32}
15	x_9	32	x_{31}
16	x_{11}	33	x_{17}
17	x_{34}	34	x_{22}

根据表 8-3 中的信息，样本子集 1 中关键特征排名在前 6 位的特征为"四姑娘山""四姑娘山住宿""海螺沟""四姑娘山旅游攻略""茶店子客运站"和"四姑娘山天气"的搜索量，之后模型自动将它们和节假日虚拟变量共 10 种变量输入深度网络学习层进行训练。

第三，预测结果输出层。最终 1—7 步预测结果如图 8-5 所示，曲线随着预测步长的增加，可预测的客流量的天数逐次增加，并根据曲线的拟合效果，初步判断 3 步预测（3,3）方式的效果最好。

(a) 1步预测 (1, 1)

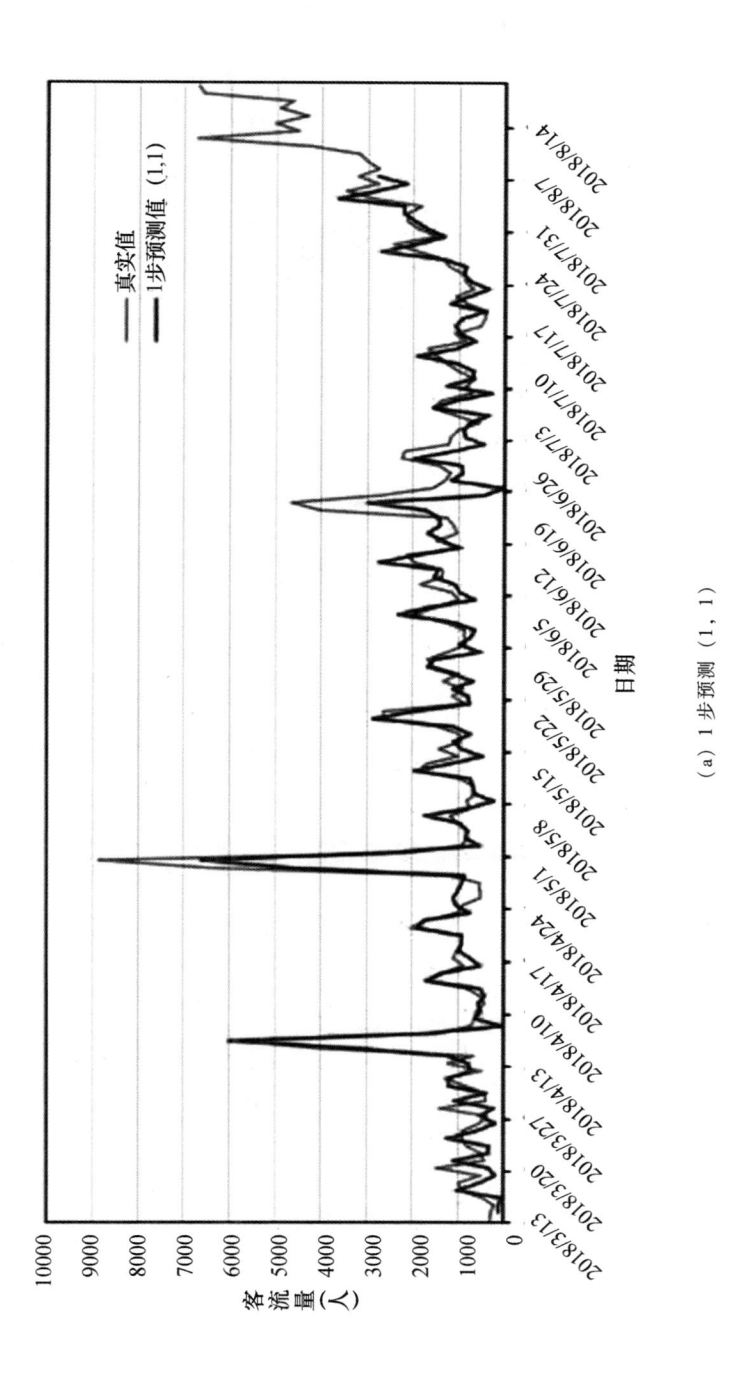

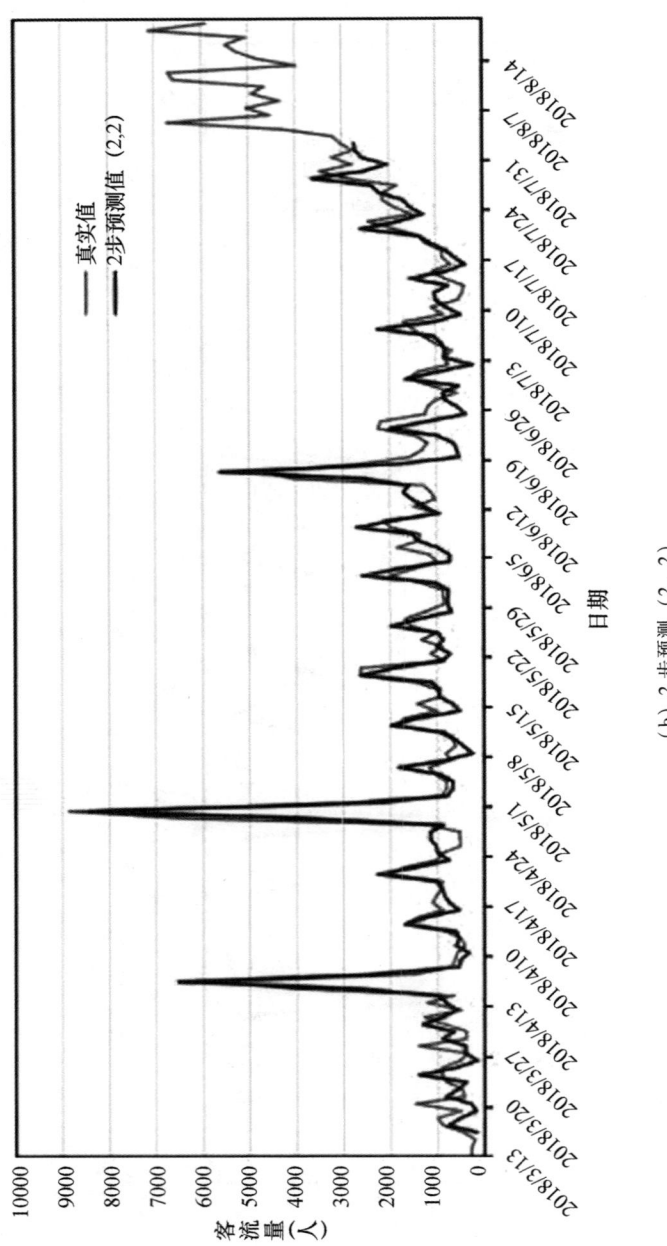

(b) 2 步预测 (2, 2)

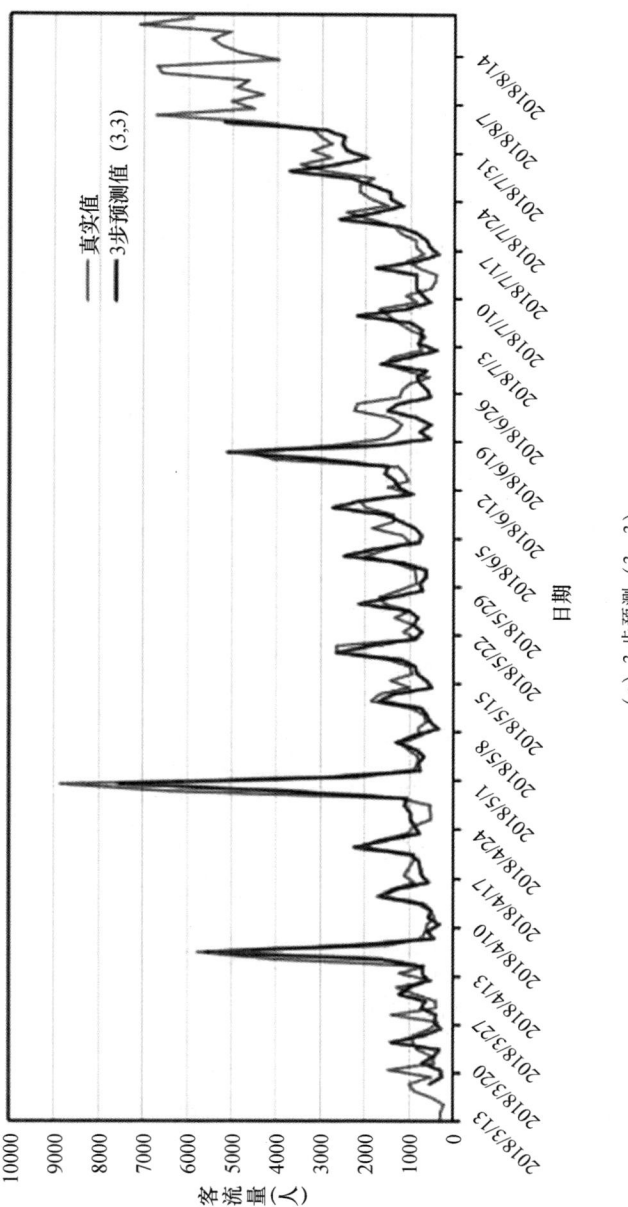

(c) 3 步预测 (3, 3)

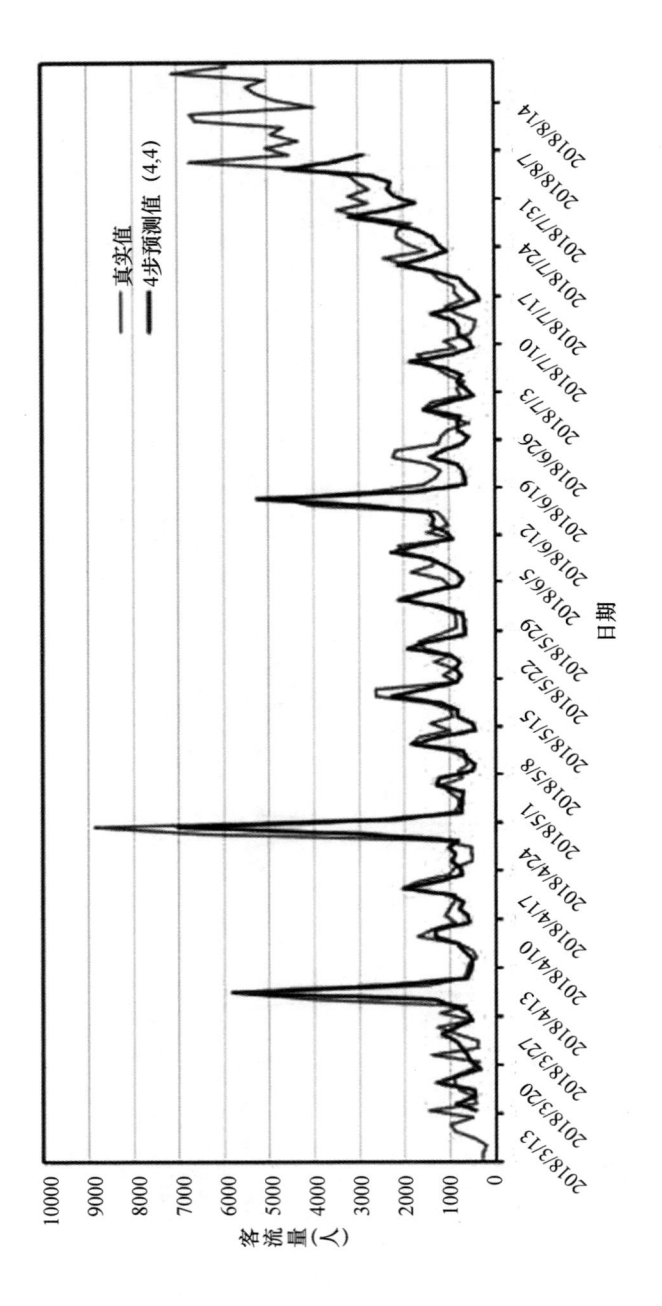

(d) 4步预测（4,4）

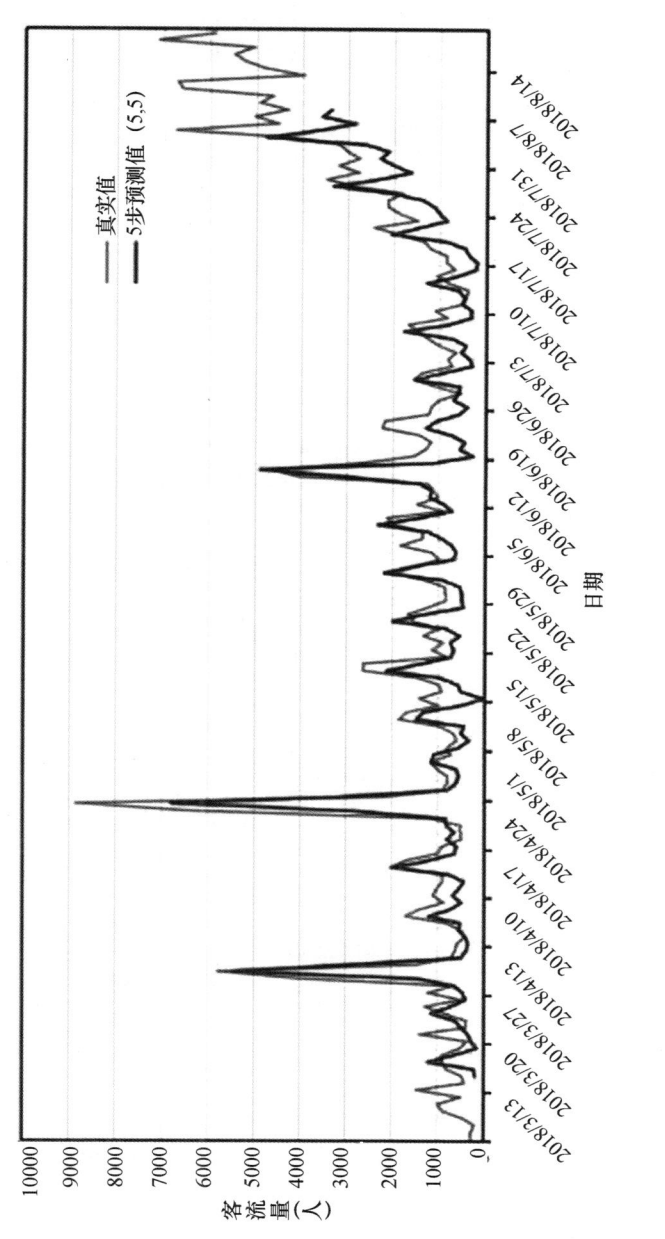

(e) 5 步预测 (5, 5)

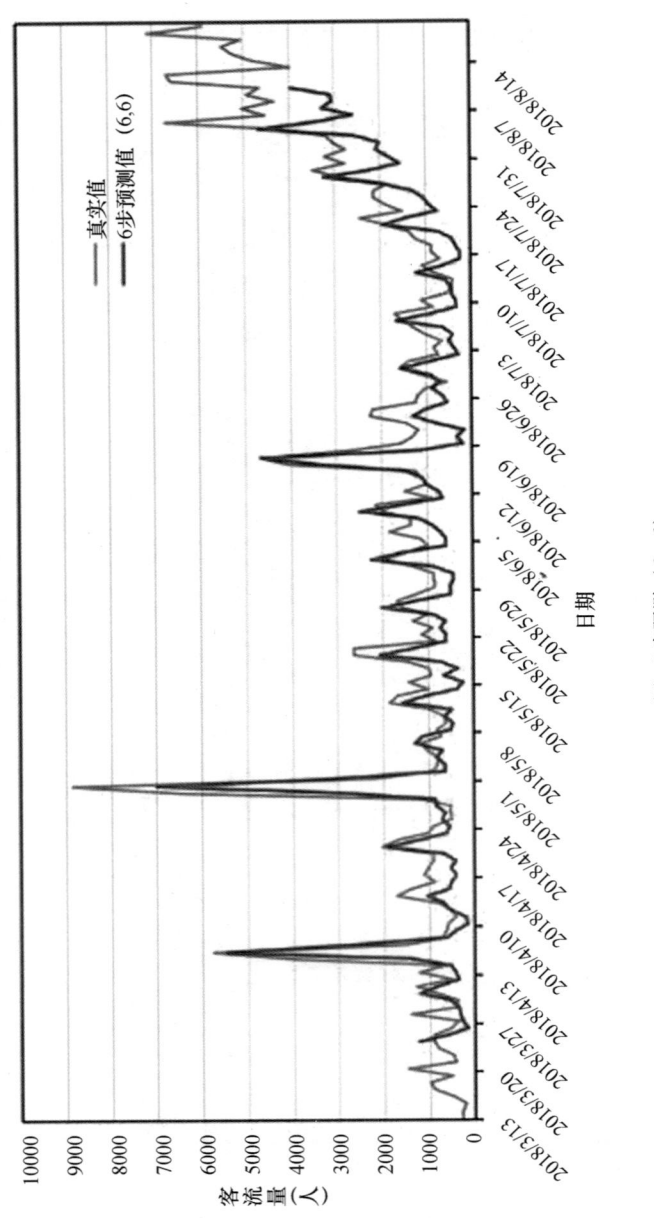

(f) 6步预测 (6, 6)

(g) 7 步预测 (7, 7)

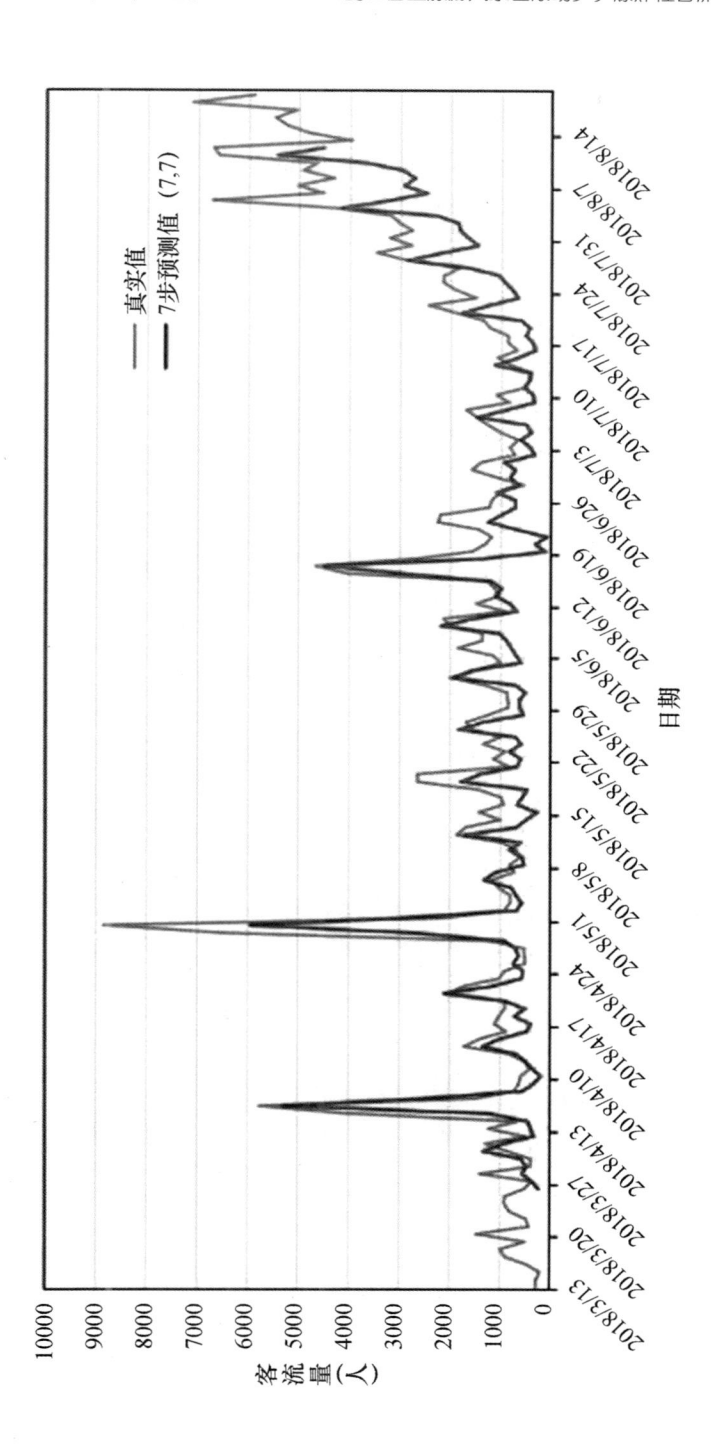

图 8-5 样本子集 1 的 1—7 步预测结果

从评价标准的具体数值以及之间的差异出发，判断多步客流量预测的性能，分别如表8-4和图8-6所示。

如表8-4和图8-6所示，mRMR-LSTM模型进行3步预测时的误差是最小的，RMSE和MAE分别为508.133、367.736，且随着预测天数的增加，客流量预测累计误差随之有所增长，但是浮动并不大。在其余8个样本子集的实验中，可得出相类似的实验结果。

表8-4　　　样本子集1的1—7步预测结果性能评估

	RMSE	MAE
1步预测（1,1）	563.588	386.084
2步预测（2,2）	511.817	382.949
3步预测（3,3）	508.133	367.736
4步预测（4,4）	555.823	384.205
5步预测（5,5）	575.407	415.823
6步预测（6,6）	580.515	426.781
7步预测（7,7）	563.222	403.254

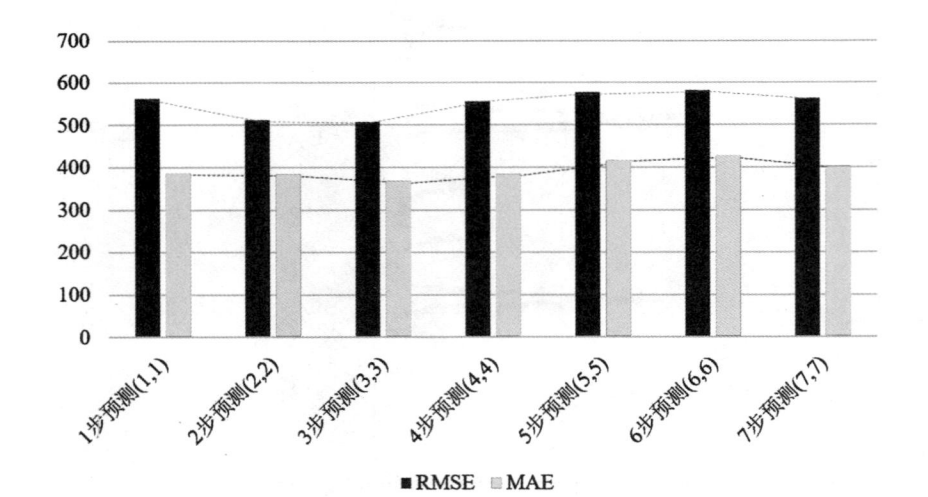

图8-6　样本子集1的1—7步预测结果性能对比

本章小结

本章提出了一种基于 mRMR 和 LSTM 的创新性山岳型景区滚动多步爆炸客流预测方法。这个预测模型从众多特征中挑选出关键的特征，能准确预测接下来 1 到 7 天的日客流量。由于 LSTM 网络模型的优点，该方法的预测累积误差相对较小，并且具有很好的泛化能力，可以在不同的景区中使用，为景区管理决策提供强有力的数据支撑。

第 九 章

基于去噪神经网络的山岳型旅游风景区爆炸性客流预测

本章针对山岳型旅游风景区客流预测中因周期性数据中噪声问题导致爆炸性客流峰值难以预测的现实需求，我们引入了一种基于去噪神经网络的爆炸性客流预测策略。这种策略根据季节性客流量数据的特性和已有的客流数据，创建了一种去噪神经网络的客流预测模型，从而能对旅游景点的日客流量进行科学地预测。通过与传统预测方法的比对，这种去噪神经网络预测模型在准确性和可靠性方面都得到了验证。

第一节 问题提出

客流量数据往往会受到非气候因素的影响，比如，天气或节假日等，这些因素会导致客流量数据不可避免地存在一些噪声，这些噪声会影响最佳预测变量集的建立并且产生误差。由于噪声的存在，我们在选择合适的预测变量时将会面临更大的挑战，使得预测模型也就更难达到误差最小化的最佳预测效果，进而影响预测结果的准确性。

本研究引入了一种去噪神经网络模型以预测山地景区的客流量。接下来的章节将详细阐述传统预测模型与去噪神经网络在客流量预测过程中的应用。本章提出的结合奇异频谱分析（Singular Spectrum Analysis, SSA）和 LSTM 模型以增强季节性时间序列预测的精度。相较于 LSTM, SSA 技术是一种用于降噪和信号提取的方法。SSA 方法通过方差准则将时间序列分解为多个组件,其中每个组件都具有简单的结构,如缓慢变化的趋势、振荡和噪声。其核心思想是对矩阵进行分解,其中主要成分对应于大的奇异值,而噪声成分对应于小的奇异值。通过重构主要成分,就可以从包含噪声的数据中提取出有用的信息。本研究采用历史客流量、百度搜索指数、综合舒适度和节假日及周末作为模型的预测变量,并使用平均绝对百分比误差 MAPE、均方误差 MSE、平均绝对误差 MAE 以及拟合优度 R^2 来作为预测结果准确性评估的四个指标。

为了降低噪声数据对预测准确度的影响,我们在研究中采用了 SSA 去噪技术对百度搜索数据进行了处理。使用 SSA 作为预处理技术可以有效地提高 LSTM 的性能,尤其是可以使 LSTM 的误差降到最小。与 SVR、LSTM 以及 ARIMA 等模型相比,SSA 训练误差较低,而 SSA – LSTM 组合模型具有最佳的预测性能。

第二节　基于去噪神经网络的爆炸性客流预测方法

一　基于奇异频谱分析的数据去噪

我们选择的预测变量中存在着一些不稳定性因素。由于某些非气候因素,例如,天气的问题或节假日因素,客流量数据不可避免地包含一些噪声,这些噪声会影响最佳预测变量集的建立并产生误差。如果选择的预测变量不是最好的,那么预测模型就不能成为误差最小的最佳预测变量,从而影响预测的准确性。这里将奇异频谱分析作为一种预处理技术来滤除噪声。奇异频谱分析方法使用方差准则将时间序列分解为具有简单结构(如缓慢变化的趋势,振荡和噪声)的多个组件。其中奇异频谱分析去噪的核心思想是对矩阵进行分解。主要成分对应于大奇异值,而噪声成分对应于小奇异值,因此可以通过重构主要成分从包含噪声的数据中提取有用信息。

百度搜索指数中有噪声数据的存在,这些噪声数据会对预测结果的准确性产生较大的影响。为了降低噪声数据的影响,本研究使用奇异频谱分析对百度搜索指数数据进行了去噪处理,通过奇异频谱分析处理后提高 LSTM 进行爆炸性客流预测的性能。

奇异频谱分析作为一种数据处理的方法,可以避免假设会影响时间序列的噪声过程带来的复杂性。在奇异频谱分析中,唯一可变的参数是滞后窗口大小 L,它取决于时间序列的长度和感兴趣的周期性。在模拟中,我们证明了两年或三年的滞后窗口应适合于提取随时间变化的年度和半年周期。如果关注其他具有不同频率的信号,则需要分配不同的滞后窗口大小。奇异频谱分析主要分为分解与重构,具体步骤如下:

(1) 嵌入:窗口长度 L($2 < L < 7$)选择要适当,轨迹矩阵如下:

$$X = (X_{ij})_{L \times K} \{X_1 \cdots X_K\} \tag{9-1}$$

$K = T - L + 1$,L 的取值小于整个序列长度的 $1/3$。

(2) 奇异值分解(SVD):对 XX^T 进行奇异值分解,从而得到 L 个特征值 $\varphi_1 \geq \varphi_2 \geq \cdots \geq \varphi_L \geq 0$ 及对应的特征向量 $U_1, U_2, \cdots U_L$。

令 $V_i = X^T U_i / \sqrt{\varphi_i}$($i = 1, 2, \cdots, L$),$d = \text{rank}(X) = \max$,则有:
$X = X_1 + X_2 + \cdots + X_d$

$$X_i = U_i \sqrt{\varphi_i} V_i^T (i = 1, 2, \cdots, d) \tag{9-2}$$

(3) 分组:将式(9-2)中的 X_i($i = 1, 2, \cdots, d$)划分 M 组,X 划为不相交的 M 组矩阵之和,下标($i = 1, 2, \cdots, d$)被分割成子集 $I_1, I_2, \cdots, I_M$。记 $I_i = \{i_1, i_2, \ldots i_p\}$ 为第 I_i 组对应的下标,有:

$$X_{I_i} = X_{i_1} + X_{i_2} + \cdots + X_{i_p} \tag{9-3}$$

$$X = X_{I_1} + X_{I_2} + \cdots + X_{I_M} \tag{9-4}$$

对于给定的组 I_i,分量 X_{I_i} 的贡献率为:

$$(\varphi_1 + \varphi_2 + \cdots + \varphi_{I_i}) / (\varphi_1 + \varphi_2 + \cdots + \varphi_d) \tag{9-5}$$

(4) 对角平均化:将矩阵 X_I 取对角平均,并转化成长度为 T 的序列。

由于本研究主要利用奇异频谱分析的降噪功能,我们发现有必要报告用于分解这些序列的 SSA 选择,以信号提取为例,并对实现的信号和噪声分离进行评论通过 SSA。为此,加权相关是可以用来表示由 SSA 实现的各种分解的适当性的统计量。我们展示了针对四姑娘山和九寨沟客流量的 SSA 信号提取。

本研究将山岳型景区游客到达的滞后值作为 SSA – LSTM 模型的输入,在第二实例中,将山岳型景区游客到达的滞后值作为输入。预测方法是递归的,以便在每个视野内,SSA – LSTM 模型通过使用引入的每个新观测值对历史数据进行重新建模来重新估计参数。该过程一直持续到计算出所有必需的预测为止。通过奇异频谱分析对山岳型旅游风景区季节性客流数据进行去噪,并构建一个噪声较小的序列,以捕获游客人数的季节性变化和趋势。此后,我们使用重构后的序列生成景区游客的样本外 SSA – LSTM 预测,将预测结果与使用 SSA – LSTM 模型对原始数据进行预测得到的结果进行对比。

二 SSA – LSTM 客流量预测模型

结合短期日客流量预测,本研究的建模具体过程如下:

第一步:遗忘门从单元状态 C_{t-1} 中确认网络模型中要去除的信息,如图 9 – 1 所示,表达式为:

$$F_t = \sigma(W_F \times [\hat{h}_{t-1}, f_t] + b_F) \quad (9-6)$$

模型输入的样本参数为 $\hat{h}_{t-1}$ 和 f_t,$\hat{h}_{t-1}$ 表示 $t-1$ 时刻的短期日客流量预测值,f_t 表示当前 t 时刻的全部的数据集。选择 Sigmiod 函数为遗忘门的激活函数,其中 F_t 的取值区间为 0 到 1 之间,其中 0 表示遗忘 C_{t-1} 中的全部信息,1 表示存储 C_{t-1} 中的全部信息,当收到新的特征数据集 f_t 时以特定的概率累计到前一时刻 C_{t-1} 的部分日客流量预测值组成全新的输入值。式中 W_F 和 b_F 分别是遗忘门 F_t 的权重矩阵和偏差矢量。

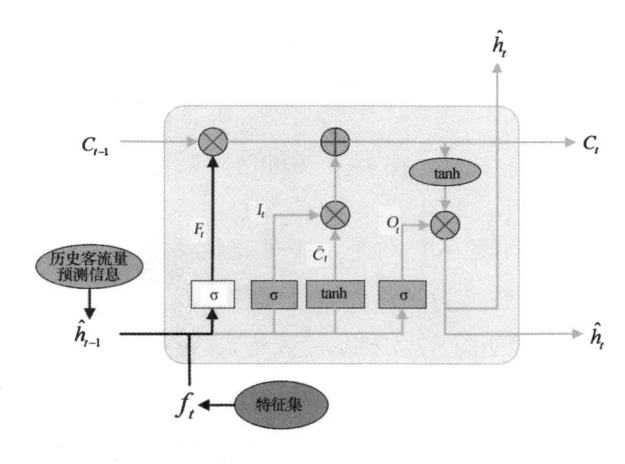

图 9 – 1 遗忘门

第二步：输入门是对单元状态 C_t 输入进行一次全新的过滤，判定上一个单元状态 C_{t-1} 的值以多少比重进入到当前的单元状态，如图 9 – 2 所示。表达式为：

$$I_t = \sigma(W_I \times [\hat{h}_{t-1}, f_t] + b_I) \tag{9 – 7}$$

$$\tilde{C}_t = \tanh(W_C \times [\hat{h}_{t-1}, f_t] + b_C) \tag{9 – 8}$$

因为输入门是根据一定的概率过滤输入值的信息，所以激活函数也选择与遗忘门一样的函数，使得 I_t 的取值范围在 0 到 1，当接收到全新的信息值后，通过 tanh 激活函数来更新单元状态。其中表达式中，W_I 和 b_I 分别是 I_t 的权重矩阵和偏差矢量，W_C 和 b_C 分别是 $\tilde{C}_t$ 的权重矩阵和偏差矢量。

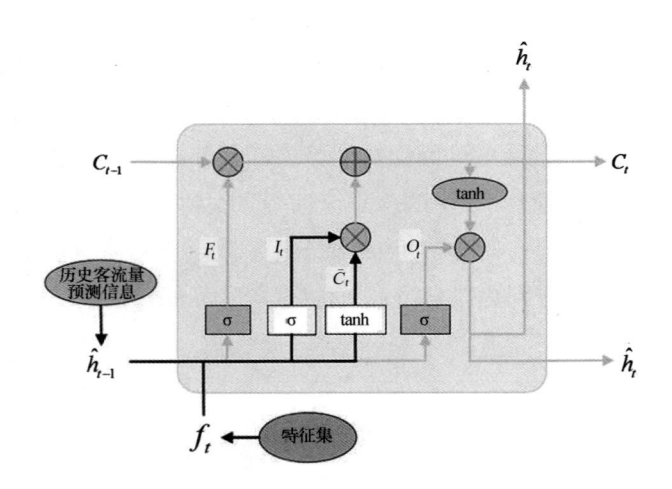

图 9 – 2　输出门

第三步：遗忘门和输入门将上一个单元状态 C_{t-1} 的特征信息和短期日客流量的预测信息转变为当前的新单元状态 C_t，单元状态，从原先的 C_{t-1} 更新为 C_t 的过程如图 9 – 3 所示，表达式为：

$$C_t = C_{t-1} \circ F_t + I_t \circ \tilde{C}_t \tag{9 – 9}$$

式中的 $\circ$ 代表矩阵的 Hadamard 积。与此同时新消息去除后的信息加上一个单元状态，以特定的概率传递过来的状态对当前单元状态的更新。

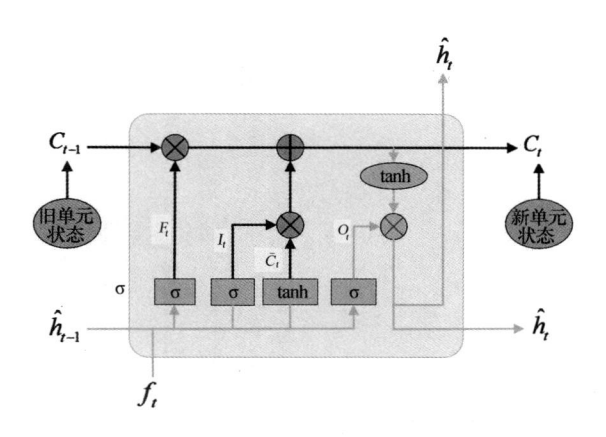

图 9 – 3　单元状态更新

第四步：输出门通过 Sigmiod 激活函数从单元状态中提取出短期日客流量的相关预测信息，确定单元状态的输出了哪些信息，本章中希望其输出的是短期日客流量预测值，如图 9 – 4 所示，表达式为：

$$O_t = \sigma(W_O \times [\widehat{h}_{t-1}, f_t] + b_O) \tag{9 – 10}$$

$$\widehat{h}_t = O_t \times \tanh(C_t) \tag{9 – 11}$$

首先，Sigmiod 激活函数将 O_t 的取值区间归为 0 到 1，并对单元状态决定信息的方向进行修正，单元状态 C_t 通过 tanh 激活函数将值区间归为 –1 到 1 之间，然后将 tanh 激活函数的输出和 Sigmiod 激活函数计算得到的权重做乘法运算，这样就得到了最终短期日客流量预测值 $\widehat{h}_t$。式中，W_O 和 b_O 分别是 O_t 的权重矩阵和偏差矢量。

式（9 – 11）可以说明，短期日客流量的预测值 $\widehat{h}_t$ 受到当前单元状态 C_t 和前一时刻单元状态包含的预测信息 $\widehat{h}_{t-1}$ 的影响。在传统循环神经网络中，W_C 是造成梯度消失的重要因素。同时，将循环神经网络用于预测模型的深度网络学习层的优势主要体现在两个方面：一方面，未来的日客流量预测结果因当天的特征因素的变化而改变，同时会受到历史客流量数据和预测结果的影响；另一方面，通过改进传统的循环神经网络，降低训练过程中出现的梯度消失现象，增加短期日客流量预测的精度。

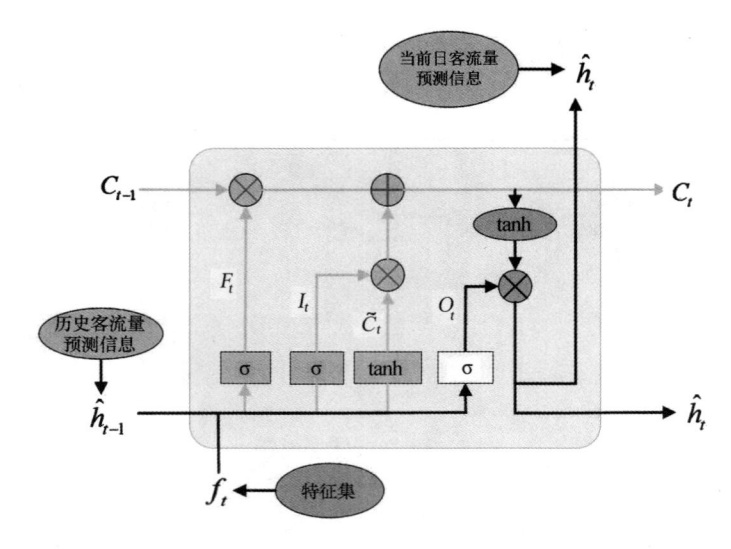

图 9-4 输出门

通过对 SSA 和 LSTM 模型的分析构建 SSA – LSTM 客流量预测模型。如图 9-5 所示，预测客流量的 SSA – LSTM 模型步骤如下：

（1）SSA 分析包括奇异值分解和重构等在内的历史客流量数据序列；

（2）按照深度学习方法，深度学习模型缺少层数和节点数，因此通过实验分析，LSTM 模型被确定为 4 层、30 的隐含层节点等，经过 SSA 分析的第一步得到客流数据，这同时也是 LSTM 模型的训练数据；

（3）客流量预测以 LSTM 模型为最基础，为了进一步得到准确的客流量预测值、客流量预测值、真实值的误差分析是有必要的。

预测时间序列的季节性变化一直都是一项重要但艰巨的任务。季节性和波动性导致旅游客流发生显著变化。大数据和数据挖掘技术的发展使得机器学习、神经网络等技术作为预测技术有了更广泛的应用。一种将 SSA 的降噪能力与预测模型的预测能力相结合的混合预测模型对预测效果会有提升。这两种技术都是非参数的，不受正态性、平稳性或线性的参数假设的限制。去噪山岳型景区内日客流预测模型的构建包括以下五步：对季节性数据进行去噪；训练传统单一预测模型；构建训练组合预测模型；对比分析模型预测效果；优化预测模型。

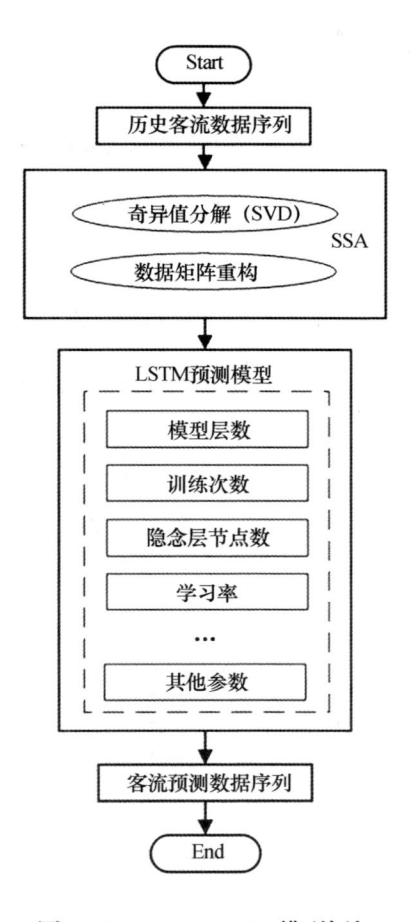

第九章 基于去噪神经网络的山岳型旅游风景区爆炸性客流预测

图 9-5 SSA-LSTM 模型框架

第三节 实验过程与结果

不同景区淡旺季客流量存在差异。事实上，如果对景区客流量进行全年范围的预测时，其实会存在一定范围的误差；对于一系列的模型来说，彼此之间取长补短。本研究先使用 SVR、ARIMA 和 LSTM 三类传统预测模型展开探索性预测，再基于去噪神经网络预测模型的拟合优度及方差设置权重，期待能提升山岳型景区客流的预测效果。

一 数据预处理

（一）数据来源

以九寨沟和四姑娘山两个山岳型风景区为研究对象，实验数据如表9-1所示。

表9-1　　　　　　　　四姑娘山和九寨沟实验数据

景区	序号	数据名称	时间跨度	时间尺度	数据来源
九寨沟	1	景区客流量数据	2012年5月25日至2017年8月7日	日	九寨沟景区官方网站
九寨沟	2	景区官网点击数	2012年5月25日至2017年8月7日	日	九寨沟景区官方网站
九寨沟	3	搜索关键词的整体趋势	2012年5月25日至2017年8月7日	日	百度指数官方网站
四姑娘	1	景区客流量数据	2015年10月8日至2018年12月9日	日	四姑娘山景区官方网站
四姑娘	2	搜索关键词的整体趋势	2015年10月8日至2018年12月9日	日	百度指数官方网站

与本书前面的章节类似，客流量数据来自两个山岳型景区官网，其中九寨沟客流数据的时间跨度为2012年5月25日至2017年8月7日，四姑娘客流数据的时间区间为2015年10月8日至2018年12月9日。选取与游客出行信息相关的关键字，然后利用搜索引擎关键词推荐功能经过处理，再用Python爬虫程序获取所需要关键词数据。景区内日客流这类结构化数据，不同年度的日客流数据统计由于方法变更、统计偏差等原因出现噪声较大，需要使用SSA技术进行去噪。在线搜索引擎查询数据这类多维非结构化数据引入预测模型时，需要谨慎选择关键字和索引组成。本研究使用主成分分析和广义动态因子模型对这类非结构化数据进行降维处理。实现不同关键词的组合，避免出现多重共线性和过度拟合问题。

（二）特征降维

当对特征进行正确选取后，训练之前还需要在模型当中将特征值输入。然而当还存在比较多的特征且样本量较少的情况下，会比较容易出现特征矩阵过大，样本数据的处理工作量过大的情况，增加了模型训练的时间周期。与此同时，当特征的重复信息较多，也会容易出现模型的向量空间不稳定，降低了泛化能力。特征降维有多种方法，例如，主成分分析（PCA）。PCA 是最常被采用的方法，它能有效地消除特征间的相关性。在这种情况下，我们可以根据贡献率的排名来选择重要的新属性，从而实现降维。

原始数据样本的信息大量存在于降维后的样本当中，不同的主成分之间没有相关性。作为数据预处理方法，用于数据去噪处理以及去除高相关无用特征，留下低相关的特征。当存在有很多变量时，广义动态因子分析此时发挥了自己的优点。第一，该模型在数据分析的过程中进行动态更新参数。第二，广义动态因子分析过程中满足不同成分之间的互相关，该方法已广泛应用于商业性预测，潜在的通货膨胀指标和其他经济指标[1][2]。以上两种降维方法在各个领域表现较好，也作为处理多个与客流量相关的搜索趋势数据。

表 9-2 和表 9-3 对包含不同搜索指数数量的特征融合方法与当日客流进行相关度分析。可以清楚地看到通过广义动态因子分析处理之后数据的相关性要比通过主成分分析处理后的数据更加接近真实值。如果我们使用搜索指数的关键词时，可以致降维处理以后的数据以及日客流的相关度减小，发生这一现象的原因是如果多次搜索关键词条就会发生在特征降维过程中受到无效数据的影响，从而对预测结果产生一定影响。

---

[1] Bedford S., "Review of 'On the Road of the Winds: An Archaeological History of the Pacific Islands before European Contact' by Patrick V. Kirch", *Australian Archaeology*, Vol. 57, No. 2, 2001, pp. 235 – 237.

[2] Gonzalez R., Nishi Y., Gagge A. P., "Experimental Evaluation of Standard Effective Temperature: A New Biometeorological Index of Man's Thermal Discomfort", *International Journal of Biometeorology*, Vol. 18, 1974, pp. 1 – 15.

表9-2　特征方法处理后与四姑娘山当日客流相关度

搜索指数	日客流相关度
GDFM处理："四姑娘山天气""四姑娘山""长坪沟""四姑娘山门票""四姑娘山海拔""茶店子客运站""四姑娘山住宿""四姑娘山景区""四姑娘山旅游攻略""茶店子客运站时刻表""四姑娘山旅游""四姑娘山图片""双桥沟"	0.572
GDFM处理："四姑娘山天气""四姑娘山""长坪沟""四姑娘山门票""四姑娘山海拔""茶店子客运站""四姑娘山住宿"	0.608
GDFM处理："四姑娘山天气""四姑娘山""长坪沟""四姑娘山门票""四姑娘山海拔"	0.854
GDFM处理："四姑娘山天气""四姑娘山""长坪沟"	0.823
PCA处理："四姑娘山天气""四姑娘山""长坪沟""四姑娘山门票""四姑娘山海拔""茶店子客运站""四姑娘山住宿""四姑娘山景区""四姑娘山旅游攻略""茶店子客运站时刻表""四姑娘山旅游""四姑娘山图片""双桥沟"	0.595
PCA处理："四姑娘山天气""四姑娘山""长坪沟""四姑娘山门票""四姑娘山海拔""茶店子客运站""四姑娘山住宿"	0.627
PCA处理："四姑娘山天气""四姑娘山""长坪沟""四姑娘山门票""四姑娘山海拔"	0.641
PCA处理："四姑娘山天气""四姑娘山""长坪沟"	0.726

表9-3　特征方法处理后与九寨沟当日客流相关度

搜索指数	日客流相关度
GDFM处理："九寨沟天气""九寨沟图片""九寨沟路线""九寨沟""阿坝藏族羌族自治州""九寨沟旅游""九寨沟门票""九寨沟旅游攻略""九寨沟住宿""九寨沟县""成都到九寨沟""九寨沟在哪里"	0.604
GDFM处理："九寨沟天气""九寨沟""九寨沟旅游""九寨沟门票""九寨沟旅游攻略""成都到九寨沟""九寨沟住宿"	0.632
GDFM处理："九寨沟天气""九寨沟""九寨沟旅游""九寨沟门票""成都到九寨沟"	0.873
GDFM处理："九寨沟天气""九寨沟""成都到九寨沟"	0.842

续表

搜索指数	日客流相关度
PCA 处理:"九寨沟天气""九寨沟图片""九寨沟路线""九寨沟""阿坝藏族羌族自治州""九寨沟旅游""九寨沟门票""九寨沟旅游攻略""九寨沟住宿""九寨沟县""成都到九寨沟""九寨沟在哪里"	0.593
PCA 处理:"九寨沟天气""九寨沟""九寨沟旅游""九寨沟门票""九寨沟旅游攻略""成都到九寨沟""九寨沟住宿"	0.645
PCA 处理:"九寨沟天气""九寨沟""九寨沟旅游""九寨沟门票门票""成都到九寨沟"	0.682
PCA 处理:"九寨沟天气""九寨沟""成都到九寨沟"	0.752

(三) 特征选择

有诸多因素,包括内在和外在因素或者是综合因素都会影响风景区日客流量,而从外部因素综合考虑,它有气温、旅游区排名等,通过筛选这些因素可以进行训练,训练需要在神经网络模型上进行。神经网络模型有着丰富的特征,特征当中还存在很多冗余信息,进一步影响了模型的预测结果,弱化了泛化能力。所以,在训练前还应该重点考虑这类数据集,需要采取特征降维的方式减少特征的维度,去除冗余信息。

在机器学习理论中特征选择能够有效处理数据。首先,特征选择能够降低复杂的高维数据维度,尽可能减少数据处理的难度,其次,特征选择还可以对标签无关或相关性小的属性去除,提高学习的效率和速度。

Grange 因果检验从统计金融领域的方向验证以上所述的每一个具有时序性特征的序列,能否对四姑娘山以及九寨沟景区的短期日客流量预测产生变化,同时,这也是特征选择的重要指标。进行 Grange 因果检验的前提要求短期日客流量预测的每个特征指标具有平稳性,否则预测模型的结果中可能会有异常值出现。还有一部分外部因素会影响短期日客流量的特征选择。

原因如下:在每个时间序列数据的一个自回归过程中 $y_t = by_{t-1} + a + \varepsilon_t$,单位根是滞后项系数 b 为 1 的时候形成的。如果存在单位根,此时自变量对于因变量而言两者之间存在欺骗关系,主要原因在于,样本量的增大不会导致残差序列的任何误差衰减，这也就是说，模型中残差影响一旦形成，就会造成永久的影响，我们称之为伪回归，这个过程在单位根存在的情况下是一个随机漫步。那么利用 ADF 检验能够有效判断是否存在单位根：单位根在序列平稳的时候不存在；否则，就会存在单位根。表 9-4 为客流量预测影响因素和客流量的相关系数。

表 9-4　　　　　　　　影响因素和客流量的相关系数

指标	历史客流量	周末	节假日	气温	空气污染度
相关系数	0.784	0.369	0.674	0.548	0.242
指标	天气状况	搜索指数	费用	交通	美食
相关系数	0.693	0.485	0.163	0.142	0.203

影响因素和客流量相关系数在 0 到 1 之间变化，趋向于 1 的时候，相关度会越高，趋向于 0 的时候，相关度越低。如果这种相关系数达到 0.3 以下的绝对值，那么我们可以认为其出现弱相关。

最后，本研究删除了相关系数≤0.3 的影响因素，6 个影响因素被筛选出来作为特征，分别为节假日、周末、气温、天气状况、历史客流量、搜索指数，然后输入到机器学习模型中。

二　模型评估指标

本章通过以下几个评估指标来对传统日客流量预测模型以及去噪神经网络模型的预测结果展开对比分析。其中，评估指标包括平均绝对误差，平均绝对百分比误差、均方误差和拟合优度。其中前面用来描述预测误差，其预测值越小，说明模型拟合得越好；拟合优度 R^2 范围在 [0，1]，其值越大预测结果越接近真实值。

（一）平均绝对百分比误差（MAPE）

我们考虑了 MAPE 标准，因为它是评估预测准确性的一种广为人知的方法。简而言之，MAPE 结果越低，预测越好。

$$MAPE = \frac{1}{N}\sum_{t=1}^{N} | 100 \times \frac{y_{T+h} - y1_{T+h,i}}{y_{T+h}} | \qquad (9-12)$$

其中，y_{T+h} 代表与 h 步长超前预测相对应的实际数据，并且 $y1_{T+h,i}$ 是从特定预测模型获得的 h 步长提前预测。

（二）均方误差（MSE）

均方误差可以评估数据的变化趋势，预测模型描述实验数据在 MSE 的值越小时精确度越好。

$$MSE = \sum_{i=1}^{n} \frac{1}{2}(f(x_i) - y_i)^2 \qquad (9-13)$$

（三）平均绝对误差（MAE）

平均绝对误差（绝对误差的平均值）能更好地反映预测值误差的实际情况。

$$MAE(X,h) = \frac{1}{m}\sum_{i=1}^{n} | h(x_i) - y_i | \qquad (9-14)$$

（四）拟合优度（R^2）

拟合优度指的是观测值在回归直线上的拟合程度。$R^2 = 0 - 1$。R^2 越大，回归直线对观测值的拟合程度越好。

$$R^2 = \frac{SSR}{SST} = \frac{\sum_{i=1}^{n}(y_i^* - \tilde{y})^2}{\sum_{i=1}^{n}(y_i - \tilde{y})^2} \qquad (9-15)$$

三 去噪神经网络模型实验结果

季节性客流数据可能具有一定噪声数据的存在，在模型中使用大量噪声数据列可能会导致模型过度拟合的问题，而使用单一数据项又可能不足以完全体现客流量的各项特征趋势，因而本章考虑从特征融合的角度来解决这一问题。SSA 作为数据预处理方法，用于清除噪声及高相关无用特征，留下低相关特征。针对噪声数据问题，本章主要使用 SSA 去噪技术，结合 LSTM 模型组成新的模型 SSA – LSTM 模型，期待该模型对短期客流量有更好的效果。

（一）SSA 模型

采用 SSA 技术实现对客流量数据噪声分离处理，通过加权相关（w –

correlation）统计表示 SSA 实现分解的准确性。w – correlation 作为一个统计指标表示两个时间序列之间的相关性。其值越接近 0，表明 SSA 实现噪声和相关性信号的分离效果越好。其计算公式如下：

$$\rho_{12}^w = (Y_N^1, Y_N^2)/(||Y_N^1||_w ||Y_N^2||_w) \qquad (9-16)$$

其中，Y_N^1 和 Y_N^2 是两个时间序列。

为了评估不同特征三元组的可分离性，图 9-6 显示了 w 相关性变化。每个组元（F_i，F_j）表示分量 i 和 j 之间的相关性，从黄色（w – correlation = 1）到蓝色（w – correlation = 0），在相互两个组元间越靠近中间，代表着数据之间信号和噪声的可分离性就越差，通过这种方式选择更优的特征参数。

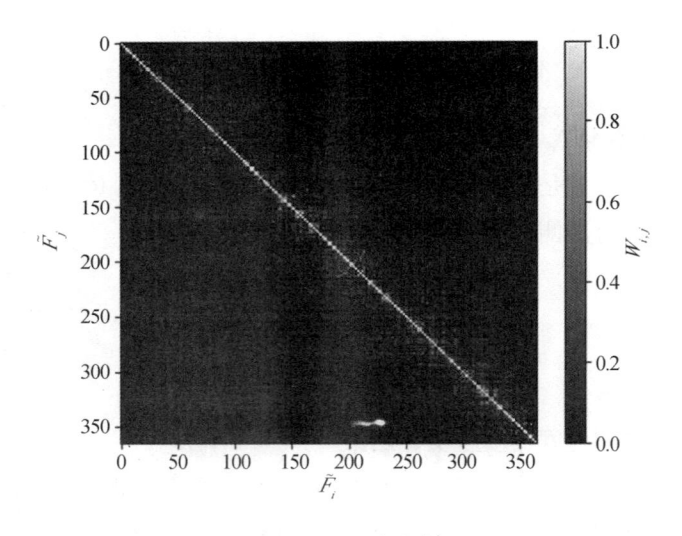

图 9-6　w 相关性变化

在本章中，奇异频谱分析用于处理季节性客流数据以及百度搜索指数中的噪声，将原始时间序列分解为独立成分的总和，这些独立成分代表趋势、周期性振荡和噪声。我们通过对山岳型景区的客流量数据序列进行分解，其结果如图 9-7 和 9-8 所示。

通过对景区客流量进行噪声分离，可以很清楚地发现当频率不同时，观察到的时间序列数据呈现出不同的周期性变化，SSA 能够更好地分离信号和

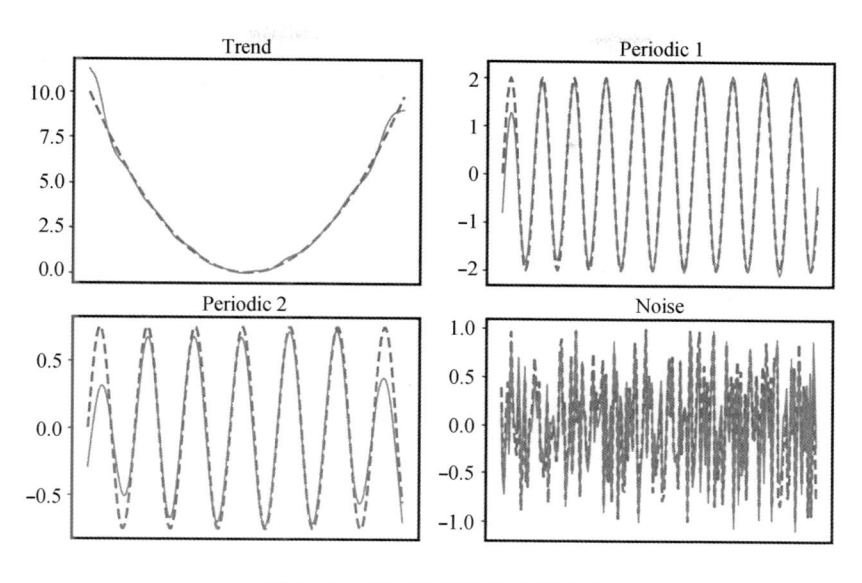

图 9-7　SSA 分解时间序列成分

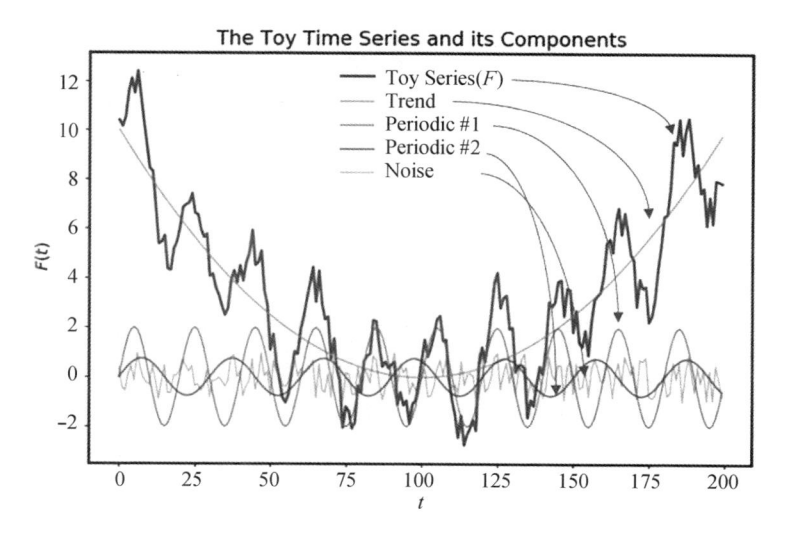

图 9-8　不同模型预测结果的对比

噪声。对其进行成分分析，这种周期性变化极有可能是因为季节性数据的存在。为了得到更好的分离，我们设置了不同的窗口长度，如图 9-9 所示。

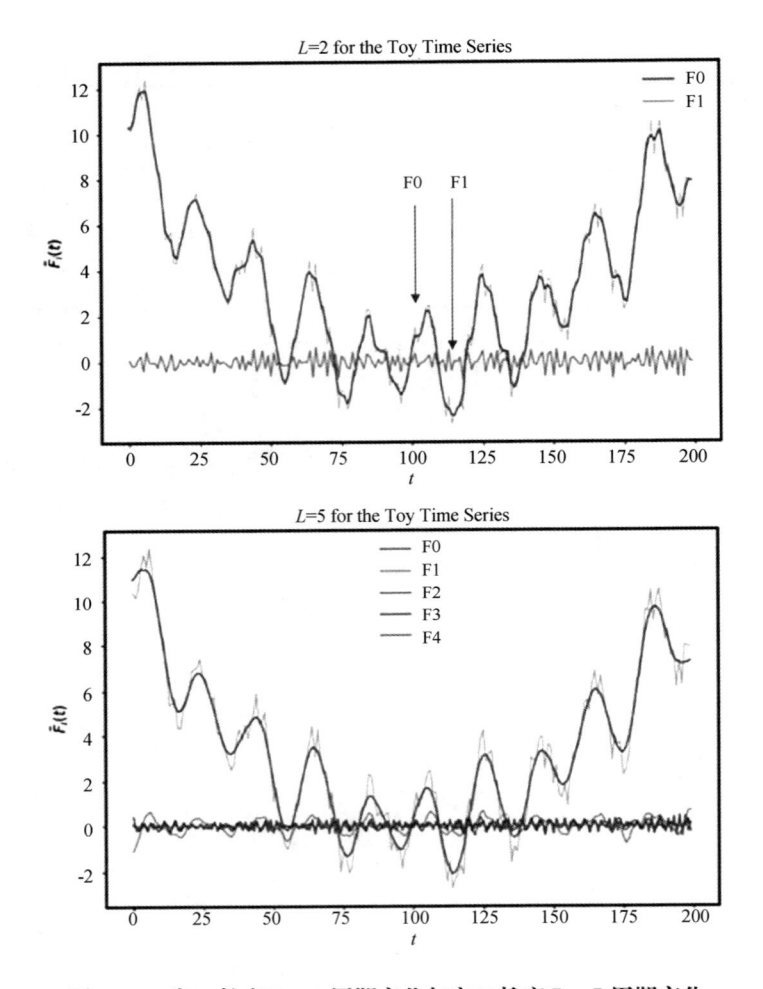

图 9-9　窗口长度 L=2 周期变化与窗口长度 L=5 周期变化

通过控制不同的窗口长度，观测客流时间序列相关信号的提取和噪声去除的效果，SSA 技术首先对时间序列进行过滤，然后重建噪声较小的序列，以用于预测。这也是 SSA 相对于经典时间序列方法的优势，因为时间序列的分解使人们可以更深入地了解给定数据集中的潜在变化，并且大多数随机性被滤除。当 SSA 用于对时间序列进行预测时，相当于对原始时间序列提取主要信息用于建立模型。

（二）SSA – LSTM 模型

对历史客流量数据序列进行包括奇异值分解和重构等 SSA 分析；在实验基础上，要确定对 LSTM 模型相关参数，经过 SSA 分析的第一步得到 LSTM 模型的训练数据（客流数据）；预测客流量时利用 SSA – LSTM 模型，最终得到预测值。并将未去噪的客流量数据预测结果与去噪后的客流量数据预测结果对比分析。

图 9 – 10 将 PCA 搜索指数降维处理后均方差权重模型预测中表现较好的 SSA – LSTM 模型预测趋势图展示出来。从图中可以发现拟合曲线在某些时间点的拟合效果仍处于较为糟糕的状态，但是在其他多个时间点客流预测上表现良好，在某些点上完全逼近真实值。

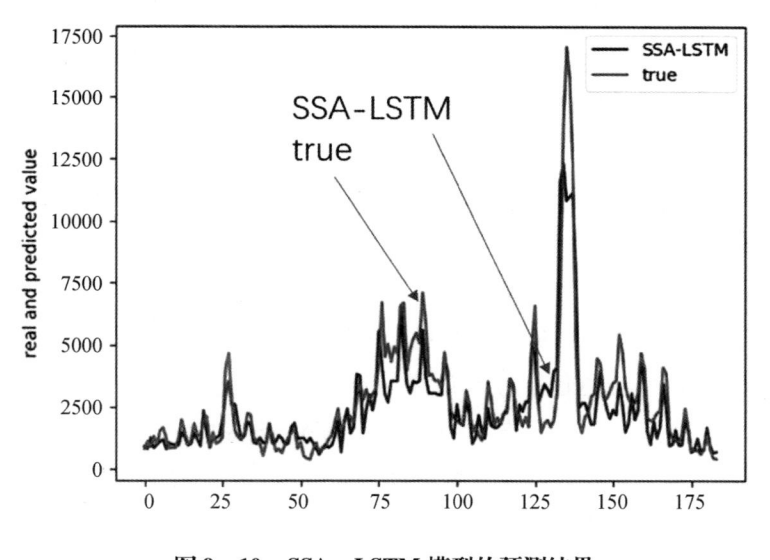

图 9 – 10　SSA – LSTM 模型的预测结果

图 9 – 11 将 PCA 搜索指数降维处理后的 LSTM 模型以及 SSA – LSTM 模型的预测结果对比分析，从图中可以明显看出经过去噪后的 LSTM 模型几乎在每个时间点上都是远远优于未去噪的 LSTM 模型。因此我们可以确定，在季节性数据中存在的噪声会影响客流量预测的精确度。

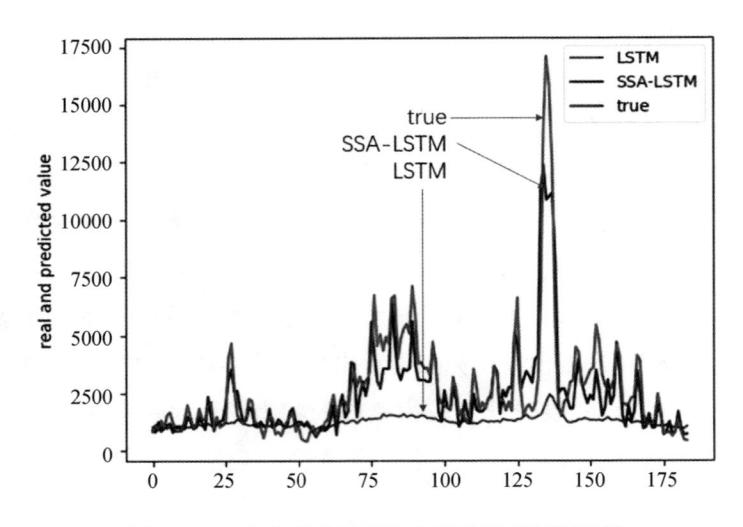

图 9 – 11 未去噪的模型和去噪的模型预测结果

四 基准模型实验结果

三类模型训练学习过程使用 Python 完成代码构建。我们使用从 2015 年 5 月 25 日至 2018 年 7 月 7 日，共计 1140 天的数据作为训练集，以及从 2018 年 7 月 8 日至 2018 年 8 月 7 日，共计 30 天的数据作为测试数据集。输入参数包括历史客流量、节假日与周末、气温、百度搜索指数以及天气；输出参数则为旅游客流量的数据。

本研究对所有的旺季客流预测结果进行分析后，截取了预测结果中高于真实日平均客流值的数据展开进一步分析，这样处理能够更好地表现客流预测模型对季节性客流数据的预测情况。

（一）SVR 模型

本研究使用 2012 年 5 月 25 日至 2018 年 8 月 7 日的数据集，将使用高斯核函数进行支持向量回归，并对 2018 年 7 月 7 日至 2018 年 8 月 7 日的四姑娘山、九寨沟景区每日游客量数据进行预测。

利用支持向量回归对客流量进行预测时，首先选择适合模型的参数。其中涉及的基本参数为 e 不敏感损失函数和 C 惩罚程度，对于非线性的客流量数据问题，然后选择恰当的核函数来进行计算求解。本章选择了高斯核函数，它能够将数据映射到无穷维，很适合处理非线性问题，而且高斯核函数所需参数较少灵活性较高，应用十分广泛。

将九寨沟和四姑娘山的百度搜索指数以及日客流量训练样本进行训练，九寨沟景区训练集为 1850 个，四姑娘山景区的训练集为 1249 个，得到每个景区的旅游日客流量预测结果。为了提高模型的训练速度并提升预测准确度，本研究在模型训练开始前首先对数据集进行预处理，将参数设置为前文得到的最优参数；对训练集数据进行拟合训练。

本研究对两个山区型旅游景点的日客流量进行了数据训练，分别得出了预测模型的结果。我们使用 SVR 模型针对四姑娘山和九寨沟两处景区的客流量进行了训练和预测，图 9-12 展示了 SVR 模型的预测成果。

由图 9-12 中可观察到四姑娘山景区大部分的客流量预测结果都接近于真实值，其中包括一些极值点处的预测结果表现得也非常准确，这些极值点出现主要是因为节假日出游人数的增加。而国庆节假期的客流量预测结果非常不理想，产生这种现象的原因可能是因为节假日客流量在近几年内的增长速度过快，SVR 模型不能预测其变化趋势。

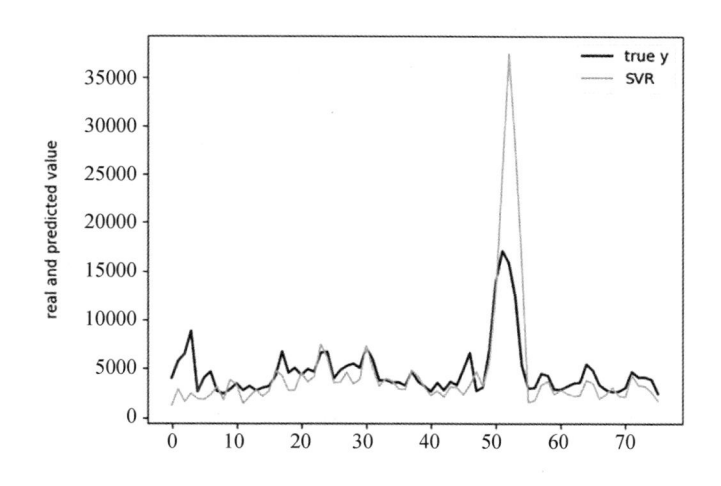

图 9-12　四姑娘山景区客流量的 SVR 模型预测结果

如图 9-13 所示，九寨沟景区客流趋势和四姑娘山客流量预测结果基本吻合，几乎大部分客流量变化规律都被准确预测，对节假日客流预测非常准确，如端午、中秋等三天法定节假日。而国庆节假期的预测精度相对准确，模型能基本描述其演化规律。

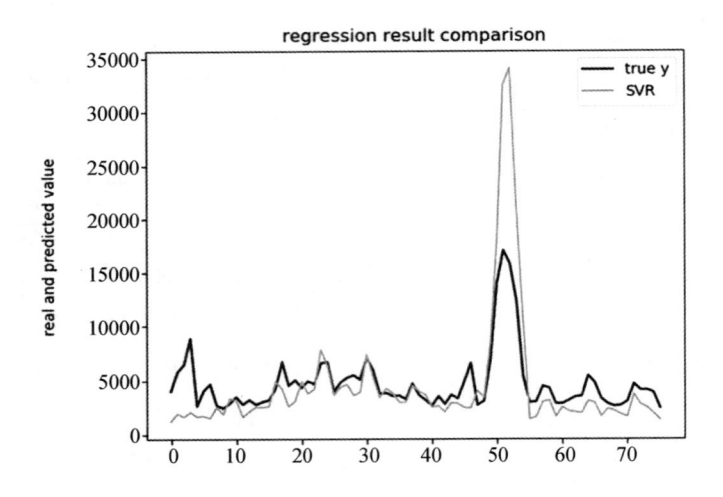

图 9 – 13　九寨沟景区客流量的 SVR 模型预测结果

从表 9 – 5 中 MAPE 值发现，九寨沟客流量预测结果相比于四姑娘山结果更加准确。为了找到合适的参数解决这种数据量导致的预测结果的差异性，使预测误差最小，采用网格搜索算法，基于预测结果误差得到相应参数组合，表 9 – 6 为调整后的预测结果。

表 9 – 5　不同景区所对应的 SVR 模型预测结果

景区	MAE	MSE	MAPE/%	R^2
四姑娘山	345.30	197368	15.89	0.793645
九寨沟	885.50	1210507	4.21	0.817391

表 9 – 6　基于调整参数后不同景区所对应的 SVR 模型预测结果

景区	MAE	MSE	MAPE/%	R^2
四姑娘山	328.43	178942	12.18	0.815481
九寨沟	835.91	1103216	3.32	0.837218

（二）ARIMA 模型

在分析山岳型景区的客流量后，我们发现这类景区的客流数据同样是时间序列数据,最显著的特性是其具有周期性变化。因此,我们选择了能够体现时间序列周期性变化的 ARIMA 模型,以进行对山岳型景区,如四姑娘山和九寨沟的短期客流量预测。预测的目标数据是这两个景区从 2012 年到 2018 年的客流量。

在使用自回归移动平均模型进行数据分析和预测时,要求数据序列由平稳随机过程生成,这在图形上表现为所有样本点围绕某个区域进行随机波动。因此,在应用季节性自回归移动平均模型之前,首先需要确认数据的平稳性。

从图 9-14 中明显发现,四姑娘山景区客流趋势都被很好地预测出来,其中节假日客流预测也非常准确,而且十一假期的预测结果也非常准确,相对于 SVR 模型,在客流量季节性变化的情况下模型能很好地模拟其变化规律。比如,国庆期间客流量会出现季节性增长,导致模型预测结果出现误差。

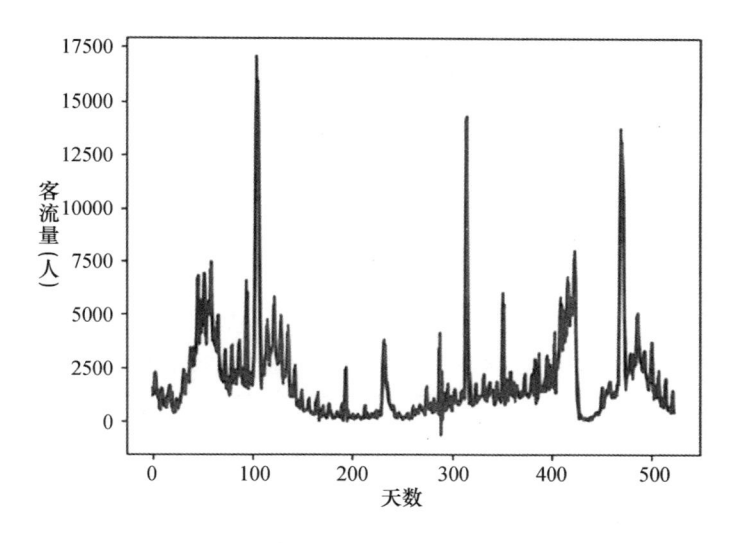

图 9-14 四姑娘山景区客流量的 ARIMA 模型预测结果

如图 9-15 所示,九寨沟景区部分客流量预测结果出现了较为明显的偏差,但是在双休日客流预测非常准确,国庆节假期预测结果也非常准确,模型能很好地预测变化规律。

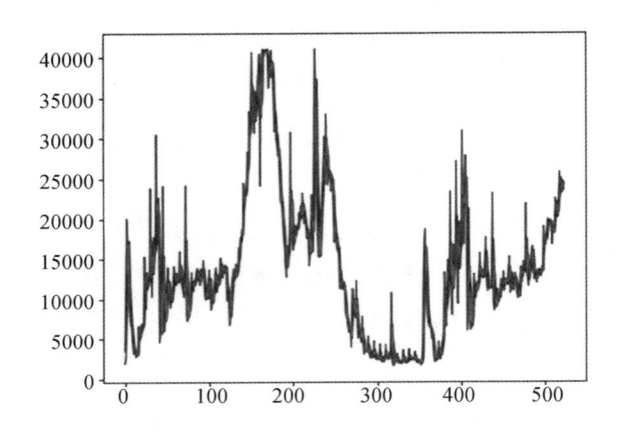

图 9 – 15　九寨沟景区客流量的 ARIMA 模型预测结果

从表 9 – 7 中 MAPE 值来看，九寨沟的客流量预测结果相比于四姑娘的客流量预测结果更加准确。为了找到合适的参数解决这种数据量导致的预测结果的差异性，使预测误差最小，采用网格搜索算法，基于预测结果误差得到相应参数组合，表 9 – 8 为调整后的预测结果。

表 9 – 7　不同景区所对应的 ARIMA 模型预测结果

景区	MAE	MSE	MAPE/%	R^2
四姑娘山	525.20	255756	20.30	0.725218
九寨沟	578.43	1125756	22.83	0.786428

表 9 – 8　基于调整参数后不同景区所对应的 ARIMA 模型预测结果

景区	MAE	MSE	MAPE/%	R^2
四姑娘山	515.42	232183	17.37	0.813521
九寨沟	545.21	1023912	19.53	0.866914

（三）LSTM 模型

经过上述处理后可将主要成分作为特征输入到模型中进行训练，在本章中所搭建的循环神经网络模型共有四层，现对不同层进行说明，如下：

输入层：包括样本数、时间步和特征维度。

LSTM 层：包含 n 个隐藏神经元，神经元内部有三个控制门单元。

全连接层：通过随机正交矩阵初始化来实现全连接层权重初始化，并以线性函数来代表激活函数。

输出层：输出层输出结果为模型预测结果。

模型训练过程分为三步，首先完成前向传播，其次完成损失计算，最后完成反向传播。在本章中以均方误差作为损失函数，具体计算公式可通过下式予以表示：

$$E = \frac{1}{2} \sum_k (y_k - t_k)^2 \tag{9-17}$$

其中，y_k 为神经网络的输出；t_k 为监督数据；k 为数据的维度。

在进行训练时还需对各层进行归一化处理，以学习时的子集为单位，进行使数据的分布正规化，目的是调整各层的参数值。具体而言，是对大小为 m 的 mini – batch 输入集合 $B = \{x_1, x_2, \cdots x_m\}$ 求均值 μ_B 和方差 σ_B^2。

$$\mu_B \leftarrow \frac{1}{m} \sum_{i=1}^{m} x_i \tag{9-18}$$

$$\sigma_B^2 \leftarrow \frac{1}{m} \sum_{i=1}^{m} (x_i - \mu_B)^2 \tag{9-19}$$

然后对输入数据进行均值为 μ_B、方差为 σ_B^2 的正规化

$$x_i \leftarrow \frac{(x_i - \mu_B)}{\sqrt{\sigma_B^2 + \varepsilon}} \tag{9-20}$$

其中，ε 是一个微小值。

利用 Batch_norm 可提升学习率，同时避免在传递中可能出现的梯度小时问题。在模型进行训练时要认为输入相关参数，参数是否合适将会影响到模型的学习能力，同时也会对模型预测结果的准确性有所影响。在本章所构建的模型中人为输入的参数与有两个，其一为神经元数量 n，其二为 mini – batch 大小 m。这两个参数对模型的影响主要是神经元的数量较多时，模型所提取获得的神经元特征也相应较多，但若 n 选择得过大，也会导致模型过拟合现象。在 Batch_size = 100，epoch = 100 时将 n 逐渐增大，对模型损失函数值变化和预测误差值变化进行分析，以四姑娘山客流量数据集为例，n 从 10 到 90 个依次增加（间隔 10）时，损失值函数收敛情况如图 9 – 16 所示。

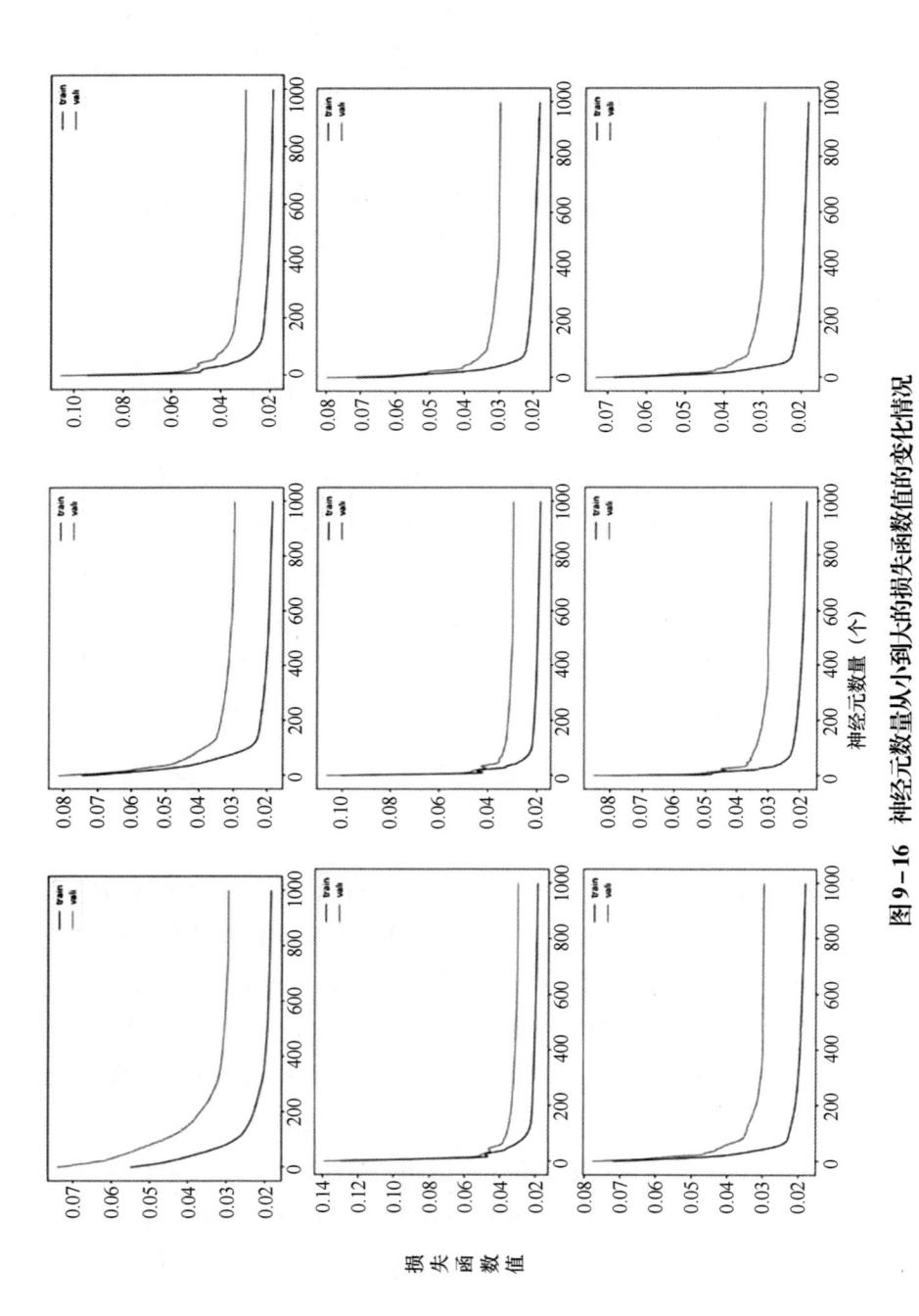

图 9-16 神经元数量从小到大的损失函数值的变化情况

当神经元数量逐渐增多,损失函数收敛速度也越快,但会出现欠拟合现象,表9-9为不同神经元数量对应预测结果误差值。根据图9-17,当神经元 n 数量增加时均方误差呈现先减后增过程,神经元数量为60时误差最小。

表9-9　　　不同神经元数量所对应的预测结果的误差值

Units	MAE	MSE	MAPE/%	R^2
10	955.755	1731656	10.92	0.765090
20	960.645	1634527	11.31	0.803706
30	971.506	1367290	9.826	0.820607
40	982.786	1495327	9.649	0.857351
50	912.621	1157886	9.327	0.776993
60	909.359	1264816	8.462	0.877871
70	918.766	1431862	13.64	0.775331
80	932.011	1428640	11.67	0.797763
90	914.065	1510269	13.29	0.776603

当 Batch_size 逐渐增加时损失函数收敛越来越慢,预测误差值如表9-10所示。

表9-10　　　不同 Batch_size 所对应的预测结果的误差值

Batch_size	MAE	MSE	MAPE/%	R^2
100	780.845	936249	13.78	0.709951
200	817.150	974718	15.29	0.731383
300	850.638	1378208	10.45	0.793134
400	844.615	1154826	9.306	0.868217
500	888.846	1496205	11.29	0.803318
600	898.989	1386404	12.63	0.780640
700	914.764	1186392	10.56	0.776415
800	937.880	1286362	13.91	0.800693
900	916.587	1483783	11.72	0.795921

图9-17 Batch_size从小到大的损失函数数值的变化情况

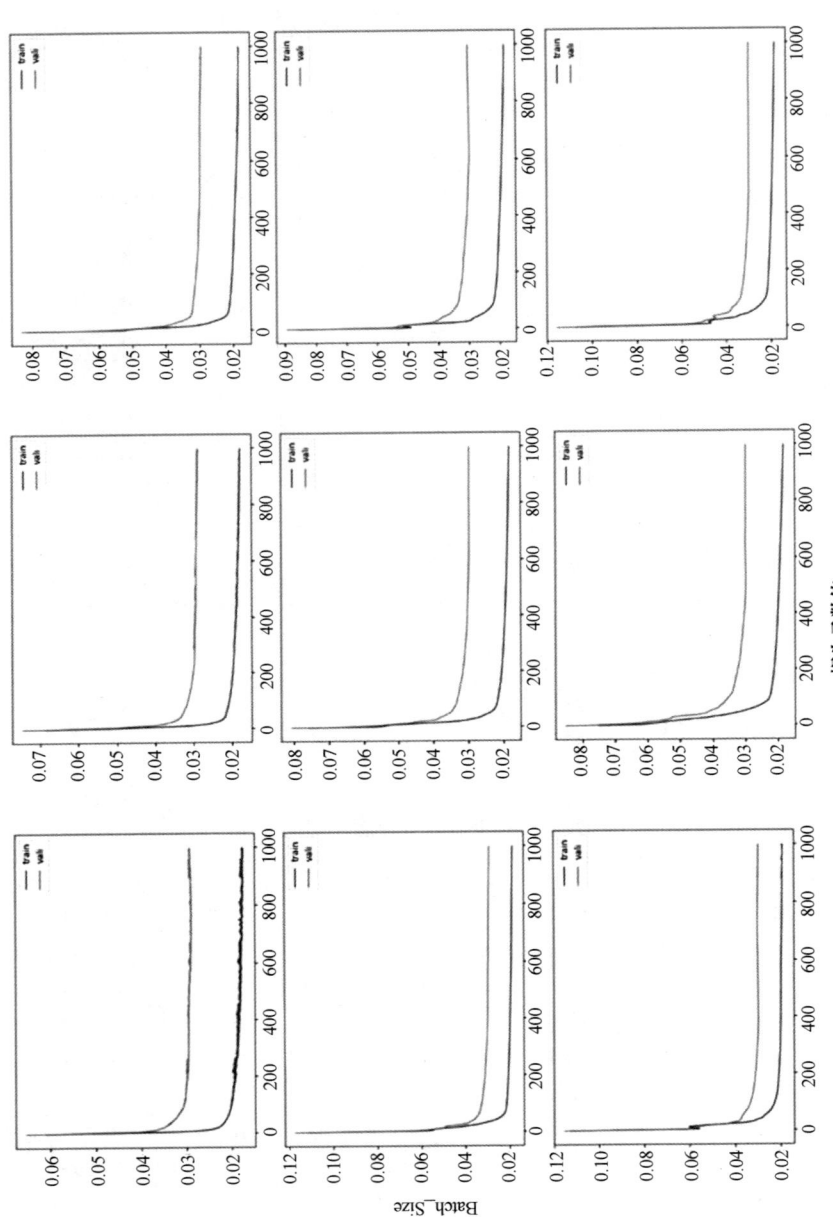

基于表 9-10 可知，当 Batch_size = 400 时，预测误差达到最小。因此，为了寻找最佳的人工输入参数组合，以确保误差最低，我们采用了网格搜索算法。在 n = 60，m = 400 的参数值附近进行了不同取值的设定，从而寻找最佳组合。表 9-11 展示了调整后的参数及其对应的预测误差值。

表 9-11　基于网格搜索法调整参数后所对应的预测结果的误差值

Units	Batch_size	MAE	MSE	MAPE/%	R^2
40	300	708.742	1086408	15.48	0.705090
40	400	760.925	1274934	16.28	0.663706
40	500	771.641	1364950	12.79	0.760607
50	300	682.686	1464628	11.37	0.727351
50	400	712.841	1183024	9.689	0.846993
50	500	709.372	1684326	13.27	0.707871
60	300	818.846	1543820	10.29	0.775331
60	400	812.064	1163293	11.85	0.797763
60	500	714.685	1428953	13.62	0.816603

当 LSTM_units = 50，Batch_size = 400 时，MSE、MAPE、MAE 值较低，而 R^2 值最大，即该组参数预测值较为准确，本研究最终选择 LSTM_units = 50，Batch_size = 400 这组参数。

本研究还采用了九寨沟景区客流量数据对该模型的实验结论加以验证，同四姑娘山一样对 LSTM 模型不同神经元数量以及 Batch_size 的结果进行统计和分析。

如表 9-12 所示，当神经元数量 n 增加时，均方误差 MSE 呈现先减后增的变化，当误差最小时 n = 40。

表9–12　不同神经元数量所对应的预测结果的误差值

Units	MSE	MAE	MAPE/%	R^2
10	1055.585	1864393	9.962	0.765842
20	1160.825	1795606	8.528	0.703370
30	1271.862	1974382	11.26	0.790638
40	1182.636	2067428	5.409	0.887362
50	1018.942	1964292	7.284	0.776469
60	1228.641	1754329	6.754	0.724278
70	1321.596	1875442	7.951	0.775374
80	1153.084	1895427	8.428	0.807593
90	1254.527	1954320	7.952	0.816708

随着 Batch_size 增大，损失函数收敛逐渐变慢，预测误差值如表9–13所示。

表9–13　不同 Batch_size 所对应的预测结果的误差值

Batch_size	MSE	MAE	MAPE/%	R^2
100	1392.736	1682172	12.85	0.823821
200	1273.842	1883205	19.03	0.710426
300	1429.947	2084927	13.83	0.748329
400	1182.646	2289546	10.28	0.757353
500	1212.632	1965322	17.52	0.727503
600	1409.758	1795302	14.91	0.887871
700	1129.486	1864392	20.68	0.835642
800	1032.271	2087629	21.52	0.767768
900	1214.428	1969302	23.72	0.776667

Batch_size = 400 的时误差最小，因此为了找到最优参数组合，保证

误差最小,基于同样的算法在 n = 40, m = 400 附近取值,并基于此找到最优组合,表 9 – 14 为调整后的参数与预测误差值。

当 LSTM_units = 40, Batch_size = 400 时, MSE、MAPE 和 MAE 的值较低,而 R^2 值最大,因此本章最终选用的参数为 LSTM_units = 40, Batch_size = 400。

表 9 – 14　基于网格搜索法调整参数后所对应的预测结果的误差值

Units	Batch_size	MSE	MAE	MAPE/%	R^2
30	300	1665.637	1786392	18.62	0.768852
30	400	1532.684	1682942	19.79	0.693795
30	500	1201.776	1964261	20.35	0.740694
40	300	1312.648	1864301	22.81	0.826865
40	400	1184.063	1642053	16.14	0.887432
40	500	1109.753	1964274	17.85	0.847853
50	300	1428.776	2095378	21.78	0.804329
40	400	1532.958	1984723	24.85	0.865393
50	500	1514.847	1875397	19.15	0.742734

第四节　模型比较和验证

在建立了降噪神经网络模型之后,我们创建了 ARIMA、SVR 和 LSTM 三个比较模型。九寨沟和四姑娘山的实际客流量与四个预测模型的预测值的比较结果如图 9 – 18 和图 9 – 19 所示。我们采用了第四章中提到的四个标准来评估模型的预测能力。我们进行这些步骤是为了证明,降噪处理的神经网络模型具有更优秀的预测效果,并能提升预测的精度。

对四个模型的预测曲线图进行了绘制,如图 9 – 19 所示。对比可知相较于 SVR、ARIMA 以及 LSTM 模型而言,本章所选用的去噪神经网络模型输出的预测结果与景区实际客流量吻合度更高且波动变化相对平稳,

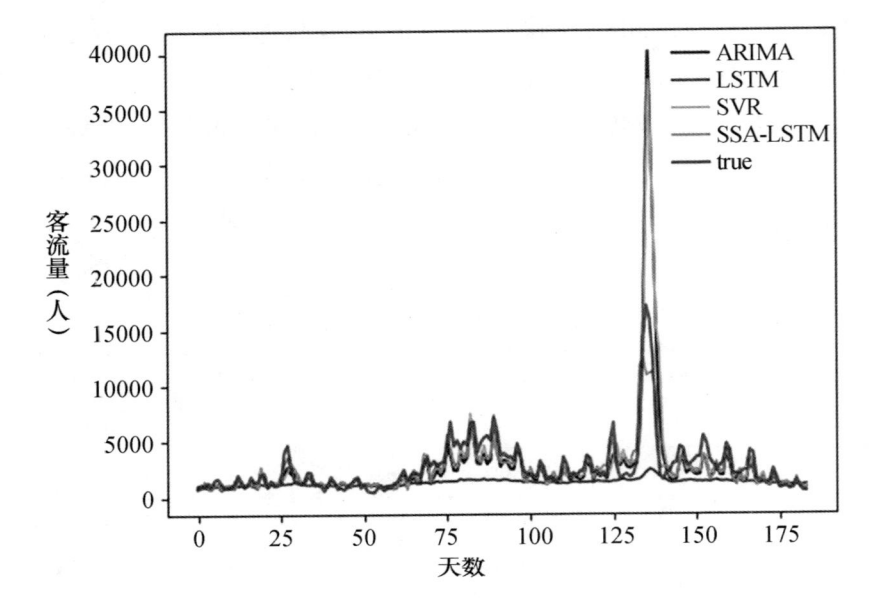

图 9–18　四姑娘山客流量不同模型的预测结果

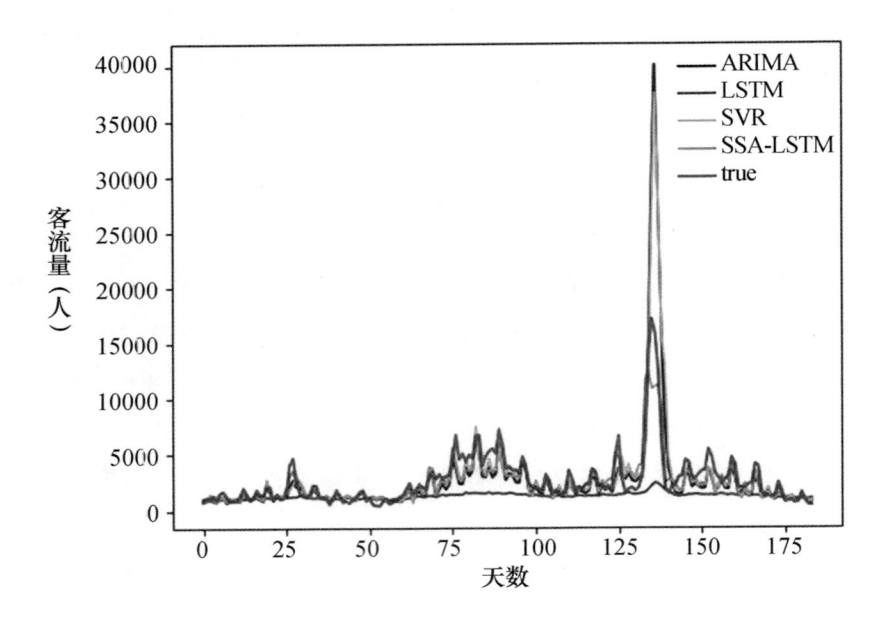

图 9–19　九寨沟客流量不同模型的预测结果

误差较小且鲁棒性较好。对比其他文献研究结果,本预测模型准确度更高。虽然 ARIMA 模型在某些点具有较高的预测精度,但在节假日不能对景区客流量进行正确预测,误差较大。SVR 模型预测结果和实际值相差较大。LSTM 模型计算过程相对复杂且要求有更多的样本,在小样本预测时精度较差。对比可知,去噪神经网络方法在非线性和小样本容量问题上具有更高的准确性,对于客流量预测中应用去噪声经网络有助于提升最终预测结果精度。

本章将去噪神经网络预测模型同其他预测模型进行对比,四个预测模型在四姑娘山及九寨沟景区旅游客流量预测中的性能比较结果如表 9-15 和表 9-16 所示。

表 9-15　　　　　四姑娘山的预测性能比较

模型	MAE	MSE	MAPE/%	R^2
ARIMA	525.20	255756	20.30	0.725218
SVR	445.30	197368	15.89	0.793645
LSTM	420.51	347862	12.37	0.822130
SSA – LSTM	379.29	189764	7.37	0.912642

表 9-16　　　　　九寨沟的预测性能比较

模型	MAE	MSE	MAPE/%	R^2
ARIMA	578.43	1125756	22.83	0.786428
SVR	649.68	1097752	16.54	0.703743
LSTM	620.64	1095483	11.78	0.847521
SSA – LSTM	520.67	1034764	6.093	0.897532

本章小结

本章采用去噪神经网络对季节性客流量数据进行预测。选择了四姑娘山和九寨沟两个代表性景区。我们建立了一个称为 SSA – LSTM 的去噪神经网络客流量预测模型，该模型用于预测两个景区的日客流量数据。通过将 SSA – LSTM 模型的预测结果与传统预测模型的预测进行对比，并与之前的研究成果进行比较，结果表明，SSA – LSTM 模型的预测准确性和实用性都较高，可以有效解决具有季节性特征的景区客流量预测的难题。

第十章

基于残差强化的山岳型旅游风景区爆炸性客流预测

本章针对山岳型旅游风景区客流非线性爆炸性且峰值难以预测的现实需求，提出了一种基于残差强化的爆炸性客流预测方法。该方法采用长短期记忆网络进行日客流量预测，然后采用随机森林进行残差强化与修正，组合模型能够有效弥补单一模型的缺点，尤其在峰值预测时，多项指标在峰值预测中远远好于单一模型。

第一节 问题提出

长短期记忆网络和随机森林在很多领域得到了广泛应用，但这两个单一的模型并不是适用于所有情况的通用模型。因此对于短期爆炸性客流量预测问题，单一模型未必是完全合适的。研究表明，组合模型相较于单一模型具有更稳定的预测结果，并且适用于更多的场景，其关键就在于子模型的选择和组合方法的选择。目前尚无权威标准和方法来选择组合模型的子模型，更多依赖于试错和比较。对于模型的组合方法，等权重法将所有子模型视为同等重要，简单易行；而简单加权法根据子模型的预测误差赋予权重，考虑了预测准确度。然而，这些方法的权重设置固定且死板，组合效果有限。因此，变权重的组合方式被广泛应用，其通过有效设置权重增加预测结果的稳定性，提高模型抗干扰能力。但考虑到本书研究的重点在于短期爆炸性客流量预测，且其难点在于峰值的预测，故本书并不采用设置权重的方式进行模型的组合，而是采用拟合残差的方法。

本研究提出了一个新的基于残差强化的山岳型旅游风景区爆炸性客流预测组合模型，将长短期记忆网络和随机森林结合，解决短期爆炸性客流预测问题。选择了天气、节假日、昨日客流量和百度搜索指数四个预测变量。此组合模型利用长短期记忆网络（LSTM）来拟合日客流量的时间序列数据，接着用随机森林（RF）来拟合两者的残差。最后，把这两个已训练好的单一模型的预测结果加在一起，得到最终的组合模型预测结果。这个组合模型整合了两个单一模型的优点，相比单一模型，它在提高总体预测准确性和增强预测稳定性等方面有明显优势，并在预测短期激增客流量的场景中表现出色。

第二节 基于残差强化的爆炸性客流预测方法

一 基于长短期记忆网络的客流预测

首先，要将时间序列转化为有监督学习问题，即把客流量相应的年、月、日转为一个有序序列。其次，应当注意到搜索指数与日客流量之间有着一个明显的滞后效应，即当日的搜索指数反映的是当前游客对于景点的兴趣和关注程度，但是这并不会马上转化为当日客流量，故本章用昨日的搜索指数取代当日的搜索指数。剔除掉部分异常数据后，一共具有 1249 条记录。将其中 800 条记录作为训练集，297 条记录作为验证集，剩余的记录作为测试集。损失函数使用平均绝对误差 MAE，在之前的章节中已有描述。平均绝对误差是预测值与实际值之间绝对误差的平均值。由于这个度量方式是基于绝对误差，所以可以防止误差相互抵消的问题，从而更真实地反映出预测误差的实际程度。

在模型优化方面，本研究选择了 Adam 优化器，该优化器通过利用梯度的一阶矩估计和二阶矩估计来动态调整每个参数的学习速率，使得在每一次迭代中，学习速率都在一个确定的区间内，从而让参数变化更加平滑。在训练过程中，我们设定 batch size 等于数据集的大小，并设置迭代次数为 1000 次。通过将数据输入到上述网络中，我们最终得到了预测结果。

二　基于随机森林的残差强化

随机森林和上文的长短期记忆网络负责的任务并不相同。随机森林训练的目标是拟合长短期记忆网络预测的结果和真实值之间的差,也就是残差。将当日舒适度指数、当日节假日指数、昨日搜索指数和昨日客流量整合为一条记录,对应的结果为残差。将随机森林的最大子模型数量设为1000,判断节点是否继续分裂采用的方法是均方误差,节点分裂时所有特征均参与判断,不限制随机森林的最大深度。同时,为了加快训练速度,并考虑到机器本身的承载能力,将并行数设置为16。将记录导入随机森林,训练残差,得到结果。

第三节　实验过程与结果

一　数据集及评价指标

本研究数据集与前面章节类似,以四姑娘山为实例,选取四姑娘山从2015年9月25日到2019年2月25日的日客流量展开研究。预测变量采用的是四姑娘山景区的日客流量、综合舒适度(包括温度、风向风速、湿度)、网络搜索指数、节假日及特殊活动的状况。评价指标为均方根误差R^2,相关细节见前面章节,本节不再赘述。

二　预测结果比较

本章将组合模型和两个单一模型进行对比,分别选取 LSTM 和 RF。组合模型的最终预测结果,如图10-1所示。横坐标为日期的排列,纵坐标为日客流量,深色的线是组合模型的预测结果,浅色的线是日客流量的实际结果。其后的图10-2、图10-3内容和实例与图10-1大致相似,之后不再赘述。图10-1是组合模型短期爆炸性客流的预测结果,从图中可以清楚地看出,组合模型的预测结果虽然在一些个别的时间上出现了比较大的偏差,但是在大部分时间点上是大致符合实际客流量的趋势的。在本章中重点关注的短期爆炸性客流量预测方面,组合模型除了两个时间节点出现明显的不足之外，绝大多数的日客流量高峰有被体现，能够准确体现出日客流量的变化趋势。

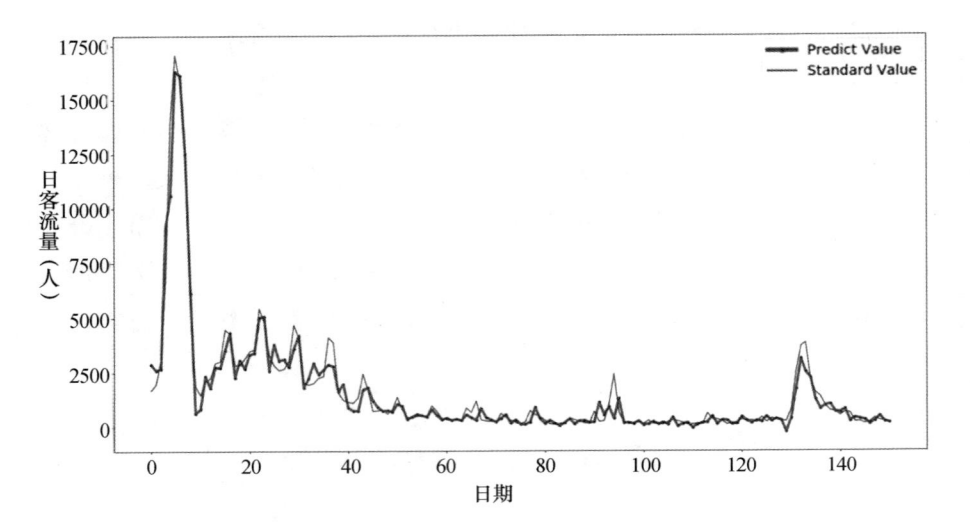

图 10 – 1　组合模型预测结果

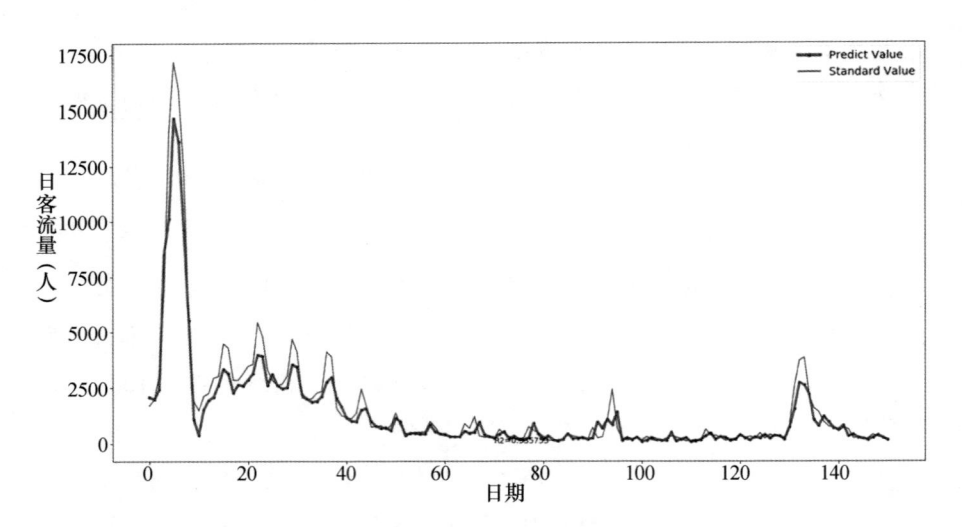

图 10 – 2　长短期记忆网络预测结果

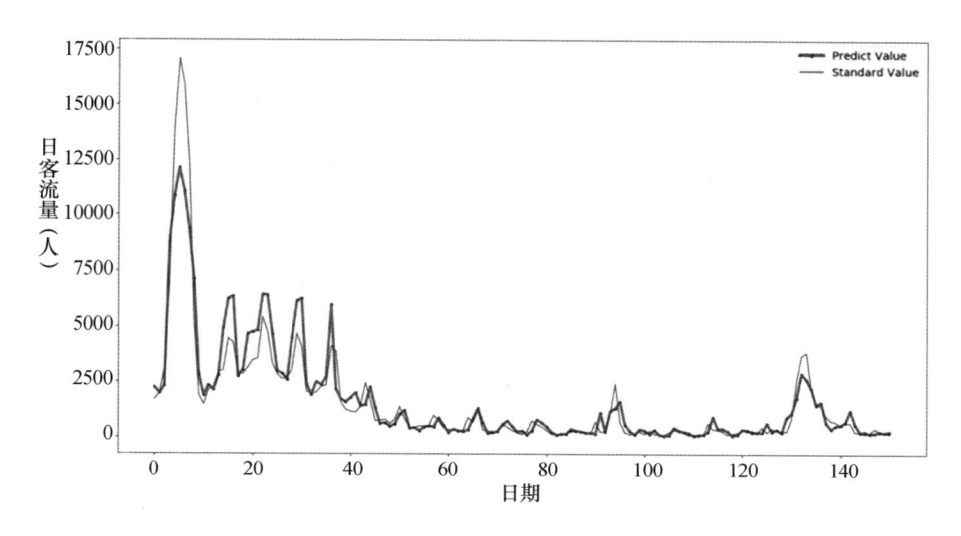

图 10 – 3　随机森林预测结果

　　长短期记忆网络的日客流量预测结果，如图 10 – 2 所示。长短期记忆网络对日客流量的预测是基本符合日客流量变化的趋势，在客流量的低谷处，模型的预测是比较贴合实际客流量的，但是在爆炸性客流量预测方面，虽然长短期记忆网络展现出了高峰，但是在高峰处与实际客流量相差较大。

　　随机森林模型的日客流量预测结果如图 10 – 3 所示。从图 10 – 3 中可以看出，随机森林的预测结果是大致符合客流量的分布趋势的，在大部分时间点上，随机森林模型预测结果也相当不错，预测的客流量趋势大致符合实际，但是在国庆高峰中，随机森林的预测结果明显少于实际客流量，而在之后的小高峰预测上，随机森林又明显高估了客流量，这显示出随机森林模型在高峰预测方面还是有所不足。

　　综合来看，从组合模型和两个单一模型（长短期记忆网络和随机森林）的预测结果图直观上来看，组合模型无论是从整体的日客流量预测，还是从短期爆炸性客流量预测中，均比两个单一模型更有优势。

　　接下来，用均方根误差 RMSE 和 R^2（R Square）更加客观地对比组合模型和两个单一模型。因为这三个模型在训练的过程中有一定的随机性，故在得到这两个评价指标时，每个模型预测三次，这样就能得到更加稳定可靠的结果，结果如表10－1所示：

表 10－1　　　　　　　　　三种模型实验结果对比

模型	实验次数	RMSE	R^2
组合模型	第一次	773.9	0.91
	第二次	762.4	0.91
	第三次	767.8	0.91
长短期记忆网络	第一次	963.4	0.86
	第二次	871.0	0.89
	第三次	885.9	0.88
随机森林	第一次	918.5	0.87
	第二次	911.6	0.88
	第三次	897.0	0.88

从表10－1中可以看出，长短期记忆网络和随机森林在均方根误差和R^2两个评价指标上都表现良好，表明这两个单一模型在预测日客流量的整体方面都有不错的效果，其中随机森林的预测结果相比于长短期记忆网络要更为稳定。而组合模型在均方根误差和R^2两个评价指标上，相比于两个单一模型都有比较大的提升，而且预测结果非常稳定。从这些数据可以说明，组合模型在日客流量预测的整体方面，无论是准确率还是稳定性，都要完全胜过长短期记忆网络和随机森林。

除了对比两个整体性指标外，还需关注组合模型和两个单一模型对短期爆炸性客流预测的能力。由于目前国内外对短期爆炸性客流的研究比较少，还没有一个相对权威的评判短期爆炸性客流量的标准。本章采用一种比较原始的方式来进行对比。本章将要挑选一些高峰客流量出现的时间，直接将组合模型、长短期记忆网络、随机森林的预测结果与真实值的差值进行对比，如表10－2所示。

表 10 - 2　　　　　　　　三种模型爆炸性客流量预测结果　　　　　　　　单位：人

实际客流量	组合模型	长短期记忆网络	随机森林
13967	11513	11528	10910
	11486	11676	10693
	11457	11480	10839
17071	15307	13341	12139
	15420	13635	12020
	15421	13302	12142
15837	13093	10435	10888
	13179	10700	10934
	13195	10109	11027
12325	10244	7369	9230
	10358	7851	9405
	10360	7062	9477
5419	5396	4642	6411
	5428	4419	6430
	5336	4696	6461
4100	3230	3276	5890
	3313	3455	5912
	3238	3568	5827

经过实验和结果分析，本研究发现融合长短期记忆网络模型和随机森林模型的组合模型表现优于单一模型。无论是从均方根误差或 R^3 指标的角度来看，组合模型都呈现出最佳的性能。此外，在短期爆炸性客流量预测方面，组合模型也展现出单一模型无法比拟的显著优势。通过选择两个在非线性预测方面表现优秀的单一模型，组合模型获得了更强的非线性拟合能力，从而在客流量预测方面具备一定的优势。在过往的国内外预测研究中，都传达出一个事实：没有任何一种预测模型能在所有情况下都是最优的，每一种预测模型都有自己的适用场所和不适用场所。但是现实的客观条件决定了不可能在每个预测问题中，都对所有预测模型进行检验和比较，所以一个相对"最优"的模型必须是在保证了使用范围和使用时间的可靠性后，尽可能准确的预测模型。只有这样的模型，

才具备复用性和扩展性，能够作为长期使用的预测模型。本章的组合模型无论是在预测结果的稳定性，还是在峰值客流量预测的准确性都要胜过两个单一模型，这证明了这个组合模型在短期爆炸性客流量的预测中具有一定的价值。虽然没有任何一个模型能无条件达到最佳，但是组合模型相比于单一模型更加可靠、准确。

此外，实验还表明了两个重要的结果：

第一，即使是比较小的数据依然有可能比较精确地预测短期爆炸性客流量。在本章中，出于现实客观条件的限制，最终获得的四姑娘山的日客流量数据只有三年半左右，但是即使以这样稀少的数据量，最终得到的预测结果仍然是可以接受的，甚至说是相当不错的。这样的情况不是没有原因的。因为在本章提出的组合模型所用到的重要因素点中，只有昨日客流量是依赖于历史客流量的。而从对四姑娘山年客流量的分析中，我们也发现四姑娘山的年客流量增长在之前有着一个重大飞跃，现在是趋于平缓的。四姑娘山年客流量的平缓增长造成了其客流量数据有着很大的参考价值，模型的训练也因此变得更加简单。而如果过多地添加飞跃之前或飞跃之时的数据，反而会对组合模型的训练造成比较大的影响。在长期客流量相对平缓的情况，使用本章的组合模型，能够在少量数据的情况下，得到一个令人满意的短期爆炸性客流量预测结果，这一点对于刚刚建立智慧旅游，数据量还不充分的情形，有着重大意义。

第二，只依靠少数重要因素点也能相对准确地预测短期爆炸性客流量。旅游客流量具有脆弱性，在国内外的旅游因素研究中，发现许多因素都与旅游客流量相关，这都加大了旅游客流量的研究难度，而在非线性更加强烈的短期爆炸性客流量预测中，预测难度就更大了。但是，通过本章的试验证明了，虽然影响客流量的因素众多，但是它们的重要程度并不是相同的，只要在预测模型中选择合适因素，即使只有少数几个因素，也能得到一个相对令人满意的预测结果。

本章小结

本研究提出了一种基于残差强化的爆炸性客流预测方法，用长短期记忆网络拟合日客流量数据，用随机森林进行残差拟合强化，用于山岳型旅游风景区爆炸性客流预测。实验从均方根误差、R^2 和短期爆炸性客流三个方面，对比了组合模型和两个单一模型（长短期记忆网络和随机森林），发现组合模型在多项评价指标上均超过单一模型，证明了山岳型景区短期爆炸性客流预测中所提出的方法的优势，有效弥补单一模型的缺点，尤其在峰值预测时，组合模型的优势更为明显。

第十一章

山岳型旅游风景区爆炸性客流预测的管理策略

基于前述研究成果，本章面向政府、风景区管理部门等提出了针对性管理策略，使其能够有效应对山岳型旅游风景区爆炸性客流的挑战。通过综合考虑天气条件、节假日安排和周末的特殊性，所提出的管理策略期望能够有效应对高峰期客流量的挑战，同时能确保游客的优质体验与景区环境的可持续发展。我们深知，每一次客流高峰都是对山岳型旅游风景区管理能力的一次考验。本章也将展示如何通过科学预测、精细规划和灵活的应对措施，最大限度地减少客流高峰对旅游景区资源的压力，提升游客的整体满意度和安全性，从而推动山岳型旅游风景区朝着更加可持续和高质量的方向发展。

第一节　开发智能预测平台，为景区预测提供实时决策依据

在当今这个信息化时代，随着科技的飞速发展，尤其是在大数据、云计算和人工智能等技术的推动下，景区管理正面临着转型升级的压力和机遇。为了适应这一变化，一个高效的智能预测平台的开发显得尤为重要。合理使用平台不仅能够提升景区的管理水平，还能够极大地提高游客的旅游体验。这个平台的核心价值在于能够为景区提供实时的客流量预测，从而帮助管理者做出更加精准、高效的决策。例如，根据预测

结果，景区可以合理调配人力资源，优化游览路线，提高服务质量，甚至预先调整门票销售策略等。这种以数据和算法为核心的智能管理策略，不仅体现了景区管理向科学化、智能化方向的转变，也是景区利用现代科技提升自身竞争力的一种体现。

智能客流预测平台可以采用先进的前端后端设计、数据分析等技术，可以为景区量身打造一个功能全面、性能卓越的智能预测系统，开发该平台需要注意的要点如下：

（1）平台架构设计：设计时应考虑多种关键预测变量，包括天气条件、节假日、周末与工作日的差异等，确保这些因素在预测模型中得到充分考虑。平台应将这些变量与实时客流数据、社交媒体趋势、在线搜索行为等数据源融合，以构建一个全面的数据系统。

（2）实时数据的收集与分析：智能预测平台应支持实时数据的收集与分析，包括实时天气更新、公共假期公告、实时交通状况等，及来自景区内部的实时客流数据。注意数据的采集和处理必须全面、准确，确保预测模型的可靠性和准确性。平台的决策支持功能能够根据这些实时分析结果，为景区管理提供即时的运营调整建议，如开放额外入口、调整停车区域或临时增加交通工具等。

（3）性能优化与机器学习算法的应用：预测平台的核心优势之一在于其自我优化能力。平台能够通过持续收集景区内外的数据和用户反馈，不断学习并提高其预测模型的准确度。平台应采用先进的机器学习算法，如随机森林、梯度提升树和深度学习网络，使平台能够在处理复杂数据集时展现出更高的灵活性和准确性，确保决策结果持续保持高水平的准确性和相关性。

（4）平台的用户界面需要直观易用，确保景区工作人员能够轻松上手并有效使用；平台的响应速度和稳定性是基本要求，必须确保在高峰期能够处理大量的数据请求而不出现延迟或故障；平台的扩展性和升级性也很重要，随着技术的发展和景区需求的变化，平台应能够方便地进行功能升级和数据扩展。

第二节　景区建立灵活有效的预约与限流制度，平衡客流稳定状态

预约制度是指游客需提前通过网络或其他途径，向景区管理部门申请预约参观时间，待管理部门审核通过后，方可按照预约时间前往景区。管理部门应针对不同时间段的客流特点，采取差异化的管理策略。在旅游旺季，由于景区环境优美，气温宜人，游客流量呈现显著增长。为了保障景区的正常运营和游客的游玩体验，管理部门将实施严格的人数预约制度和限流标准，避免景区超负荷运营和游客拥堵，确保景区内部秩序井然。

为了方便游客预约，管理部门可提供便捷的预约平台，支持多种预约方式，如手机 APP、微信小程序、官方网站、电话等。同时，景区还需对预约系统进行定期维护和升级，确保预约平台的稳定运行。

在重大节假日，如春节、国庆等，游客集中度更高，客流更为密集。针对这一特点，管理部门应进一步加大限流力度，提前制定详细的预约人数、时间段和人流量限制。通过这种方式，可以有效控制景区内的人流峰值，确保景区运营的安全和有序。

管理部门应根据不同时间段的客流特点，采取差异化的人数预约标准，确保景区的正常运营和游客的游玩体验。如果当天客流量并不高，也可适当放开预约人数标准和时间段，甚至临时取消预约，避免造成景区资源浪费，以此在合理范围内最大限度利用景区资源。通过实施灵活的人数预约制度、限流标准，加大限流力度，以及运用现代信息技术手段，实现对客流的精准预测和调控，确保景区运营的安全、有序和高效。预约制度是景区客流管理的重要手段，对于维护景区秩序、提高游客体验具有重要意义。

第三节　制定天气变化管理策略，保障景区安全

为了有效管理景区客流并确保游客安全，景区应在官方网站、微信

公众号、微信小程序等平台定期发布景区内的天气情况。这样,游客和景区管理部门可以随时了解景区的天气状况,并做好相应的准备。特别关注即将到来的恶劣天气,并及时更新相关信息,为应对可能出现的极端天气情况让广大游客和景区管理部门做好准备。

一旦遭遇恶劣天气,景区可通过各个数字化平台向游客发布及时安全警示,启动安全预警机制。这样,游客可以提前得知危险,并采取相应措施以确保安全。同时,景区会视情况调整景区开放区域,限制游客进入潜在危险区域。若情况严重,景区将与当地政府和应急机构合作,确保快速响应和协调行动,最大限度地减少潜在风险。另外,无论天气是否恶劣,景区都应制定详细的安全逃生路线,并尽可能显著标识,防患于未然。这样,在紧急情况下,游客可以迅速找到安全的逃生路径,降低事故发生的可能性。

根据不同的天气情况,景区可以采取以下对策:

(1)晴天:在晴天,景区可以正常开放,但仍需关注天气变化,以防突发的恶劣天气。同时,加强景区内的安全巡查,确保游客的安全。

(2)雨天:在雨天,景区应提醒游客注意滑倒、溺水等安全风险。视雨势大小,必要时暂停景区部分区域的开放,确保游客的安全。

(3)雪天:在雪天,景区应提醒游客注意滑倒、雪崩等安全风险。增加景区内的安全巡查力度,并及时清理积雪,确保游客的安全。

(4)雾天:在雾天,景区应提醒游客注意能见度低带来的安全风险。视雾势大小,必要时暂停景区部分区域的开放,确保游客的安全。

(5)极端天气:如遇洪水、台风、地震等极端天气甚至自然灾害,景区应立即启动应急预案,封闭景区,确保游客和工作人员的安全。同时,加强与当地政府和应急机构的沟通与合作,共同应对极端天气带来的挑战。

通过以上措施,景区可以有效应对各种天气情况,确保游客的安全。同时,让游客感受到景区对他们的关心和保护,提高游客满意度。

第四节　制定节假日与周末管理策略，确保游客优质体验

为了应对节假日和周末高峰期客流爆发情况，景区管理部门可采取一系列策略，以确保游客体验的顺畅和景区资源的有效利用，为游客提供愉悦、安全和丰富的旅游体验。

（1）临时服务站和工作人员引导：在节假日和周末等高峰期，景区可部署临时服务站点和增加工作人员数量。这些服务站点提供必要的服务设施，如休息区、咨询台和紧急救助服务，工作人员则会分布在关键位置，设立引导点，提供专业的导览服务、交通指向和安全隐患的预防提示。可有效引导游客顺畅游览，避免发生拥挤和无序的情况。

（2）更新旅游线路和合理规划：景区管理部门可召集旅游业界专家，对节假日和周末的游览路线进行及时更新和优化。结合实时客流数据和地形地貌特点，制定合理的游览路径，提升游客游览效率，又能有效分散高峰期人流，减轻热门区域压力，避免拥堵。

（3）VR全景地图游览模式：为了创新游览方式并缓解人流高峰的压力，景区可以引入先进的VR全景地图游览系统。游客可以利用虚拟现实技术，在家中就能体验到如同亲临现场的视觉效果，这种方式不仅能够吸引部分游客选择线上游览，减少现场人流，还能为游客提供一种全新的、多维度的游览体验。

（4）文化宣传活动：景区可以举办各类与文化节日主题相融合的文化教育活动，如特色展览、民俗表演和手工艺体验等。这些活动旨在通过丰富的文化体验，不仅加深游客对景区的了解和兴趣，而且通过分散人流，减少热门区域的压力，提升游客的整体满意度。同时，这些文化活动也有助于传承和弘扬中国的传统文化。

通过以上策略，景区可以在节假日和周末高峰期为游客提供一个有序、舒适、安全的旅游环境，同时也保护和展示景区的独特文化魅力。

第五节　制定基础设施管理策略，提高景区服务质量

在客流量高峰期，如节假日和周末，景区的运营压力显著增大，为此，景区管理方必须采取一系列应对措施，对基础设施进行全方位的优化升级。其中包括但不限于交通、停车、休息区等方面的改善。

针对交通问题，景区可以考虑增加观光车的数量，优化观光车的行驶路线。这样可以有效地分散车流，减轻道路的拥堵压力，同时也能为游客提供更加便捷的交通选择，使他们能够更加轻松地游览景区。

针对停车问题，景区可以考虑增加停车位的数量，并引入智能停车管理系统。此系统可以提供智能化的引导，为司机提供最优的停车指引，游客可以更加有序地停车，减少寻找停车位的时间和精力，提高整体的游览体验。

此外，为了应对高峰期的游客需求，景区需要增加工作人员数量，并加大培训力度。通过招聘经验丰富的工作人员，确保在突发情况下能够有效地应对，满足游客需求。同时，景区还可以招募大学生志愿者参与服务工作。大学生志愿者不仅能够提供更多的劳动力支持，还能增进景区与游客之间的互动与交流，营造一个更加温馨友好的游览氛围。

工作人员的专业水平和服务技能也是十分重要的。景区可以加大培训力度，不断提升工作人员的专业水平和服务技能，确保他们能够为游客提供高质量的服务体验，使游客满意度更高，留下美好的回忆。

第六节　联合多方资源，共同打造优质旅游目的地

为了有效地应对客流量挑战，景区相关部门可以与附近社区展开紧密合作，共同应对旅游高峰期的各种问题。通过建立有效的合作机制，双方可以共同制定客流管控方案和资源调配策略，以确保景区运营的顺畅和游客体验的优质。这种合作不仅有助于减轻景区管理部门的压力，还能够最大程度地保护当地生态环境和社区生活秩序，实现双赢。

为了实现经济效益最大化和合理分配，景区相关部门可以积极鼓励

当地社区及居民参与旅游产品研发和规划。通过专业培训和技术支持，帮助社区了解市场需求和游客偏好，引导其开发具有地方特色的旅游产品，如特色手工艺品、地方美食、土特产等。既能丰富旅游产品供给，满足游客的多样化需求，又能促进社区经济发展，提高居民收入。

　　景区相关部门要密切关注游客满意度，及时了解游客需求变化，不断调整和完善客流管控和资源调配策略。同时，要加强与社区的沟通与协作，确保各项措施的顺利实施。通过共同努力，景区与社区可以实现互利共赢，推动旅游业持续健康发展。

本章小结

　　本章面向山岳型旅游风景区爆炸性客流管理，提出了一系列管理策略，不仅有希望帮助山岳型风景区应对旅游高峰期的客流量挑战，同时也能保障游客的游玩体验和景区环境的可持续发展，对于山岳型旅游风景区的管理具有一定的参考价值。

结　　语

一　主要结论

本书对山岳型旅游风景区爆炸性客流预测进行了较深入的理论研究与实践探索。通过详细分析客流量的分布特性、关键预测变量与客流量之间的关联性，成功构建并验证了多种人工智能技术的预测模型。通过融合长短期记忆网络和随机森林等混合模型，结合四姑娘山历年旅游数据的案例证明，提高了预测准确度，同时也为山岳型旅游风景区的运营管理提供了实时、可靠的数据支持。在此基础上，研究进一步提出了一系列切合实际的管理策略，旨在优化人力资源分配、提高应对突发客流的能力和改善游客体验。

本书首先回顾了国内外旅游客流预测技术的研究现状，指出了现有研究存在的问题，以此突出本书的学术价值和特点。然后将相关性分析、降维方法和用于预测的传统时间序列模型、机器学习、深度学习模型结合起来，为山岳型旅游风景区爆炸性客流预测提供了全新的理论视角。本书的理论贡献主要分为以下九个部分。

（1）客流分布规律和预测变量：本书从四姑娘山风景区客流量的"峰林结构"入手，揭示了其客流量具有明显的周期性和季节性规律。接着进行深入分析，识别出历史客流量、百度搜索指数、天气、节假日、事件作为关键的预测变量。

（2）关联特征研究：应用关联规则挖掘技术，成功挖掘了预测变量与爆炸性客流之间的深层次关联特征。这一发现不仅为理解客流变化提供了新视角，也为预测模型的建立提供了重要的特征排序参考，有助于减少数据噪声,提升预测结果的精准度。

(3)预测模型的创新与优化:构建了基于计量经济学经典模型(ARIMA)、支持向量回归模型(SVR)、随机森林回归模型(RFR)和长短期记忆网络模型(LSTM)的各种预测模型,共同对山岳型景区进行单日客流预测,并通过与PCA的组合进一步提高了单日客流预测的准确性和精准度。特别是LSTM和PCA的组合预测模型,性能更加稳定和优越,展示了组合模型处理复杂数据的强大能力。这些模型的成功应用不仅丰富了山岳型旅游风景区客流量预测的方法论,也为其他领域的时间序列分析提供了参考。

(4)多特征组合预测的优势:采用一种基于多特征组合与LSTM相结合的方法来预测山岳型旅游风景区的单日客流量,并与其他传统机器学习方法进行了比较。研究通过验证单特征与景区客流的格兰杰因果关系以及多特征组合与景区客流的协整关系,研究发现百度指数和节假日指数与游客到达标签的格兰杰因果关系最强,LSTM在预测性能上比起其他模型有显著提升。这一思路和试验证明有效解决了受多种因素影响的山岳型景区客流量预测难题,并为景区的日常管理提供了科学、有效的参考依据。

(5)网络搜索指数对于预测的重要性:强调了利用历史客流量数据和网络搜索指数对山岳型旅游风景区短期爆炸性客流进行预测的有效性和准确性。通过对比GBR、RF和LSTM模型的预测结果,研究证明了组合模型在提升预测精度方面的显著优势。此外,降维处理的网络搜索指数不仅优化了模型的输入特征,还揭示了网络搜索行为与客流量之间的强相关性,为景区管理提供了预测工具和策略,在实际应用中具有较高的价值。

(6)量化日期特征的研究:引入日期特征量化的组合模型,有效地提高了山岳型旅游风景区爆炸性客流预测的准确性,强调了日期因素在旅游客流预测中的重要性。研究通过将量化的日期特征结合到LSTM中,不仅提升了对特定高峰日客流量预测的精度,而且为旅游景区管理者在高峰期进行人流管理、资源配置和安全措施制定提供了科学依据。

(7)构建滚动多步模型:通过结合最小冗余最大相关性(mRMR)

特征选择和 LSTM 的深度学习方法，成功构建了一个针对山岳型旅游风景区爆炸性客流的滚动多步预测模型。有效提高了预测的精度和效率，通过准确识别关键预测变量并捕捉客流数据的长期依赖关系，显著优化了爆炸性客流的预测过程。实验证明该模型具有很好的泛化能力，可以在不同景区使用，为山岳型旅游风景区的管理和规划提供了实用的决策支持工具。

（8）引入混合奇异频谱分析：通过引入混合奇异频谱分析和长短期记忆（LSTM）网络的去噪神经网络客流预测模型，有效地从噪声数据中提取有用信号，显著提升了预测准确性。这一方法不仅优化了季节性时间序列预测的性能，尤其在处理具有强非线性特征的爆炸性客流数据时表现突出，为山岳型旅游风景区管理提供了准确的预测支持。

（9）构建残差强化客流预测模型：研究并验证了一种结合 LSTM 与随机森林的残差强化客流预测模型，显著提高了山岳型旅游风景区爆炸性客流预测精度。该模型利用 LSTM 的时间序列分析优势和 RF 的非线性校正能力，有效提升了预测准确性和可靠性。

本书的研究成果不仅在学术贡献上扩展了山岳型旅游风景区客流预测的研究领域，在实践中为景区管理提供了新视角和完整的数据支持，展现了新技术赋能在推动旅游业可持续发展中的关键作用，对智慧旅游研究和实践具有深远影响和重要的指导意义。

二 理论贡献

本书通过综合运用先进的人工智能模型，如支持向量回归（SVR）、随机森林（RF）、长短期记忆网络（LSTM）和梯度提升回归（GBR）等，针对山岳型旅游风景区特别是在处理爆炸性客流预测问题上，提出了一套创新的理论和方法，明显区别于传统时间序列和计量经济学模型的应用。这一理论贡献不仅体现在新技术的应用上，更在于对预测模型构建方法的创新，以及对旅游客流预测领域理论基础的丰富和扩展。

相对于前人研究，本书主要有以下理论创新点。

（1）跨领域方法的融合与创新：本书将人工智能技术与旅游客流预测相结合，这一跨领域的方法论创新，为山岳型景区客流预测提供了新的视角。特别是将多种深度学习模型甚至计量经济学模型结合应用于客流量预测，展示了不同模型在处理特定问题时的独特优势和潜在的互补性。

（2）组合模型的创新应用：通过将 GBR、RF 和 LSTM 等模型两两组合，根据它们的拟合优度及方差设置权重，本书对模型组合方法进行了创新。这种模型组合策略，不仅提高了预测准确性，也为后续研究提供了一种有效利用不同预测模型优势的方法。

（3）多维度建模视角：从降维搜索指数、日期特征量化、滚动多步、数据去噪、残差强化等多个视角对问题进行建模的方法，体现了对旅游客流预测问题的全面和深入理解。这种多角度、多维度的建模方法，对于揭示复杂数据背后的潜在规律具有重要意义。

（4）滚动多步预测方法的创新：提出的基于 mRMR 和 LSTM 的滚动多步预测方法，利用 LSTM 模型长时记忆的特性和 mRMR 算法在特征选择上的优势，提供了一种准确性高且实用的预测方法。这不仅解决了单步预测的局限性，还通过仿真研究证明了其自适应学习的特点，为不同景区客流量预测提供了强大的工具。

（5）理论与实践的结合：通过详尽的数据分析，结合实际旅游流量数据，本书在理论研究基础上进行了大量实证测试，不仅验证了理论可行性，还增强了研究的实用价值。

通过这些理论和方法上的创新，本书不仅为山岳型旅游风景区客流预测问题提供了新的解决方案，也为未来的研究者指明了新的研究方向和方法，有望推动旅游客流预测领域理论和实践的进一步发展。

三　现实贡献

本书通过引入创新的人工智能技术解决山岳型旅游风景区面临的爆炸性客流预测难题，不仅在学术领域贡献突出，更在实际应用上具有显著的现实价值，这一价值可以从政府、景区管理者以及游客三个角度进行阐述。

对政府的现实贡献包括以下几点。

（1）城市规划与交通管理优化：准确的客流预测使政府能够在节假

日或旅游旺季前提前进行有效的城市交通规划和管理,减少交通堵塞问题,提高城市交通的效率。

(2) 应急响应与资源配置:依据客流预测结果,政府可以合理分配公共资源,如安全人员、医疗急救、公共交通等,以预防和应对安全事故,确保旅游高峰期的公共安全。

(3) 旅游政策制定与调整:通过对爆炸性客流的精确预测,政府能够更科学地制定旅游政策,合理调整景区承载量,平衡旅游发展与环境保护的关系。

对景区管理者的现实贡献包括以下几点。

(1) 运营管理与服务质量提升:景区管理者可以根据客流量预测结果优化人力资源分配,合理安排接待能力,如调整开放时间、增加临时服务点等,有效提升游客体验,保证服务质量。

(2) 风险预防与应急准备:准确的客流预测帮助景区提前识别潜在的安全风险,制定应急预案,确保游客安全,减少事故发生率。

(3) 营销策略与收入优化:利用客流预测数据,景区可在预期客流高峰期实施差异化定价策略,开展针对性营销活动,从而提高收益。

对游客的现实贡献包括以下几点。

(1) 旅行体验改善:通过精确的客流预测,游客能够轻松避开高峰时段,选择更加宁静和舒适的时间访问,极大减少了因人流过密带来的不便,如长时间排队等待、拥挤的观光路径等。这样不仅优化了游客的行程安排,还提升了旅游的舒适度和满意度。

(2) 安全保障加强:游客的安全是旅游体验中最为重要的一环。本研究可使景区管理者能够更好地预测和准备应对高峰期的客流压力,从而有效避免因超负荷运营而可能导致的安全事故,保障游客的人身安全。此外,通过合理的客流分配,游客在紧急情况下能更快地获得救援和支持。

(3) 信息获取便利化:准确的客流预测信息的公开透明,为游客提供了更多的出行参考信息。游客可以基于这些信息制定更为合理的旅游计划,例如,选择最佳访问时间、规避高峰期等,从而使得旅行更加平顺和愉快。

（4）个性化旅行规划：利用客流预测数据，游客可以更加个性化地规划自己的旅行行程。例如，偏好宁静旅游体验的游客可以选择客流量相对较低的时间段访问，而寻求节日庆典和活动氛围的游客则可以选择客流量高峰时段。这种个性化的旅游规划使得每一位游客都能根据自己的喜好和需求，享受最佳的旅游体验。

（5）成本效益的优化：对于预算有限的游客来说，客流预测信息还可以帮助他们更有效地规划旅行预算。在非高峰期旅游，不仅可以享受到更加宁静的环境，有时还能享受到住宿、交通等方面的价格优惠，从而实现成本效益的最大化。

综上所述，本书的现实贡献不仅体现在提高了山岳型旅游风景区爆炸性客流的预测准确性，还在于促进了旅游目的地的可持续发展，提升了游客的旅行体验，为政府和景区管理者提供了科学决策的依据，从而实现了旅游管理实践的优化。

四 存在不足与发展展望

尽管当前研究已经取得了初步成果，但依然存在不足，这些不足在于处理极端情况的预测能力、预测效果判别方法的缺乏、特征选择与数据集的局限性，以及长期预测准确性的挑战。针对这些问题，未来的研究涵盖了从提高模型精确度到拓宽数据来源和特征选择的范畴。不足之处与未来研究展望具体如下。

不足之处有以下几点。

（1）极端情况下的预测能力：尽管现有方法在常规情况下的预测表现尚可，但在如国庆黄金周这类极端客流峰值时期，预测准确度显著下降。此外，特定时间区间，如暑假期间的预测效果同样不理想。

（2）预测效果的判别方法：现有判别方法缺乏统一的标准和准确的衡量指标，这在一定程度上限制了模型评价和比较的客观性和有效性。缺乏公认的判别标准也使得研究成果难以在不同的研究之间进行有效对比。

（3）特征分析和数据集限制：目前研究多聚焦于有限的数据源和特征，尤其是在搜索引擎关键词的选取和利用方面。而且本研究也需要更多地探索搜索引擎数据在其他旅游目的地的应用，以及做大样本的实证研究。

（4）长期预测的局限性：随着预测时间跨度的增长，累计误差的增加成为了制约长期预测准确性的重要因素。当前的预测模型在处理超过一定时间步长的预测任务时表现出明显的局限性，这对于需要进行长期规划和决策的管理者而言是一个不小的挑战。

未来的研究展望有以下几点。

（1）提升极端情况下的预测能力：未来的研究应更加关注于如何提升在极端情况下的预测准确性，这需要专业人士开发更为复杂的模型，引入多源数据以捕捉更多影响因素，或是设计更为精细化的时间序列分析方法来专门应对高峰期的预测。

（2）开发和验证预测判别标准：建立一套明确、公认的预测效果判别标准显得尤为重要。这不仅有助于提升研究的客观性和可比性，还能促进模型优化和迭代的效率。

（3）扩展特征和数据源的多样性：未来研究应探索更多潜在的特征和数据来源，如社交媒体数据、天气信息、经济指标等，以增强模型对客流变动的预测能力。同时，通过扩大实际案例的分析范围，可以验证模型的泛化能力和实用性。

（4）优化长期预测方法：探索和开发能够有效减少累计误差，提升长期预测准确性的新方法或技术是未来研究的重要方向。这需要我们继续探索新的算法设计、模型结合策略或是更为动态的数据更新机制。

参考文献

董安福：《山西省石膏山风景名胜区规划设计研究》，硕士学位论文，西安建筑科技大学，2011年。

范剑锋：《时间序列数据特征选择和预测方法研究》，硕士学位论文，南京大学，2016年。

罗俊鹏：《Copula理论及其在金融分析中的应用研究》，博士学位论文，天津大学，2005年。

麻学锋、孙根年、马丽君：《张家界市客流量年内变化与旅游气候舒适度相关分析》，《资源科学》2010年第4期。

马银超：《山岳型风景区短期客流量预测组合模型研究——以黄山风景区为例》，博士学位论文，合肥工业大学，2017年。

孙根年、周瑞娜：《骊山景区年内客流量峰林结构及成因分析》，《人文地理》2011年第3期。

谭清雄：《基于信号分解技术的组合模型在风电功率预测中的研究》，硕士学位论文，华中科技大学，2017年。

徐海、翟立强、张硕鹏：《中国旅游业发展的现状、问题及建议》，《对外经贸》2020年第6期。

Álvarez–Díaz M., Roselló–Nadal J., "Forecasting British Tourist Arrivals in the Balearic Islands Using Meteorological Variables", *Tourism Economics: the Business & Finance of Tourism & Recreation*, Vol. 16, No. 1, 2010, pp. 153–168.

Abdi H., Williams L. J., "Principal Component Analysis", *Wiley Interdisciplinary Reviews: Computational Statistics*, Vol. 2, No. 4, 2010, pp. 433–459.

Agrawal R., Srikant R., "Fast Algorithms for Mining Association Rules in Large Databases", *Proceedings of the 20th VLDB conference*, 1994.

Becken S., "Measuring the Effect of Weather on Tourism: A Destination – and Activity – Based Analysis", *Journal of Travel Research*, Vol. 52, No. 2, 2013, pp. 156–167.

Bedford S., "Review of 'On the Road of the Winds: An Archaeological History of the Pacific Islands before European Contact' by Patrick V. Kirch", *Australian Archaeology*, Vol. 57, No. 2, 2001, pp. 235–237.

Bi J. W., Liu Y., Li H., "Daily Tourism Volume Forecasting for Tourist Attractions", *Annals of Tourism Research*, Vol. 83, 2020.

Borgelt C., Kruse R., "Induction of Association Rules: Apriori Implementation", *Compstat. Physica – Verlag HD*, 2002, pp. 395–400.

Box G. E. P., Jenkins G. M., Reinsel G. C., et al., *Time Series Analysis: Forecasting and Control*, Holden – Day, 1976, p. 31.

Breiman L., "Random Forests", *Machine Learning*, Vol. 45, No. 1, 2001, pp. 5–32.

Chen R., Liang C. Y., Hong W. C., et al., "Forecasting Holiday Daily Tourist Flow Based on Seasonal Support Vector Regression with Adaptive Genetic Algorithm", *Applied Soft Computing*, Vol. 26, 2015, pp. 435–443.

Chu F. L., "Forecasting Tourism Demand with ARMA – Based Methods", *Tourism Management*, Vol. 30, No. 5, 2009, pp. 740–751.

Craig C. A., Feng S., "A Temporal and Spatial Analysis of Climate Change, Weather Events, and Tourism Businesses", *Tourism Management*, Vol. 67, 2018, pp. 351–361.

Day J., Chin N., Sydnor S., et al., "Weather, Climate, and Tourism Performance: A Quantitative Analysis", *Tourism Management Perspectives*, Vol. 5, 2013, pp. 51–56.

Drucker H., Burges C. J., Kaufman L., et al., "Support Vector Regression

Machines", *Advances in Neural Information Processing Systems*, Vol. 9, 1997, pp. 155 – 161.

Fan C., Sun Y., Zhao Y., et al., "Deep Learning – Based Feature Engineering Methods for Improved Building Energy Prediction", *Applied Energy*, Vol. 240, 2019, pp. 35 – 45.

Fan G. F., Peng L. L., Hong W. C., et al., "Electric Load Forecasting by the SVR Model with Differential Empirical Mode Decomposition and Autoregression", *Neurocomputing*, Vol. 173, 2016, pp. 958 – 970.

Fernández – Delgado M., Cernadas E., Barro S., et al., "Do We Need Hundreds of Classifiers to Solve Real World Classification Problems?", *Journal of Machine Learning Research*, Vol. 15, 2014, pp. 3133 – 3181.

Forni M., Hallin M., Lippi M., et al., "The Generalized Dynamic – Factor Model: Identification and Estimation", *Review of Economics and Statistics*, Vol. 82, No. 4, 2000, pp. 540 – 554.

Freitas C., Scott D., McBoyle G., "A Second Generation Climate Index for Tourism (CIT): Specification and Verification", *International Journal of Biometeorology*, Vol. 52, No. 5, 2008, pp. 399 – 407.

Gao M., Li J., Hong F., et al., "Day – Ahead Power Forecasting in a Large – Scale Photovoltaic Plant Based on Weather Classification Using LSTM", *Energy*, Vol. 187, 2019, 115838.

Geng Z., Chen G., Han Y., et al., "Semantic Relation Extraction Using Sequential and Tree – Structured LSTM with Attention", *Information Sciences*, Vol. 509, 2020, pp. 183 – 192.

Gonzalez R., Nishi Y., Gagge A. P., "Experimental Evaluation of Standard Effective Temperature: A New Biometeorological Index of Man's Thermal Discomfort", *International Journal of Biometeorology*, Vol. 18, 1974, pp. 1 – 15.

Granger C. W. J., "Investigating Causal Relations by Econometric Models and Cross – Spectral Methods", *Econometrica: Journal of the Econometric Society*, Vol. 37, No. 3, 1969, pp. 424 – 438.

Haldun A., "User's Guide to Correlation Coefficients", *Turkish Journal of E-*

mergency Medicine*, Vol. 18, No. 3, 2018, p. 91.

Han S., Qiao Y. H., Yan J., et al., "Mid – to – Long Term Wind and Photovoltaic Power Generation Prediction Based on Copula Function and Long Short – Term Memory Network", *Applied Energy*, Vol. 239, 2019, pp. 181 – 191.

Hochreiter S., Schmidhuber J., "Long Short – Term Memory", *Neural Computation*, Vol. 9, No. 8, 1997, pp. 1735 – 1780.

Huan Liu, Hiroshi Motoda, *Feature Selection for Knowledge Discovery and Data Mining*, Kluwer Academic Publishers, 1998, p. 97.

Jeng J., Fesenmaier D. R., "Conceptualizing the Travel Decision – Making Hierarchy: A Review of Recent Developments", *Tourism Analysis*, Vol. 7, No. 1, 2002, pp. 15 – 32.

Jeremy G., "Detecting Influenza Epidemics Using Search Engine Query Data", *Nature*, Vol. 457, No. 7232, 2009, pp. 1012 – 1014.

Khaire U. M., Dhanalakshmi R., "Stability of Feature Selection Algorithm: A Review", *Journal of King Saud University – Computer and Information Sciences*, Vol. 34, No. 4, 2019, pp. 1060 – 1073.

Kim S., Shin D. H., "Forecasting Short – Term Air Passenger Demand Using Big Data From Search Engine Queries", *Automation in Construction*, Vol. 70, No. 10, 2016, pp. 98 – 108.

Kulshrestha A., Krishnaswamy V., Sharma M., et al., "Bayesian BILSTM Approach for Tourism Demand Forecasting", *Annals of Tourism Research*, Vol. 83, 2020.

Laber G., "Determinants of International Travel Between Canada and the United States", *Geographical Analysis*, Vol. 1, No. 4, 1969, pp. 329 – 336.

Lau P. L., Koo T. T. R., "Online Popularity of Destinations in Australia: An Application of Polya Urn Process to Search Engine Data", *Journal of Hospitality and Tourism Management*, Vol. 42, 2020, pp. 277 – 285.

Lin T. P., Matzarakis A., "Tourism Climate Information Based on Human Thermal Perception in Taiwan and Eastern China", *Tourism Management*, Vol. 32, No. 3, 2011, pp. 492 – 500.

Lin V. S., Liu A., Song H., "Modeling and Forecasting Chinese Outbound Tourism: An Econometric Approach", *Journal of Travel & Tourism Marketing*, Vol. 32, 2015, pp. 34 – 49.

Li S., Zhang H., Yuan D., "Investor Attention and Crude Oil Prices: Evidence from Nonlinear Granger Causality Tests", *Energy Economics*, 2019.

Liu L., Chen R. C., "A Novel Passenger Flow Prediction Model Using Deep Learning Methods", *Transportation Research Part C: Emerging Technologies*, Vol. 84, 2017, pp. 74 – 91.

Liu Y., Liu Z., Jia R., "DeepPF: A Deep Learning Based Architecture for Metro Passenger Flow Prediction", *Transportation Research Part C: Emerging Technologies*, Vol. 101, 2019, pp. 18 – 34.

Li X., Pan B., Law R., et al., "Forecasting Tourism Demand with Composite Search Index", *Tourism Management*, Vol. 59, 2017, pp. 57 – 66.

Li Y., Cao H., "Prediction for Tourism Flow Based on LSTM Neural Network", *Procedia Computer Science*, Vol. 129, 2018, pp. 277 – 283.

Oliver J. E., "Climate and Man's Environment: An Introduction to Applied Climatology", *John Wiley & Sons*, New York, 1973.

Pan B., Wu C. D., Song H., "Forecasting Hotel Room Demand Using Search Engine Data", *Journal of Hospitality & Tourism Technology*, Vol. 3, No. 3, 2012, pp. 196 – 210.

Pattie D. C., Snyder J., "Using a Neural Network to Forecast Visitor Behavior", *Annals of Tourism Research*, Vol. 23, No. 1, 1996, pp. 151 – 164.

Peng B., Song H., Crouch G. I., "A Meta – Analysis of International Tourism Demand Forecasting and Implications for Practice", *Tourism Management*, Vol. 45, 2014, pp. 181 – 193.

Peng H., Long F., Ding C., "Feature Selection Based on Mutual Information Criteria of Max – Dependency, Max – Relevance, and Min – Redundancy", *IEEE Transactions on Pattern Analysis and Machine Intelligence*, Vol. 27, No. 8, 2005, pp. 1226 – 1238.

Pouyanfar S., Sadiq S., Yan Y. L., et al., "A Survey on Deep Learning:

Algorithms, Techniques, and Applications", *ACM Computing Surveys*, Vol. 51, No. 5, 2019, pp. 92: 1 – 92: 36.

Prosper F. B., Ryan W. S., "Can Google Data Improve the Forecasting Performance of Tourist Arrivals? Mixed – Data Sampling Approach", *Tourism Management*, Vol. 46, 2015, pp. 454 – 464.

Riganti P., Nijkamp P., "Congestion in Popular Tourist Areas: A Multi – Attribute Experimental Choice Analysis of Willingness – to – Wait in Amsterdam", *Tourism Economics*, Vol. 14, No. 1, 2008, pp. 25 – 44.

Sherstinsky A., "Fundamentals of Recurrent Neural Network (RNN) and Long Short – Term Memory (LSTM) Network", *Physica D: Nonlinear Phenomena*, Vol. 404, 2020.

Song H., Li G., "Tourism Demand Modelling and Forecasting—A Review of Recent Research", *Tourism Management*, Vol. 29, No. 2, 2008, pp. 203 – 220.

Speiser J. L., Miller M. E., Tooze J., et al., "A Comparison of Random Forest Variable Selection Methods for Classification Prediction Modeling", *Expert Systems with Applications*, Vol. 134, 2019, pp. 93 – 101.

Sun S., Wei Y., Tsui K. L., et al., "Forecasting Tourist Arrivals with Machine Learning and Internet Search Index", *Tourism Management*, Vol. 70, 2019, pp. 1 – 10.

Terjung W., "Physiological Climates of California", *Yearbook of the Association of Pacific Coast Geographers*, Vol. 28, No. 1, 1966, pp. 55 – 73.

Van D., Jozef W. M., "Tourism Forecasting and the Policymaker: Criteria of Usefulness", *Tourism Management*, Vol. 5, No. 1, 1984, pp. 24 – 39.

Voyant C., Notton G., Kalogirou S., et al., "Machine Learning Methods for Solar Radiation Forecasting: A Review", *Renewable Energy*, Vol. 105, 2017, pp. 569 – 582.

Wilson O., "Objective Evaluation of Wind Chill Index by Records of Frost Bite in Antarctica", *International Journal of Biometeorology*, Vol. 11, No. 1, 1967, pp. 29 – 32.

Wu Y., Yuan M., Dong S., et al., "Remaining Useful Life Estimation of

Engineered Systems Using Vanilla LSTM Neural Networks", *Neurocomputing*, Vol. 275, 2018, pp. 167 – 179.

Xanthopoulos P., Pardalos P. M., Trafalis T. B., *Robust Data Mining*, New York, Springer New York, 2013, p. 41.

Yaglou C. P., "A Method for Improving the Effective Temperature Index", *Heating, Piping and Air Conditioning*, Vol. 19, No. 9, 1947, pp. 131 – 133.

Yang X., Pan B., Evans J. A., et al., "Forecasting Chinese Tourist Volume with Search Engine Data", *Tourism Management*, Vol. 46, No. 2, 2015, pp. 386 – 397.

Yin C. Y., Poon P., Su J. L., "Yesterday Once More? Autobiographical Memory Evocation Effects on Tourists' Post – Travel Purchase Intentions toward Destination Products", *Tourism Management*, Vol. 61, 2017, pp. 263 – 274.

Yu P. S., Yang T. C., Chen S. Y., et al., "Comparison of Random Forests and Support Vector Machine for Real – Time Radar – Derived Rainfall Forecasting". *Journal of Hydrology*, Vol. 552, 2017, pp. 92 – 104.

Zamo M., Mestre O, Arbogast P., et al., "A Benchmark of Statistical Regression Methods for Short – Term Forecasting of Photovoltaic Electricity Production, Part I: Deterministic Forecast of Hourly Production", *Solar Energy*, Vol. 105, 2014, pp. 792 – 803.

Zhang S., Zhang C., Yang Q., "Data Preparation for Data Mining", *Applied Artificial Intelligence*, Vol. 17, No. 5, 2003, pp. 375 – 381.

Zhang W. Y., Wei Z. W., Wang B. H., et al., "Measuring Mixing Patterns in Complex Networks by Spearman Rank Correlation Coefficient", *Physica A Statistical Mechanics & Its Applications*, Vol. 451, 2016, pp. 440 – 450.